7539

CATALOGUE MÉTHODIQUE

DE LA

BIBLIOTHÈQUE

DE

L'ÉCOLE IMPÉRIALE D'APPLICATION

DE MÉDECINE ET DE PHARMACIE MILITAIRES.

Les chiffres placés entre crochets en tête des divisions méthodiques, indiquent le nombre des ouvrages de chacune de ces divisions.

Imprimé par Charles Noblet, rue Soufflot, 18.

MINISTÈRE DE LA GUERRE.

ÉCOLE IMPÉRIALE D'APPLICATION

DE MÉDECINE ET DE PHARMACIE MILITAIRES.

VAL DE GRACE.

BIBLIOTHÈQUE.

CATALOGUE MÉTHODIQUE.

PARIS

LIBRAIRIE DE LA MÉDECINE, DE LA CHIRURGIE ET DE LA PHARMACIE MILITAIRES

VICTOR ROZIER, ÉDITEUR,

RUE CHILDEBERT, 11.

Près la place Saint-Germain-des-Prés.

1861

CATALOGUE MÉTHODIQUE

DE LA BIBLIOTHÈQUE

DE L'ÉCOLE IMPÉRIALE DE MÉDECINE ET DE PHARMACIE MILITAIRES

A. — ANATOMIE, PHYSIOLOGIE [147].

a. — TRAITÉS COMPLETS ET TRAVAUX DIVERS SUR L'ANATOMIE GÉNÉRALE ET L'HISTOLOGIE (ANATOMIE DE TEXTURE) [16].

§ Ier

Anatomie générale [5].

1. BÉCLARD (P. A.). Éléments d'anatomie générale. 2e édition, Paris, 1827, in-8°. — 3e édition, revue et augmentée par J. Béclard, avec figures intercalées dans le texte. Paris, 1852, in-8°.

2. BICHAT (X.). Anatomie générale, appliquée à la médecine et à la physiologie, avec des additions par Béclard et Blandin. Paris, 1830, 4 vol. in-8°, avec planches en taille-douce.

3. DUVERNEY. Œuvres anatomiques. Paris, 1761, 2 vol. in-4°.

4. RAMBAUD. Traité élémentaire d'anatomie générale descriptive et physiologique. Paris, 1842, in-8°.

5. SERRES (E. R. A.). Précis d'anatomie transcendante appliquée à la physiologie. Paris, 1842, in-8°.

§ II

Histologie [11].

6. BICHAT (X.). Traité des membranes en général et de diverses membranes en particulier; nouvelle édition, augmentée de notes par Magendie. Paris, 1827, in-8°.

7. BOURGERY (J. M.). Anatomie microscopique de la rate dans l'homme et les mammifères. Paris, 1843, in-4° avec planches coloriées.

8. DONNÉ (A.). Cours de microscopie. Anatomie microscopique et physiologie des fluides de l'économie. Paris, 1844, in-8°.

Atlas du cours de microscopie exécuté d'après nature au microscope-daguerréotype par A. Donné et L. Foucault. Paris, in-fol (deux exemplaires).

9. FLOURENS (P.). Anatomie générale de la peau et des membranes muqueuses. Paris, 1843, in-4°.

10. KOLLIKER (A.). Éléments d'histologie humaine, traduction de MM. J. Béclard et M. Sée, revue par l'auteur. Paris, 1856, 1 vol. grand in-8°, avec 334 figures dans le texte.

11. LACAUCHIE (A. E.). Études hydrotomiques et micrographiques. 1er mémoire, 4 pl. Paris, 1844, in-8°.

12. LE CAT. Traité de la couleur de la peau humaine en général, de celle- des nègres en particulier, et de la métamorphose d'une de ces couleurs en l'autre, soit de naissance, soit accidentellement. Paris, 1765, in-8°.

13. LEEUWENHOEK (A.). Opera omnia, seu arcana naturæ ope exactissimorum microscopiorum detecta. Lugd. Batav., 1722, 4 vol. in-4°.

14. MANDL (L.). Anatomie microscopique, Histologie, Histogénèse. Paris, 1838-1857, 2 vol. in-fol., avec 92 pl.

15. MOREL (C.). Précis d'histologie humaine. Dessins d'après nature par A. Villemin. Paris, 1860, in-8°, pl. (deux exemplaires).

16. ROBIN (Ch.). Du microscope et des injections dans leurs applications à l'anatomie et à la pathologie, suivi d'une classification des sciences fondamentales, de la biologie et de l'anatomie en particulier, avec 23 figures intercalées dans le texte et 4 planches gravées, Paris, 1849, in-8°.

b. — TRAITÉS SPÉCIAUX SUR UN OU PLUSIEURS POINTS DE L'ANATOMIE [19].

17. ARNOLD. Tabulæ anatomicæ: Fasciculus 2 continens icones organorum sensuum. Turin (sans date), grand in-fol., avec 11 pl. doubles.

18. ARNOLD. Icones nervorum capitis. Turin et Paris, 1834, in-fol. avec 9 planches doubles.

19. BELL (Ch.). Exposition du système naturel des nerfs du corps humain, traduite de l'anglais par J. Genest. Paris, 1825, in-8°.

20. CLOPTON-HAVERS. Novæ quædam observationes de ossibus, et partibus eo pertinentibus : ubi et ratio quam crescunt et nutriuntur exponitur. Lugd. Batav., 1734, in-8° (deux exemplaires).
—Versio nova, cui accessit Johannes Ch. Heyne: Tentamen cheirurgicomedicum, de præcipuis ossium morbis (deux exemplaires).

21. DEMOURS (A. P.). Description figurée de l'œil humain, traduite de l'ouvrage de T. S. Soemmering, intitulé : *Icones oculi humani*. Paris, 1818, in-4°.

22. FOUGEROUX, HALLER et BORDENAVE. Trois mémoires sur les os. Paris, 1760, in-8°.

23. GERDY (P. N.). Anatomie des formes extérieures du corps humain. Paris, 1829, in-8°.

24. HIRSCHFELD (L.). Névrologie ou description et iconographie du système nerveux. Paris, 1852, 1 vol. gr. in-8°, planches coloriées.

25. HOBOKEN (Nicol.). Anatomia secundinæ humanæ repetita, aucta, roborata, et quadraginta quator figuris, propria auctoris manu delineatis, insuper illustrata. Ultrajecti, 1675, in-8°.

26. MASCAGNI (P.). Vasorum lymphaticorum corporis humani historia et iconographia. Senis, 1787, in-fol. C. M. (deux exemplaires).

27. MONRO. Traité d'ostéologie, traduit de l'anglais par M. Sue, et augmenté de planches en taille-douce où sont représentés les os de l'adulte et du fœtus. Paris, 1759, gr. in-fol.

28. REIL (J. C.). Exercitationum anatomicarum fasciculus, de structura nervorum. Halæ, 1796, in-fol., avec 3 pl.

29. REISSEISEN (F. D.). De fabrica pulmonum commentatio. Berlin, 1822, in-fol., 6 pl. coloriées.

30. SANTORINI (J. D.). Septemdecim tabūlæ quas nunc primum edit atque explicat, eisque alias addit, de structura mammarum et de tunica testis vaginali Michael Girardi. Parmæ, 1775, in-4°, avec 21 planches doubles.

31. TAYLOR (Jean). Le mécanisme ou le nouveau traité de l'anatomie du globe de l'œil, avec l'usage de ses différentes parties et de celles qui lui sont contiguës. Orné de planches gravées en taille-douce. Paris, 1738, in-8°.

32. VALSALVA (A. M.). Tractatus de aure humana, tabulis, archetypis exornatus, et Dissertationes anatomicæ, tabulis itidem illustratæ. Omnia recensuit J. B. Morgagnus, suasque ad Tractatum et Dissertationes epistolas addidit duodeviginti. Venetiis, 1740, 2 vol. in-4°.

33. VAROLE (C.). Anatomiæ, sive de resolutione corporis humani... libri IV, a J. B. Cortesio..... nunc primum editi. Ejusdem Varolii et Hier. Mercurialis, De nervis opticis, nonnullisque aliis, præter communem opinionem in humano capite observatis epistolæ, cum indice copiosissimo. Francfort, 1591, in-8°.

34. VICQ D'AZYR. Planches anatomiques avec des explications très-détaillées. Cerveau de l'homme. Paris, 1786, gr. in-fol.

35. ZINN (J. G.). Descriptio anatomica oculi humani, iconibus illustrata. Gœttingue, 1780, in-4°.

C. — ANATOMIE DESCRIPTIVE [32].

36. ANTOMMARCHI (F.). Planches anatomiques du corps humain, exécutées d'après les dimensions naturelles. Paris, 1826, ouvrage complet, 1 vol. très-grand in-fol. de 48 pl., avec un vol. de texte grand in-fol.

37. AUZOUX (L.). Leçons élémentaires d'anatomie et de physiologie. Paris, 1839, in-8°.

38. BARCLAY (John). Introductory lectures to a course of anatomy; with a memoir of the life of the author, by G. Ballingall. Edinburgh, 1827, in-8°.

39. BARTHOLIN (Gasp.). Institutions anatomiques. Paris, 1647, in-4°.

40. BICHAT (Xav.). Traité d'anatomie descriptive. Paris, 1829, 5 vol. in-8°.

41. BLANDIN (Ph. F.). Nouveaux éléments d'anatomie descriptive. Paris, 1838, 2 vol. in-8°.

42. BOKELIO (J.). Anatome, vel descriptio partium humani corporis. Helmstadt, 1585, in-8°.

43. BONAMY, BROCA et BEAU. Atlas d'anatomie descriptive du corps humain. Paris, 1844-1850, 3 vol. in-4°.

44. BOURGERY et JACOB. Traité complet de l'anatomie de l'homme. Paris, 1832-1854, 8 vol. in-fol.

45. BOURGERY et JACOB. Anatomie élémentaire. 20 planches format grand-colombier, texte explicatif, 1 vol. in-8°. Paris, 1836.

46. BOYER. Traité complet d'anatomie. 4° édition. Paris, 1815, 4 vol. in-8°.

47. CASSERIO (J.). 1° Planches anatomiques, avec les notes explicatives de Daniel Burcretius, publiées sous la direction de Simon Paule.

2° Neuf planches avec explication d'Adrien Spigel.

3° De anatomiæ origine, præstantia et utilitate syntagma; auctore Simone Paulli. Amsterdam, 1643. Les trois ouvrages reliés ensemble, 1 vol. in-4°.

48. CLOQUET (J.). Manuel d'anatomie descriptive du corps humain représentée en planches lithographiées. Paris, 1825, 4 vol. in-4°, texte et planches (deux exemplaires).

49. CLOQUET (J.). Anatomie de l'homme, ou description et figures lithographiées de toutes les parties du corps humain. Paris, 1821, 5 vol. grand in-fol.

50. COWPER (G.). Anatomia corporum humanorum, centum et quatuordecim tabulis illustrata. Lugd. Batav., 1739, in-fol.

51. CRUVEILHIER (J.). Traité d'anatomie descriptive. Paris, 1843, 4 vol. in-8°.

52. DIONIS. L'anatomie de l'homme, suivant la circulation du sang et les dernières découvertes. 2° édition. Paris, 1694, in-8°.

53. EUSTACHE (B.). Tabulæ anatomicæ quas e tenebris tandem vindicatas præfatione ac notis illustravit J. M. Lancisius. Romæ, 1728, in-fol.

54. FALLOPPE (G.). Observationes anatomicæ. Parisiis, 1562, in-8°.

55. FRORIEP (R.). Atlas anatomicus, partium corporis humani per strata dispositarum imagines, in tabulis xxx. Weimar, 1852, in-4°.

56. HALLER (A.). Icones anatomicæ. Gottingue, 1743, fasc. 1 à 8, en 1 vol. in-fol. avec 49 planches.

57. HEISTER (L.). Compendium anatomicum, totam rem anatomicam brevissime complectens; figuris æneis ornatum. Les tomes 1er et 2e reliés ensemble, in-8°, Amsterdam, 1748.

58. LAUTH (E. A.). Nouveau manuel de l'anatomiste, 2e édition. Paris, 1835, in-8°.

59. Leçons d'anatomie descriptive (splanchnologie). Manuscrit in-4°.

60. PERSON. Éléments d'anatomie raisonnée, 2e édition, augmentée d'un traité de la génération par M. Jean-Baptiste Bruny. Paris, 1763, in-8°.

61. PLATER (F.). De corporis humani structura et usu libri III. Basileæ, 1583, in-4° (deux exemplaires).

62. RIGAUD (Ph.). Cours d'études anatomiques. Paris, 1839, in-8°.

63. SABATIER. Traité complet d'anatomie, ou description de toutes les parties du corps humain. 3ᵉ édition. Paris, 1791, 3 vol. in-8°.

64. SAPPEY (Ph. C.). Traité d'anatomie descriptive, avec figures intercalées dans le texte. Paris, 1852, 3 vol. in-12.

65. SPIGEL (Adrien). De humani corporis fabrica libri decem, tabulis xciix æri incisis elegantissimis nec ante hac visis exornati. Venetiis, 1627, in-fol.

66. VESLING (J.). Syntagma anatomicum, commentario atque appendice illustratum et auctum a G. Leon. Blasio. 2ᵉ édition. Amsterdam, 1666, in-4°.

67. WINSLOW (J. B.). Exposition anatomique de la structure du corps humain. Paris, 1732, in-4°.

d. — ANATOMIE DES RÉGIONS OU TOPOGRAPHIQUE ET CHIRURGICALE [10].

68. BLANDIN (Ph. F.). Traité d'anatomie topographique, ou anatomie des régions du corps humain, 2ᵉ édition. Paris, 1834, atlas in-4°.

69. JARJAVAY (J. F.). Traité d'anatomie chirurgicale. Paris, 1852, 2 vol. in-8°.

70. LEGENDRE (E. Q.). Anatomie chirurgicale homolographique, ou description et figures des principales régions du corps humain, grandeur naturelle. Paris, 1858, in-fol., comprenant xxv planches dessinées sur nature.

71. MACLISE (J.). Surgical anatomy. 3ᵉ édition, London, 1856, in-fol., texte et pl.

72. MALGAIGNE (J. F.). Traité d'anatomie chirurgicale et de chirurgie expérimentale. 2ᵉ édition. Paris, 1859, 2 vol. in-8°.

73. MALLE (P. N. F.). Traité d'anatomie chirurgicale et de médecine opératoire. Paris, 1855, in-8°.

74. PALFIN (J.). Anatomie chirurgicale, ou description exacte des parties du corps humain. Nouvelle édition, revue et augmentée d'une ostéologie nouvelle par A. Petit. Paris, 1753, 2 vol. in-8°.

75. PÉTREQUIN (J. E.). Traité d'anatomie médico-chirurgicale et topographique. Paris, 1844, in-8°.

70. RICHET (A.). Traité pratique d'anatomie médico-chirurgicale. Paris, 1855, gr. in-8°. 2ᵉ éditoin. Paris, 1859, gr. in-8°.

77. VELPEAU (A. L. M.). Traité complet d'anatomie chirurgicale et topographique du corps humain. 3ᵉ édition. Bruxelles, 1834, gr. in-8°.

e. — ANATOMIE ET PHYSIOLOGIE COMPARÉES [16].

78. BAUDRIMONT et MARTIN SAINT-ANGE. Recherches anatomiques et physiologiques sur le développement du fœtus, et particulièrement sur l'évolution embryonaire des oiseaux et des batraciens. Paris, 1850, in-4°, avec 18 planches gravées et coloriées.

79. BLAINVILLE (Ducrotay de). De l'organisation des animaux, ou principes d'anatomie comparée. Paris, 1822, 1 vol. in-8°.

80. CARUS (C. J.). Traité élémentaire d'anatomie comparée, suivi de recherches d'anatomie philosophique ou transcendante sur les parties primaires du système nerveux et du squelette intérieur et extérieur ; accompagné d'un atlas de 31 pl. in-4° gravées ; traduit de l'allemand sur la 2ᵉ édition par Jourdan. Paris, 1838, 3 vol. in-8°, et atlas in-4°.

81. CUVIER (G.). Leçons d'anatomie comparée, publiées par Duméril, Laurillard et Duvernoy. 2ᵉ édition. Paris, 1835-1845, 9 vol. in-8°.

82. FLOURENS (P.). Mémoires d'anatomie et de physiologie comparées ; 8 pl. coloriées. Paris, 1844, in-4°.

83. GEOFFROY SAINT-HILAIRE (Isidore). Histoire générale et particulière des anomalies de l'organisation chez l'homme et les animaux, avec atlas. Paris, 1832, in-8°.

84. GUILLOT (N.). Exposition anatomique de l'organisation du centre nerveux dans les quatre classes d'animaux vertébrés, avec 18 pl. Paris, 1844, in-4°.

85. LEURET (Fr.). Anatomie comparée du système nerveux considéré dans ses rapports avec l'intelligence ; accompagné d'un atlas de 33 pl. in-fol. Paris, 1839, 2 vol. in-8°.

86. LONGET. Anatomie et physiologie du système nerveux de l'homme et des animaux vertébrés, avec planches. 1ʳᵉ édition. Paris, 1842, 2 vol. in-8°.

87. MATTEUCCI. Traité des phénomènes électro-physiologiques des animaux, suivi d'études anatomiques sur le système nerveux et sur l'organe électrique de la torpille, par P. Savi. Paris, 1844, in-8°.

88. MILNE-EDWARDS (H.). Leçons sur la physiologie et l'anatomie comparée de l'homme et des animaux. Paris, 1857-1861, 6 vol. gr. in-8°.

89. SIEBOLD (C. Th. de) et STANNIUS (H.). Nouveau manuel d'anatomie comparée. Traduit de l'allemand par A. Spring et Th. Lacordaire. Paris, 1850, 2 vol. in-24.

90. STRAUS-DURCKEIM (H.). Traité pratique et théorique d'anatomie comparative. Paris, 1842, 2 v. in-8° reliés ensemble.

91. STRAUS-DURCKEIM (H.). Anatomie descriptive et comparative du chat. Paris, 1845, 2 v. in-4° et un atlas in-fol.

92. TIEDEMANN (F.). Anatomie du cerveau, contenant l'histoire de son développement dans le fœtus, avec une exposition comparative de sa structure dans les animaux. Avec 14 pl. Traduit de l'allemand par Jourdan. Paris, 1823, in-8°.

93. WENZEL (Joseph et Charles). De penitiori structura cerebri humanorum et brutorum. Tubingue, 1812, in-fol. avec 15 pl.

f. — ANATOMIE ET PHYSIOLOGIE PATHOLOGIQUES [43].

94. ANDRAL (G.). Précis d'anatomie pathologique. Paris, 1829, 3 vol. in-8°.

95. ANDRAL (G.). Essai d'hématologie pathologique. Paris, 1843, in-8°.

96. BÉGIN (L. J.). Traité de physiologie pathologique. Paris, 1828, 2 vol. in-8°.

97. BERNARD (Cl.). Leçons sur la physiologie et la pathologie du système nerveux. Paris, 1858, 2 vol. in-8°, avec figures intercalées dans le texte.

98. BERNARD (Cl.). Leçons sur les propriétés physiologiques et les altérations pathologiques des liquides de l'organisme. Paris, 1859, 2 vol. in-8° avec figures.

99. BILLARD (C.). De la membrane muqueuse gastro-intestinale, dans l'état sain et dans l'état inflammatoire, ou recherches d'anatomie pathologique sur les divers aspects sains et morbides que peuvent présenter l'estomac et les intestins. Paris, 1825, in-8°.

100. BONET (Th.). Sepulchretum, sive anatomia practica ex cadaveribus morbo denatis, proponens historias et observationes omnium humani corporis affectuum, ipsorumque causas reconditas revelans. Genevæ, 1700, 2 vol. in-fol.

101. BRACHET (J. L.). Recherches expérimentales sur les fonctions du système nerveux ganglionnaire, et sur leur application à la pathologie. 2° édition. Paris, 1837, in-8°.

102. BRESCHÉT (G.). Le système lymphatique considéré sous les rapports anatomique, physiologique et pathologique. Paris, 1836, in-8° avec 4 pl.

103. BROUSSAIS (F. J. V.). Traité de physiologie appliquée à la pathologie. Paris, 1822, 2 vol. in-8°.

104. CRUVEILHIER (J.). Traité d'anatomie pathologique générale. Paris, 1849, 3 vol. in-8°.

105. CRUVEILHIER (J.). Anatomie pathologique du corps humain, ou descriptions, avec figures lithographiées et coloriées, des diverses altérations morbides dont le corps humain est susceptible. Paris, 1830-1842, 2 vol. in-fol., avec 233 pl. coloriées.

106. DUBREUIL (J. M.). Des anomalies artérielles, considérées dans leurs rapports avec la pathologie et les opérations chirurgicales. Paris, 1847, 1 vol. in-8°, avec atlas in-4° de 17 pl. coloriées.

107. FORGET (A. M.). Des anomalies dentaires et de leur influence sur la production des maladies des os maxillaires. Paris, 1859, in-4°.

108. FOVILLE. Traité complet de l'anatomie, de la physiologie et de la pathologie du système nerveux cérébro-spinal. Paris, 1844, in-8°, avec un atlas de 23 pl. in-4°.

109. GALIEN. Œuvres anatomiques, physiologiques et médicales, traduites sur les textes imprimés et manuscrits, précédées d'une introduction par le docteur Ch. Daremberg. Paris, 1854, 2 vol. in-8°.

110. GENDRIN (A. N.). Histoire anatomique des inflammations. Paris-Montpellier, 1826, 2 vol. in-8°.

111. GEOFFROY SAINT-HILAIRE. Philosophie anatomique. Tomes I et II, des Organes respiratoires; t. III, Monstruosités humaines. Paris, 1818-1823, 2 vol. in-8° et deux atlas in-4°.

112. LALLEMAND (F.). Recherches anatomico-pathologiques sur l'encéphale et ses dépendances. Paris, 1830. 3 vol. in-8°.

113. LEBERT (H.). Traité d'anatomie pathologique générale et spéciale, ou description et iconographie pathologique des altérations morbides, tant liquides que solides, observées dans le corps humain. Paris, 1855-1860, 2 vol. in-fol. de texte, et environ 200 planches dessinées d'après nature, gravées et la plupart coloriées.

114. LEBERT (H.). Physiologie pathologique, ou recherches cliniques, expérimentales et microscopiques sur l'inflammation, la tuberculisation, les tumeurs, la formation du cal, etc., accompagnées d'un atlas de 22 planches gravées. Paris, 1845, 2 vol. in-8°.

115. LIEUTAUD (J.). Historia anatomico-medica, sistens numerosissima cadaverum humanorum extispiscia. Paris, 1767, 2 vol. in-4°.

116. LOBSTEIN (J. F.). Traité d'anatomie pathologique. Paris, 1829, 2 vol. in-8°.

117. LOBSTEIN (J. F.). De nervi sympathici humani fabrica, usu et morbis commentatio anatomico-physiologico-pathologica. Parisiis, 1823, avec 10 pl., grand in-4°.

118. LOUIS (P. C. A.). Recherches anatomiques, pathologiques et thérapeutiques sur la phthisie. 2e édition. Paris, 1843, in-8°.

119. LOUIS (P. Ch.). Mémoires ou recherches anatomico-pathologiques sur le ramollissement avec amincissement et sur la destruction de la membrane muqueuse de l'estomac ; — l'hypertrophie de la membrane musculaire de l'estomac, dans le cancer du pylore; — la perforation de l'intestin grêle, etc., etc. Paris, 1826, in-8°.

120. LOUIS (P. Ch. A.). Recherches anatomiques, pathologiques et thérapeutiques sur la maladie connue sous les noms de gastro-entérite, fièvre putride, adynamique, ataxique, typhoïde, etc., etc., comparée avec les maladies aiguës les plus ordinaires. Paris, 1829, 2 vol. in-8°.

121. LOUIS (P. C. A.). Recherches anatomiques, pathologiques et thérapeutiques sur la maladie connue sous les noms de fièvre typhoïde, putride, adynamique, ataxique, bilieuse, muqueuse, gastro-entérite, entérite folliculeuse, dothinenthérie, etc., comparée avec des maladies aiguës les plus ordinaires. 2e édition, Paris, 1841, 2 vol. in-8°.

122. MAGENDIE. Leçons sur les fonctions et les maladies du système nerveux. Paris, 1841, 4 vol. in-8°.

123. MANDL (L.). Manuel d'anatomie générale appliquée à la physiologie et à la pathologie. — 5 planches gravées, Paris, 1843, in-8°.

124. MARSHALL-HALL. Aperçu du système spinal ou de la série des actions reflexes dans leurs applications à la physiologie, à la pathologie et spécialement à l'épilepsie. Paris, 1855, in-12 (deux exemplaires).

125. MORGAGNI (J. B.). Recherches anatomiques sur le siége et les causes des maladies, traduites du latin par Desormeaux et Destouet. Paris, 1820, 10 vol. in-8°.

126. PARCHAPPE (M.). Du cœur, de sa structure et de ses mouvements, ou traité anatomique, physiologique et pathologique des mouvements du cœur de l'homme, accompagné d'un atlas de 10 pl. in-4°. Paris, 1848, in-8°.

127. PARCHAPPE. Recherches sur l'encéphale, sa structure, ses fonctions et ses maladies. Paris, 1836, in-8°.

128. PORTAL (Ant.). Cours d'anatomie médicale, ou éléments de l'anatomie de l'homme, avec des remarques physiologiques et pathologiques. Paris, 1804, 5 vol. in-4°.

129. PROST (P. A.). Médecine éclairée par l'observation et l'ouverture des corps. Paris, 1804, 2 vol. in-8°.

130. RIBES (F.). De l'anatomie pathologique, considérée dans ses vrais rapports avec la science des maladies. Paris, 1834, 2 vol. in-8°.

131. ROLANDO (L.). Inductions physiologiques et pathologiques sur les différentes espèces d'excitabilité et d'excitement. Traduites de l'italien par Jourdan et Boisseau. Paris, 1822, in-8°.

132. SAINT-HILAIRE. L'anatomie du corps humain avec ses maladies. 3° édition. Paris, 1698, 3 vol. in-8°.

133. DE SENAC. Traité de la structure du cœur, de son action et de ses maladies. 2° édition, avec figures. Paris, 1783, 2 vol. in-4°.

134. SURUN (P. A.). Nouveaux éléments de physiologie pathologique, et exposé des vices de l'expérience et de l'observation en physiologie et en médecine. Paris, 1824, in-8°.

135. TROJA (M.). De novorum ossium in integris, aut maximis, ob morbos, deperditionibus, regeneratione experimenta. Paris, 1775, in-8°, avec 3 planches.

§. — MÉLANGES D'ANATOMIE ET DE PHYSIOLOGIE. — DESCRIPTION DE MUSÉES [12].

136. Anatomie et physiologie par divers.

137. HALLER (A.). Opera minora anatomica. Accesserunt tabulæ æneæ. Lausannæ, 1763-1768, 3 vol. in-4°.

138. HALLER (A.). Disputationes anatomicæ. Gottingue, 1746-1751, 7 vol. in-4°, figures. Index, 1752.

139. HOUEL (Ch.). Manuel d'anatomie pathologique générale et appliquée, contenant la description et le catalogue du musée Dupuytren. Paris, 1857, in-12.

140. EHRMANN (C. H.). Musée d'anatomie de la faculté de médecine de Strasbourg. Histoire des polypes du larynx. Strasbourg, 1850, in-fol. de 36 p. avec pl. lithograph.

141. EHRMANN (C. H.). Musée de la faculté de médecine de Strasbourg. Observations d'anatomie pathologique, accompagnées de l'histoire des maladies qui s'y rattachent, premier fascicule avec cinq planches lithograph. Strasbourg, 1843, in-4°.

142. Mélanges d'anatomie et d'histoire naturelle. 1 vol. très-grand in-8°.

143. MORGAGNI (J. B.). Adversaria, anatomica omnia. Lugd. Batav., 1723, in-4°. — Epistolæ anatomicæ. Lugd. Batav., 1728, in-4°.

144. Muséum d'anatomie pathologique de la faculté de médecine de Paris, ou Musée Dupuytren, publié au nom de la Faculté. 1re et 2° parties. Paris, 1842, 2 vol. in-8°.

145. PEYER (J. C.). Parerga anatomica et medica septem. Editio tertia. Lugduni Batavorum, 1750, in-8°.

146. Recueil d'anatomie et de physiologie, par divers. 3 vol. in-8°. —Voir la table des matières en tête de chaque volume.

147. The fourth fasciculus of anatomical drawings, selected from the collection of morbid anatomy in the army medical Museum at Chatam. London, 1841, in-fol.

B. — PHYSIOLOGIE [79].

a. — TRAITÉS GÉNÉRAUX [36].

148. ADELON. Physiologie de l'homme. Paris, 1823, 4 vol. in-8°.

149. BÉCLARD (J.). Traité élémentaire de physiologie humaine, comprenant les principales notions de la physiologie comparée. 144 gravures dans le texte. Paris, 1855, 1 très-fort vol. in-8°.

150. BÉCLARD (J.). Traité élémentaire de physiologie humaine, comprenant les principales notions de la physiologie comparée, 3e édition, revue et augmentée. 213 figur. dans le texte. Paris, 1859, grand in-8° de 1008 p.

151. BÉRARD (P.). Cours de physiologie. Paris, 1848, 3 vol. in-8°.

152. BÉRAUD. Éléments de physiologie de l'homme et des principaux vertébrés, revus par Ch. Robin. 2° édition. Paris, 1856, 2 vol. in-18.

153. BERNARD (CL.). Leçons de physiologie expérimentale appliquée à la médecine. Paris, 1855, 2 vol. in-8°.

154. BICHAT (X.). Recherches physiologiques sur la vie et la mort; précédées d'une notice sur la vie et les travaux de Bichat et suivies de notes par le docteur Cerise. Paris, 1855, 1 vol. grand in-18.

155. BUISSON (M. F. R.). De la division la plus naturelle des phénomènes physiologiques considérés chez l'homme, avec un précis historique sur M. F. X. Bichat. Paris, 1802, in-8°.

156. BURDACH. Traité de physiologie considérée comme science d'observation, avec des additions de MM. Baer, Meyen, Meyer, J. Muller, Bathke, Valentin, Wagner; traduit de l'allemand sur la 2° édition, par Jourdan. Paris, 1837-41, 9 vol. in-8° avec pl. gravées.

157. COLAS (Édouard de Sourdun). Physiologie pratique, mécanisme général de la vie individuelle. — 10 pl. coloriées. Paris, 1855, in-8°.

158. DARWIN (E.). Zoonomie ou lois de la vie organique. Traduit de l'anglais par J.-F. Kluyskens. Gand, 1810, 4 vol. in-8°.

159. DEUSINGIUS (Ant.). OEconomus corporis animalis restitutus, in quo genuinus animæ ortus, itemque possibilis cognitio seu ipsius asseruntur ac muniuntur. Groningue, 1662, in-12.

160. DUMAS (C. L.). Principes de physiologie, ou introduction à la science expérimentale, philosophique et médicale de l'homme vivant. 2ᵉ édition. Paris, 1806, 4 vol. in-8°.

161. EDWARDS (W. F.). De l'influence des agents physiques sur la vie. Paris, 1824, in-8°.

162. FOURCAULT. Lois de l'organisme vivant, ou application des lois physico-chimiques. Paris, 1829, 2 vol. in-8°.

163. GRIMAUD (J. C. M. de). Cours complet de physiologie, ouvrage posthume publié par le docteur Lanthois. 2ᵉ édition. Paris, 1824, 2 vol. in-8°.

164. HALLER (A.). Elementa physiologiæ corporis humani. Lausanne, 1757, 9 vol. in-4°.

165. HALLER (A.). Éléments de physiologie; traduits du latin par Bordenave. Paris, 1769, 2 parties reliées en 1 vol. in-12.

166. HALLER (A.). Mémoires sur la nature sensible et irritable des parties du corps animal. Lausanne, 1756-1762, 4 vol. in-12.

167. JAMES (L. M.). Observations physiologiques et psychologiques sur l'homme. Paris, 1825, in-8, 2 vol. reliés ensemble.

168. KYPER (A.). Anthropologia, corporis humani contentorum et animæ naturam et virtutes secundum circularem sanguinis motum explicans; cui accedit ejusdem responsio ad pseud-apologema V. F. Plempii. Lugd. Batav., 1660, in-4° (J. Elzevier).

169. LE GALLOIS. Expériences sur le principe de la vie, notamment sur celui des mouvements du cœur et sur le siége de ce principe. Paris, 1812, in-8°, orné d'une planche en taille-douce.

170. LEGALLOIS (César.). Ses OEuvres, avec des notes de M. Pariset. Paris, 1824, 2 vol. in-8°.

171. LEPELLETIER, de la Sarthe. Traité de physiologie médicale et philosophique. Paris, 1839, 4 vol. in-8°.

172. LONGET (F. A.). Traité de physiologie, 2ᵉ édition. Tome I, 3ᵉ partie complète; 2ᵉ partie, fascicules 1 et 2, et le tome II en entier. Paris, 1859-1860.

173. LUCAS (Prosper). Traité philosophique et physiologique de l'hérédité naturelle dans les états de santé et de maladie du système nerveux. Paris, 1847, 2 vol. in-8°.

174. MAGENDIE (F.). Précis élémentaire de physiologie. 4ᶜ édition, 2 vol. in-8°, avec 4 planches.

175. MAGENDIE. Leçons sur les phénomènes physiques de la vie. Paris, 1837-1838, 4 vol. in-8°.

176. MATTEUCCI (C.). Leçons sur les phénomènes physiques des corps vivants. Paris, 1847, in-12.

177. MOJON. Lois physiologiques. Traduit de l'italien par le baron Michel. Paris, 1834, 1 vol. in-8° (deux exemplaires).

178. MULLER (J.). Manuel de physiologie. Traduit sur la 4e édition, avec des annotations par Jourdan. 275 figures intercalées dans le texte et 4 pl. gravées. Paris, 1845, 2 vol. in-8°.

179. PERREAU (J. A.). Études de l'homme physique et moral, considéré dans ses différents âges. Paris, 1797, in-8°.

180. PIORRY (P. A.). Dissertation sur les généralités de la physiologie et sur le plan à suivre dans l'enseignement de cette science présentée au concours pour une chaire de physiologie à la Faculté de médecine. Paris, 1831, in-8°. (Relié avec le n° 155.)

181. RICHERAND. Nouveaux éléments de physiologie. 10e édition, revue par Bérard aîné. Paris, 1833, 3 vol. in-8°.

182. SALVATORE TOMMASI. Instituzioni di fisiologia, opera corredata di molte figure intercalate nel testo e di quattro tavole. Seconda edizione. Torino, 1852, 2 vol. in-4°.

183. TIEDEMANN (F.). Traité complet de physiologie de l'homme. Paris, 1831, 1 vol. in-8°, en deux parties. Traduit de l'allemand par Jourdan.

b. — TRAITÉS SPÉCIAUX SUR UNE OU PLUSIEURS BRANCHES DE LA
PHYSIOLOGIE [27].

184. ANONYME. Entretiens sur le magnétisme animal et le sommeil magnétique dit somnambulisme. Paris, 1823, in-8°.

185. BANAU (J. B.). Histoire naturelle de la peau, et de ses rapports avec la santé et la beauté du corps. Paris, 1802, in-8°.

186. BECQUEREL (A.) et RODIER (A.). Recherches sur la composition du sang dans l'état de santé et dans l'état de maladie. Paris, 1844, in-8°.

187. BENNATI (F.). Recherches sur le mécanisme de la voix humaine. Paris, 1832, in-8°.

188. BORELLI (J. A.). De motu animalium, editio nova, dissertationibus physico-mechanicis J. Bernouillii aucta et ornata. Hagæ Comitum, 1743, in-4°, fig.

189. CARPENTER (WILL.). The physiology of temperance et total abstinence. London, 1858, in-12.

190. CARSON (JAMES). An inquiry into the causes of the motion of the blood. Liverpool, 1815, in-8°.

191. CHOSSAT (CH.). Recherches expérimentales sur l'inanition. Paris, 1843, in-4°.

192. COUDRET (J. F.). Recherches médico-physiologiques sur l'électricité animale. Paris, 1837, in-8°.

193. DENIS, de Commercy. Mémoire sur le sang considéré quand il est fluide, pendant qu'il se coagule et lorsqu'il est coagulé. Paris, 1859, in-8° (deux exemplaires).

194. DURAND, de Lunel. Trois nouveaux mémoires sur l'action nerveuse. Paris, 1845, in-8°.

195. FLOURENS. Cours sur la génération, l'ovologie et l'embryologie; recueilli et publié par Deschamps. Paris, 1836, in-4°, 10 pl. lithograph.

196. FREIND. Emménologie ou traité de l'évacuation ordinaire aux femmes. Traduit en français par Devaux. Paris, 1738, in-8°.

197. GODARD (E.). Etudes sur la monorchidie et la cryptorchidie chez l'homme. Paris, 1857, gr. in-8°, avec 4 pl. lithograph.

198. GUYOT (JULES). Traité de l'incubation et de son influence thérapeutique. Paris, 1840, in-8°, avec figures.

199. HALLER (A. DE). Deux mémoires sur le mouvement du sang et sur les effets de la saignée; fondés sur des expériences faites sur des animaux. Lausanne, 1756, in-8°.

200. HALLER (A. DE). Deux mémoires sur la formation des os, fondés sur des expériences. Lausanne, 1758, in-8°.

201. HARVEY (G.). Exercitationes de motu cordis et sanguinis; quas notis pauculis instruendas curavit Th. Hingston. Edinburgi, 1824, in-8°.

202. JOBERT (A. J. de Lamballe). Etudes sur le système nerveux. Paris, 1838, in-8°, 1 vol. de 744 p.

203. LAUSANNE (DE). Des principes et des procédés du magnétisme animal et de leurs rapports avec les lois de la physique et de la physiologie. Paris, 1819, 2 vol. in-8°.

204. LEMOINE (A.). Du sommeil au point de vue physiologique et psychologique. Paris, 1855, in-18.

205. Medical extracts : On the nature of health, with practical observations and the laws of the nervous and fibrous systems, by a friend to improvements. London, 1796, 3 vol. in-8°.

206. MULLER (J.). Physiologie du système nerveux. Traduit sur la 3e édition par Jourdan. Paris, 1840, 2 vol. in-8°.

207. POISEUILLE. Recherches sur les causes du mouvement du sang dans les vaisseaux capillaires, prix de physiologie expérimentale. Paris, 1835, in-4°.

208. SPALLANZANI. Mémoires sur la respiration; traduits par J. Senebier. Genève, 1803, in-8°.

209. SPALLANZANI. Expériences sur la circulation, observée dans l'universalité du système vasculaire. Traduit de l'italien par J. Tourdes. Paris, 1800, in-8°.

210. SPALLANZANI. Expériences pour servir à l'histoire de la génération des animaux et des plantes, avec une ébauche de l'histoire des êtres organisés avant leur fécondation. Ouvrage traduit par J. Senebier. Genève, 1785, in-8°.

211. BAZIN (A.). Du système nerveux de la vie animale et de la vie végétative; de leurs connexions anatomiques et des rapports physiologiques, psychologiques et zoologiques qui existent entre eux. 5 planches. Paris, 1841, in-4°.

212. BLAINVILLE (DUCROTAY DE). Cours de physiologie générale et comparée. Paris, 1833, 3 vol. in-8.

213. BLONDLOT (M.). Traité analytique de la digestion, considérée particulièrement dans l'homme et dans les animaux vertébrés. Paris, 1843, in-8°.

214. COSTE. Histoire générale et particulière des corps organisés. 1847-1855. Paris, in-4°, 3 livraisons du tome 1er, texte et planches.

215. COSTE. Embryogénie comparée. Cours sur le développement de l'homme et des animaux. Paris, 1837, 1re et 2e partie en 1 vol. in-8°, avec un atlas grand in-4°, composé de 20 planches d'après nature.

216. CRAWFORD (A.). Experiments and observations on animal heat, and the inflammation of combustible bodies; being an attempt to resolve these phenomena into a general law of nature. London, 1788, in-8°, 2e édition.

217. DUGÈS (A.). Traité de physiologie comparée de l'homme et des animaux, avec planches lithographiées. Montpellier-Paris, 1838, 3 vol. in-8°.

218. FLOURENS (P.). Cours de physiologie comparée : de l'ontologie ou étude des êtres. Leçons recueillies et rédigées par Ch. Roux. Paris, 1856, in-8°.

219. FLOURENS (P.). Recherches expérimentales sur les propriétés et les fonctions du système nerveux dans les animaux vertébrés. 2e édition, Paris, 1842, in-8°.

220. GAVARRET (J.). Physique médicale : De la chaleur produite par les êtres vivants. Paris, 1855, in-12, avec 41 figures dans le texte.

221. LEGALLOIS (C.). Expériences physiologiques sur les animaux, tendant à faire connaître le temps durant lequel ils peuvent être sans danger privés de la respiration. Paris, 1835, in-4°.

222. MARTIN-SAINT-ANGE. Circulation du sang chez le fœtus de l'homme et dans les quatre classes des vertébrés. Paris, 1837, 1 planche in-fol. (deux exemplaires).

223. POUCHET (F. A.). Théorie positive de l'ovulation spontanée et de la fécondation des mammifères et de l'espèce humaine. Accompagné d'un atlas in-4° de 20 planches grav. et col. Paris, 1847, in-8°.

224. ROBIN (CH.). Histoire naturelle des végétaux parasites qui croissent sur l'homme et sur les animaux vivants, avec un atlas de 15 planches gravées, en partie coloriées. Paris, 1853, in-8°.

225. SPALLANZANI. Opuscules de physique animale et végétale, augmentés de ses Expériences sur la digestion de l'homme et des animaux ; traduits de l'italien par J. Senebier. Pavie, 1787, 2 vol. in-8°.

226. TIEDEMANN (F.) et GMELIN (L.). Recherches expérimentales, physiologiques et chimiques sur la digestion, considérée dans les quatre classes d'animaux vertébrés. Traduit de l'allemand par Jourdan. Paris, 1826 - 1827, 2 vol. in-8°.

C. — PATHOLOGIE INTERNE [429].

a. — TRAITÉS COMPLETS ET TRAVAUX DIVERS SUR LA PATHOLOGIE GÉNÉRALE [42].

227. ANDRAL (G.). Cours de pathologie interne, recueilli et rédigé par A. Latour. Paris, 1836. 3 vol. in-8°.

228. ANDRAL et GAVARRET. Réponse aux principales objections dirigées contre les procédés suivis dans les analyses du sang et contre l'exactitude de leurs résultats. Paris, 1842, in-8°.

229. ARÉTÉE, de Cappadoce. De causis et signis morborum. Editionem curavit C. G. Kühn. Lipsiæ, 1828, in-8°.

230. AUBRY. Les oracles de Cos. Nouvelle édition, augmentée d'une introduction à la thérapeutique de Cos. Montpellier, 1810, in-8°.

231. BAUMÈS (P.). Précis théorique et pratique sur les diathèses. Paris, 1853, in-8°.

232. BORSIERI (J. B.). Instituts de médecine pratique. Traduits et accompagnés d'une étude comparée du génie antique et de l'idée moderne en médecine, par le docteur P. E. Chauffard. Paris, 1756, 2 vol. grand in-8°.

233. BOUCHUT (E.). Nouveaux éléments de pathologie générale et de séméiologie, avec figures intercalées dans le texte. Paris, 1857, grand in-8°.

234. BROUSSAIS (F. J. V.). Cours de pathologie et de thérapeutique générales, revu par l'auteur. Paris, 1831-1835, 5 vol. in-8°.

235. BROWN (J.). Eléments de médecine, traduits de l'original latin, avec des additions et des notes de l'auteur, d'après sa traduction anglaise, par Fouquier. Paris, 1805, in-8°.

236. CAPURON (J.). Nova medicinæ elementa. Editio secunda. Parisiis, 1813, in 8°.

237. CHARMEIL (P. M. J.). Recherches sur les métastases, suivies de nouvelles expériences sur la régénération des os. Metz, 1821, in-8°.

238. CHOMEL (A. F.). Éléments de pathologie générale. Paris, 1817, in-8°.

239. CHOMEL (A. F.). Même ouvrage, 3e édition. Paris, 1841, in-8°.

240. COELIUS AURELIANUS. De morbis acutis et chronicis Libri VIII, soli ex omnium Methodicorum scriptis superstites. Jo. Conrad. Amman recensuit, emaculavit, notulasque adjecit. Accedunt seorsim Theod. Jannss. ab Almeloveen in Cœl. Aurelianum notæ et animadversiones. Lexicon Cœlianum, cum indicibus. Amstelœdami, 1709, in-4°.

241. DEODAT (Alexandre). Valetudinarium seu observationum, curationum et consiliorum medicinalium satura. Lugd. Batav., 1660, petit in-12. Ex. offic. Johan. Elzevier.

242. DOUBLE (F. J.). Séméiologie générale, ou traité des signes et de leur valeur dans les maladies. Paris, 1811, 3 vol. in-8°.

243. DREYSSIG. Traité du diagnostic médical ; traduit de l'allemand par L. J. Renauldin. Paris, 1804, in-8°.

244. DUBOIS (E. F.), d'Amiens. Traité de pathologie générale. Paris, 1837, 2 vol. in-8°.

245. FANZAGO (F. L.). Instituzioni patologiche, tradotte dal latino da Pietro Perrone. Bologna, 1828, 3 parties reliées en 1 vol. in-8°.

246. FRANK (J.). Praxeos, medicæ universæ præcepta. Lipsiæ, 1826-1843, 14 vol. in-8°.

247. FRANCK (J.). Pathologie interne. Paris, 1837, 6 vol. in-8°.

248. GAUBIUS. Pathologie, traduite du latin par Sue. Paris, 1770, in-12.

249. HARDY (A.) et BÉHIER (J.). Traité élémentaire de pathologie interne. Paris, 1846, 3 vol. in-8°.

250. HIPPOCRATE. Aphorismes latins-français tirés des documents de la bibliothèque du roi, par H. Quénot et A. Wahu. Paris, 1843, petit in-18.

251. HIPPOCRATE. Aphorismi Hippocratis et Celsi, locis parallelis illustrati, studio et cura Janssonii ab Almeloveen. Paris, 1784, petit in-18, cum indice.

252. HIPPOCRATE. Pronostics et prorrhétiques d'Hippocrate, traduits sur le texte grec, d'après la collation des manuscrits de la bibliothèque impériale, par de Mercy. Paris, 1813, 2 exempl. in-12. — Prognostics de Cos d'Hippocrate. Paris, 1815 (deux exemplaires in-8°).

253. HIPPOCRATE. Aphorismes d'Hippocrate, traduits sur le texte grec, d'après la collation des manuscrits de la bibliothèque impériale, par de Mercy. Paris, 1811, in-8° (deux exemplaires).

254. HIPPOCRATE. Nouvelle traduction des Aphorismes d'Hippocrate, conférés sur l'édition grecque publiée en 1811, et commentaires, par de Mercy. Paris, 1817, 1 vol. in-12 (deux exemplaires).

255. HIPPOCRATE. Nouvelle traduction des Aphorismes d'Hippocrate et commentaires spécialement applicables à la médecine dite clinique. Paris, 1821, 2 vol. in-12 (deux exemplaires).

256. LABORIE (J. B. P.). Les pronostics d'Hippocrate, commentés par A. Piquer, d'après les observations pratiques des auteurs tant anciens que modernes. Ouvrage traduit de l'espagnol, et augmenté d'une notice biographique. Paris, 1822, in-8°.

257. LANDRÉ-BEAUVAIS (A. J.). Séméiotique ou traité des signes des maladies, 3ᵉ édition. Paris, 1818, in-8°.

258. LOMNIUS. Tableau des maladies, où l'on découvre leurs signes et leurs événements. Traduit du latin par le docteur Le Breton. Paris, 1716, in-8°.

259. MOEBIUS. Fundamenta medicinæ physiologica. Ienæ, 1661, in-4°.

260. MONNERET (Ed.). Traité de pathologie générale. Paris, 1857-1861, 3 vol. in-8°.

261. PLEMP (V. F.). Fundamenta medicinæ. Editio quarta. Lovanii, 1664, in-fol.

262. REQUIN (A. P.). Éléments de pathologie médicale. Paris, 1843-1852, 3 vol. in-8°.

263. RISUENO DE AMADOR, de Carthagène (Espagne). Quels avantages la médecine pratique a-t-elle retirés de l'étude des constitutions médicales et des épidémies. Montpellier, 1829, in-8°.

264. SOLANO DE LUQUE (F.) et NIHELL (J.). Novæ raræque observationes circa variarum crisium prædictionem ex pulsu. Addita sunt monita quædam generalia de natura crisium. Ex anglico latine reddidit Wilhelmus Noortwyk. — Amstelœdami, 1746, in-8°.

265. VALLEIX (F. L. J.). Guide du médecin praticien, ou résumé général de pathologie interne et de thérapeutique appliquées. Paris, 1842-1847, 10 vol. in-8°.

266. VALLEIX (F. L. J.). Même ouvrage. 3ᵉ édit. Paris, 1853, 5 v. gr. in-8°.

267. VITET (C.). Médecine expectante. Paris, 1803, 6 vol. in-8°.

268. VOGEL (R. A.). De cognoscendis et curandis præcipuis corporis humani affectibus. Gottingæ, 1772, in-8°.

b. — TRAITÉS SPÉCIAUX CONCERNANT UNE MALADIE OU UNE CLASSE DE MALADIES [192].

§ I.

Monographies. Maladies diverses [70].

269. ABEILLE (J.). Traité des hydropisies et des kystes, ou des collections séreuses et mixtes dans les cavités closes naturelles et accidentelles. Paris, 1852, in-8°.

270. BADHAM (Ch.). An essay on bronchitis; with a supplement containing remarks on simple pulmonary abscess, etc., etc. The second edit. London, 1814, in-12.

271. BARTHEZ (P. J.). Traité des maladies goutteuses. 2ᵉ édition. Montpellier, 1819, 2 vol. in-8°.

272. BAUDELOCQUE (A. C.). Etudes sur les causes, la nature et le traitement de la maladie scrophuleuse. Paris, 1834, in-8°.

273. BAYLE (G. L.). Recherches sur la phthisie pulmonaire. Paris, 1810, in-8°.

274. BAYLE (G. L.). Traité des maladies cancéreuses. Ouvrage posthume publié par son neveu A. L. J. Bayle. Paris, 1833, 2 vol. in-8°.

275. BECQUEREL (A.). Séméiotique des urines, ou traité des altérations de l'urine dans les maladies; suivi d'un traité de la maladie de Bright aux divers âges de la vie. Paris, 1841, in-8°.

276. BLAUD (P.). Nouvelles recherches sur la laryngo-trachéite connue
sous le nom de croup. Paris, 1823, in-8°.

277. BONNET (Aug.). Traité complet théorique et pratique des maladies
du foie. Paris, 1841, in-8°.

278. ROBERT BREE. A practical inquiry in to disordered respiration ;
distinguishing the species of convulsive asthma, their causes and indications of cure. The fourth edition. London, 1807, in-8°.

279. BRETONNEAU (P.). Des inflammations spéciales du tissu muqueux,
et en particulier de la diphthérite connue sous le nom de croup, d'angine maligne, d'angine gangréneuse, etc. Paris, 1826, in-8°.

280. CARRERE (J. F.). Traité théorique et pratique des maladies inflammatoires. Paris, 1774, in-12.

281. CHOMEL. Des dyspepsies. Paris, 1857, in-8°.

282. CLARK (James). Traité de la consomption pulmonaire, comprenant
des recherches sur les causes, la nature et le traitement des maladies
tuberculeuses et scrofuleuses en général. Traduit de l'anglais par H. L.
Bruxelles, 1836, in-8°.

283. COLOMBAT de l'Isère. Traité des maladies et de l'hygiène des organes de la voix. 2e édition. Paris, 1838, in-8°, avec planches.

284. CORVISART (J. N.). Essai sur les maladies et les lésions organiques
du cœur et des gros vaisseaux. 3e édition. Paris, 1818, in-8°.

285. DESRUELLES (H. M. J.). Traité théorique et pratique du croup d'a-
près les principes de la doctrine physiologique, précédé de réflexions sur
l'organisation des enfants. 2e édition. Paris, 1824, in-8°.

286. DOUSSIN - DUBREUIL. Des glaires, de leurs causes, de leurs effets,
et des indications à remplir pour les combattre. 6e édition. Paris,
1805, in-8°.

287. FORGET (C.). Précis théorique et pratique des maladies du cœur, des
vaisseaux et du sang. Paris-Strasbourg, 1851, in-8°.

288. FRAMBESARIUS (Abrahamus N.). Ad libros canonum medicinalium
appendix : De arthritide. Parisiis, 1597, in-12.

289. FRANÇOIS (Victor). Essai sur les gangrènes spontanées. Paris-
Mons, 1832, in-8°.

290. GIANNINI. De la goutte et du rhumatisme. Traduit de l'italien par
M. Jouenne, avec des notes du docteur Marie-Saint-Ursin. Paris, 1810,
in-8°.

291. GRISOLLES (A.). Traité pratique de la pneumonie aux différents
âges et dans ses rapports avec les maladies aiguës et chroniques. Paris,
1841, in-8°.

292. GUENEAU DE MUSSY (Noel). Traité de l'angine glanduleuse et observations sur l'action des Eaux-Bonnes dans cette affection, précédés
de considérations sur les diathèses. Paris, 1857, in-8°.

293. GUIBERT (Théodore). Recherches nouvelles et observations pratiques sur le croup et sur la coqueluche ; suivies de considérations sur

plusieurs maladies de la poitrine et du conduit de la respiration dans l'enfance et dans la jeunesse. Paris, 1824, in-8°.

294. GUITARD (M. J.). De la glucosurie, de son siége, de sa nature, de ses causes et de son traitement. Paris, 1856, in-12.

295. HAMILTON (Robert). Observations on scrophulous affections, with remarks on schirrus, cancer, and rachitis. London, 1791, in-12.

296. HUFELAND (C. G.). Traité de la maladie scrophuleuse. Traduit de l'allemand sur la 3° édition, avec des notes par J. B. Bousquet, et suivi d'un Mémoire sur les scrophules, accompagné de quelque réflexions sur le traitement du cancer par M. le baron Larrey. Paris, 1824, in-8°.

297. JOHN (Baron). Recherches, observations et expériences sur le développement naturel et artificiel des maladies tuberculeuses. Traduit par Boivin. Paris, 1825, in-8°.

298. JURINE (L.). Mémoire sur l'angine de poitrine. Paris-Genève, 1815, in-8°.

299. LANTHOIS. Théorie nouvelle de la phthisie pulmonaire, augmentée de la méthode préservatrice. 3° édition. Paris, 1822, in-8°.

300. LARROQUE (J. B. de). De quelques maladies abdominales qui stimulent, provoquent ou entretiennent des maladies de poitrine. Paris, 1831, in-8°.

301. LATOUR (D.). Essai sur le rhumatisme. Paris, 1803, in-8°.

302. LEBERT (H.). Traité pratique des maladies scrofuleuses et tuberculeuses. Paris, 1849, in-8°.

303. LEBERT (H.). Traité pratique des maladies cancéreuses et des affections curables confondues avec le cancer. Paris, 1851, in-8°.

304. LEFÉVRE (Amédée). De l'asthme ; recherches médicales sur la nature, les causes et le traitement de cette maladie. Paris, 1847, in-8°.

305. LIND (J.). Traité du scorbut, divisé en trois parties; contenant des recherches sur la nature et la curation de cette maladie. Traduit de l'anglais. Paris, 1788, 2 vol. in-8°.

306. MAGNUS HUSS. Chronische alkoholskrankheit oder alcoholismus chronicus. Stockholm und Leipzig, 1852, in-8°.

307. MARIE DE SAINT-URSIN. Etiologie et thérapeutique de l'arthritis et du calcul, ou opinion nouvelle sur la cause, la nature et le traitement de la goutte et de la pierre. Suivie d'un petit traité d'uromancie hygiénique, ou moyen de reconnaître, par l'inspection de l'urine, l'état de la santé et le régime propre à la conserver. Paris, 1816, in-8°.

308. MARSILLAC (J.). La goutte radicalement guérie. Paris, 1785, in-12.

309. MARTIN SOLON. De l'albuminurie ou hydropisie causée par maladie des reins; modifications de l'urine dans cet état morbide, à l'époque critique des maladies aiguës et durant le cours de quelques affections bilieuses. Paris, 1838, in-8° avec planches coloriées.

310. MERE LATHAM (P.). An account of the disease lately prevalent at the general penitentiary. London, 1825, in-8°.

311. MILCENT (Alph.). De la scrofule, de ses formes, de ses affections diverses qui la caractérisent, de ses causes, de sa nature, et de son traitement. Paris, 1846, in-8°.

312. MONRO (fils). Essai sur l'hydropisie et ses différentes espèces. Traduit de l'anglais sur la 2e édition, et augmenté de notes et d'observations par M. S. D. M. P. Paris, 1760, in-12.

313. MONTÈGRE (A. J. de). Des hémorroïdes, ou traité analytique de toutes les affections hémorroïdales. 2e édition. Paris-Bruxelles, 1830, in-8°.

314. NOEL. Précis sur la nature des maladies produites par le vice des humeurs lymphatiques, leurs différentes espèces, et le traitement qui leur convient. Paris, 1779, 2 vol. in-8°.

315. PATISSIER (Ph.). Traité des maladies des artisans et de celles qui résultent des diverses professions, d'après Ramazzini. Paris, 1822, in-8°.

316. PISON (Ch.). Selectiorum observationum et consiliorum de præter visis hactenus morbis affectibusque præter naturam, ab aqua seu serosa colluvie et diluvìe ortis. Secunda editio. Lugduni Batavorum, 1650, in-8°.

317. POISSONNIER-DESPERRIÈRES. Traité des maladies des gens de mer. Paris, 1767, in-8°.

318. PORTAL (Ant.). Observations sur la nature et le traitement de la phthisie pulmonaire. Paris, 1792, in-8°.

319. PORTAL (Ant.). Observations sur la nature et le traitement des maladies du foie. Paris, 1813, in-8°.

320. PORTAL (Ant.). Observations sur la nature et le traitement de l'hydropisie. Paris, 1824, tom. 1 et 2 reliés en 1 vol. in-8°.

321. PUI (du). De affectionibus morbosis hominis dextri et sinistri. Lugd. Batav., 1780, in-8°.

322. PRUS (René). Recherches nouvelles sur la nature et le traitement du cancer de l'estomac. Paris, 1828, in-8°.

323. Rapport sur le traitement des maladies cancéreuses par la méthode du docteur Landolfi à l'hospice de la Salpétrière. Paris, 1856, in-4°.

324. RAYER (P). Traité des maladies des reins et des altérations de la sécrétion urinaire, étudiées en elles-mêmes et dans leurs rapports avec les maladies des uretères, de la vessie, de la prostate et de l'urèthre. Avec un atlas in-fol. Paris, 1839, 3 vol. in-8°.

325. RAYMOND (D.). Traité des maladies qu'il est dangereux de guérir. Paris, 1816, in-8°.

326 RENARD. Essai sur les écrouelles. Paris, 1769, in-8°.

327. RÉVEILLÉ-PARISE (J. H.). Guide pratique des goutteux et des rhumatisants. Paris, 1837, in-8°.

328. ROBERT (A.). Traité théorique et pratique du rhumatisme, de la goutte, et des maladies des nerfs. Paris, 1840, in-8°.

329. ROEDERER et WAGLER. Traité de la maladie muqueuse. Traduit du latin par J. L. Leprieur. Paris, 1806, in-8°.

330. SAUNDERS (WILL.). A treatise on the structure, economy and diseases of the liver; together with an inquiry in to the properties and component parts of the bile and biliary concretions. The second edition. London, 1795, in-8°.

331. SCUDAMORE (CH.). A treatise on the nature and cure of gout and rheumatism, including general considerations on morbid states of the digestive organs, some remarks on regimen, and practical observations on gravel. The third edition, revised and materially enlarged. London, 1819, in-8°.

332. SCUDAMORE (CHARLES). Traité sur la nature et le traitement de la goutte et du rhumatisme. Traduit de l'anglais sur la dernière édition. Paris, 1819, tom. 1 et 2, reliés en 1 vol. in-8°.

333. SESTIER (F.). Traité de l'angine laryngée œdémateuse. Paris, 1852, in-8°.

334. TANQUEREL DES PLANCHES (L.). Traité des maladies de plomb ou saturnines. Paris, 1839, 2 vol. in-8°.

335. VIEUSSEUX (G.). Mémoire sur le croup ou angine trachéale. Paris-Genève, 1812, in-8°.

336. VILLETTE (G.). Conseils aux goutteux, aux rhumatisants, et aux personnes dont les maladies dérivent de vice de transpiration, de mauvaises digestions, etc. 3e édition. Paris, 1811, in-8°.

337. VIRCHOW (R.). La pathologie cellulaire basée sur l'étude physiologique et pathologique des tissus. Paris, 1861, in-8°, avec 144 fig.

338. ZIMMERMANN. Traité de la dyssenterie. Traduit de l'allemand. Calais, 1810, in-12.

§ II.

Maladies du système cérébro-spinal [21].

339. ABERCROMBIE (JOHN). Pathological and practical researches on diseases of the brain and the spinal cord. Edinburgh, 1828, in-8°.

340. ABERCROMBIE (JEAN). Des maladies de l'encéphale et de la moelle épinière. Traduit de l'anglais avec des notes par Gendrin. 2e édition. Paris-Londres, 1835, in-8.

341. CALMEIL (L. F). Traité des maladies inflammatoires du cerveau. Paris, 1859, 2 vol. in-8.

342. DELASIAUVE. Traité de l'épilepsie ; histoire, traitement, médecine légale. Paris, 1854, in-8°.

343. DESCOT (P. J.). Dissertations sur les affections locales des nerfs. Paris, 1825, in-8°.

344. DUPAU (A.). De l'éréthisme nerveux, ou analyse des affections nerveuses. Montpellier, 1819, 1 fort vol. in-8°.

345. DURAND-FARDEL (Max). Traité du ramollissement du cerveau. Paris, 1843, in-8°.

346. GEORGET. De la physiologie du système nerveux et spécialement du cerveau ; Recherches sur les maladies nerveuses en général, et en particulier sur le siége, la nature et le traitement de l'hystérie, de l'hypochondrie, de l'épilepsie et de l'asthme convulsif. Paris, 1821, 2 vol. in-8°.

347. HAHN (Henri). De la méningite tuberculeuse étudiée au point de vue clinique. Paris, 1853, in-8°.

348. HERPIN (Th.). Du pronostic et du traitement curatif de l'épilepsie. Paris, 1852, in-8°.

349. LALOUETTE (J. F. A.). Essai sur la rage, précédé d'une dissertation présentant plusieurs considérations générales sur quelques phénomènes de la nature. Paris, 1812, in-8°.

350. LASÈGUE (Ch.). De la paralysie générale progressive. Paris, 1853, in-8°.

351. LEROY D'ÉTIOLLES (Raoul). Des paralysies des membres inférieurs ou paraplégies. 1re et 2e partie, fascicule 1er, in-8°. Paris, 1856-1857, in-8°.

352. MARROCHETTI (Michele). Osservazioni sull' idrofobia. Napoli, 1823, in-8°.

353. OLLIVIER (C. P.). Traité des maladies de la moelle épinière, contenant l'histoire anatomique, physiologique et pathologique de ce centre nerveux chez l'homme. 3e édition, avec 4 planches. Paris, 1837, 3 vol. in-8°.

354. PARENT-DUCHATELET et MARTINET (L.). Recherches sur l'inflammation de l'arachnoïde cérébrale et spinale, ou histoire théorique et pratique de l'arachnitis, avec un rapport fait à l'Institut de France par MM. Portal, Pelletan, Hallé et Dumeril. Paris, 1825, in-8°.

355. PORTAL (Antoine). Observations sur la nature et le traitement de l'apoplexie et sur les moyens de la prévenir. Paris, 1811, in-8°.

356. ROCHOUX (J. A.). Recherches sur l'apoplexie et sur plusieurs autres maladies de l'appareil nerveux cérébro-spinal. 2e édition. Paris, 1833, in-8°. Même ouvrage, 1re édition. Paris, 1814, in-8°.

357. ROSTAN (L. N.). Recherches sur une maladie encore peu connue qui a reçu le nom de ramollissement du cerveau. Paris, 1820, in-8°.

358. SANDRAS (C. M. S). Traité pratique des maladies nerveuses. Paris, 1851, 2 vol. in-8°.

359. VALLEIX (F. L. J.). Traité des névralgies ou affections douloureuses des nerfs. Paris, 1841, in-8°.

§ III.

Maladies mentales [16].

360. BRIERRE DE BOISMONT (A.). Du suicide et de la folie suicide considérés dans leurs rapports avec la statistique, la médecine et la philosophie. Paris, 1856, in-8°.

361. CALMEIL (L. F.). De la paralysie considérée chez les aliénés. Paris, 1826, in-8°.

362. ELLIS (W. C.). Traité de l'aliénation mentale, ou de la nature, des causes, des symptômes et du traitement de la folie; comprenant des observations sur les établissements d'aliénés. Traduit de l'anglais, avec des notes et une introduction historique et statistique, par Th. Archambault, et enrichi de notes par M. Esquirol. Paris, 1840, in-8°, avec planches.

363. ESQUIROL (E.). Des maladies mentales considérées sous les rapports médical, hygiénique et médico-légal. Accompagnées de 27 planches gravées. Paris, 1838, 2 vol. et un atlas in-8°.

364. FERRUS (G.). Des aliénés ; considérations : 1° sur l'état des maisons qui leur sont destinées tant en France qu'en Angleterre, sur la nécessité d'en créer de nouvelles en France, et sur le mode de construction à préférer pour ces maisons; 2° sur le régime hygiénique et moral auquel ces malades doivent être soumis; 3° sur quelques questions de médecine légale ou de législation relatives à leur état civil. Paris, 1834, in-8°.

365. GEORGET. De la folie ; considérations sur cette maladie. Paris, 1820, in-8°.

366. GUISLAIN (J.). Leçons orales sur les phrénopathies, ou traité théorique et pratique des maladies mentales. Gand, 1852, 3 vol. in-8°.

367. LÉLUT (F.). L'amulette de Pascal, pour servir à l'histoire des hallucinations. Paris, 1846, in-8°. — Du démon de Socrate, spécimen d'une application de la science psychologique à celle de l'histoire. Paris, 1856, in-12.

368. LEURET (F.). Du traitement moral de la folie. Paris, 1840, in-8°.

369. MICHÉA (C. F.). Traité pratique, dogmatique et critique de l'hypochondrie. Paris, 1845, in-8°.

370. MOREL (B. A.). Traité des dégénérescences physiques, intellectuelles et morales de l'espèce humaine, et des causes qui produisent ces variétés maladives. Paris, 1857, in-8°, avec un atlas de 12 planches in-4°.

371. PINEL (Ph.). Traité médico-philosophique sur l'aliénation mentale. 2e édition. Paris, 1809, in-8°.

372. PINEL (Scipion). Traité de pathologie cérébrale ou des maladies du cerveau, nouvelles recherches sur sa structure, ses fonctions, ses altérations, et sur leur traitement thérapeutique, moral et hygiénique. Paris, 1844, in-8°.

373. THORE (A. M.). Etudes sur les maladies incidentes des aliénés. Paris, 1847, in-8°.

374. TRÉLAT. La folie lucide, étudiée et considérée au point de vue de la famille et de la société. Paris, 1861, in-8°.

375. ZACCHIAS (Paul). De affectionibus hypochondriacis libri tres; italico idiomate primum ab authore conscripti, nunc in latinum sermonem translati ab A. Khonn. Ausbourg, 1671, in-8°.

§ IV.

Pyrétologie [29].

376. ALIBERT (J. L.). Traité des fièvres pernicieuses intermittentes. 4° édition. Paris, 1809, in-8°.

377. BROUSSAIS (F. J. V.). Recherches sur la fièvre hectique. Paris, 1803, in-8°.

378. CHAUFFARD (H.). Traité des inflammations internes connues sous le nom de fièvres. Paris, 1831, 2 vol. in-8°.

379. DARDONVILLE (H.). Mémoire sur les fièvres, en opposition à la nouvelle doctrine. Paris, 1821. in-8°.

380. FAURE (Raymond). Des fièvres intermittentes et continues. Paris, 1833, in-8°.

381. Fièvres intermittentes, par divers. 1 vol. in-8°.

382. FIZEAU (L. A.). Recherches et observations pour servir à l'histoire des fièvres intermittentes. Paris, 1803, in-8°. (Relié avec 379.)

383. FODÉRÉ (F. E.). Recherches expérimentales sur les fièvres d'accès sur les succédanés du quinquina. Marseille, 1810, in-8°.

384. FORGET (C. P.). Traité de l'entérite folliculeuse (fièvre typhoïde). Paris, 1841, in-8°.

385. FOURNIER. Opuscule sur les fièvres putrides et malignes, avec des réflexions sur la nature et la cause immédiate de la fièvre. Dijon, 1775, in-8°. (Relié avec 264.)

386. GIANNINI. De la nature des fièvres et de la meilleure méthode de les traiter. Traduit de l'italien, avec des notes et des additions par N. Heurteloup. Paris, 1808, 2 vol. in-8°.

387. GOURAUD père. Études sur la fièvre intermittente pernicieuse. Avignon, 1842, in-8° (deux exemplaires).

388. HUXHAM (Jean). Essai sur les différentes espèces de fièvres. Paris, 1764, in-12.

389. LABROQUE (J. B. de). Traité de la fièvre typhoïde. Paris, 1847, 2 vol. in-8°.

390. MILMAN. Recherches sur l'origine et le siége du scorbut et des fièvres putrides. Traduit de l'anglais par Vigarous de Montagut. Paris-Montpellier, 1786, in-8°.

391. MONFALCON (J. B.). Histoire médicale des marais, et traité des fiè-

vres intermittentes causées par les émanations des eaux stagnantes.
2ᵉ édition. Paris, 1826, in-8°.

392. MONGELLAZ (P. J.). Monographie des irritations intermittentes, ou
traité théorique et pratique des maladies périodiques, des fièvres lar-
vées, locales ou topiques, des fièvres pernicieuses, des fièvres rémittentes et intermittentes bénignes des auteurs, et en général de tout ce qui
offre de l'intermittence ou de la périodicité en pathologie. Paris, 1839,
2 vol. in-8° reliés ensemble.

393. NEPPLE (P. F.). Traité sur les fièvres rémittentes et intermittentes,
leurs symptômes et leur traitement. Paris, 1835, in-8°.

394. NEUCRANTZ (P.). De purpura, liber singularis, in quo febrium ma-
lignarum natura et curatio proponitur. Francofurti et Lubecæ, 1660,
in-4°. (Relié avec 259.)

395. PALLAS (E.). Réflexions sur l'intermittence, considérée chez
l'homme dans l'état de santé et dans l'état de maladie. Paris, 1830,
in-8°.

396. PETIT-RADEL (Ph.). Pyrétologie médicale, ou exposé méthodique du
plus grand nombre des fièvres continues, rémittentes et intermittentes.
Paris, 1812, in-8°.

397. PETIT (A.) et SERRES (A.). Traité de la fièvre entéro-mésentérique.
Paris, 1813, in-8°, avec figures coloriées.

398. QUARIN (Joseph). Traité des fièvres et des inflammations. Traduit
du latin avec des notes par J. B. E. Monnot. Paris, 1800, 2 tomes reliés en un volume in-8°.

399. ROGER LOEN. Joannis Fernelii pathologiæ liber quartus : De febribus. Amstelœdami, 1664, in-12.

400. ROUX (G.). Traité des fièvres adynamiques. Paris, 1813, in-8°.

401. STOLL (Maxim.). Aphorismes sur la connaissance et la curation des
fièvres. Traduits en français par Corvisart. Paris, 1797, in-8°, accompagné du texte latin.

402. STOLL (M.). Même ouvrage, traduit en français par Mahon. Paris,
1809, in-8°.

403. STRACK (Ch.). Observationes medicinales de febribus intermitten-
tibus et qua ratione eisdem medendum sit. Offenbach, 1785, in-12.

404. VALLEIX. Du typhus fever et de la fièvre typhoïde d'Angleterre. Paris,
1839, in-8°. (Relié avec 379.)

§ V.

Maladies relatives à l'influence des climats [23].

405. BAILLY de Blois (E. M.). Traité anatomico-pathologique des fièvres
intermittentes simples et pernicieuses observées en Italie pendant les
années 1820, 1821 et 1822. Paris, 1825, in-8°.

406. BAMPFIELD (R. W.). A practical treatise on tropical dysentery, more particulary as it occurs in the East Indies; illustrated by cases and appearances on dissection; to which is added a practical treatise on scorbutic dysentery, with some facts and observations relative to scurvy. London, 1819, in-8°.

407. BOUDIN (J. C. M.). Traité des fièvres intermittentes, rémittentes et continues des pays chauds et des contrées marécageuses, suivi de recherches sur l'emploi thérapeutique des préparations arsenicales. Paris, 1842, in-8°.

408. CAMBAY (Charles). Traité des maladies des pays chauds, et spécialement de l'Algérie; de la dyssenterie et des maladies du foie qui la compliquent. Paris, 1847, in-8°.

409. CHISHOLM (Colin). A manual of the climate and diseases of tropical countries, in which a practical view of the statistical pathology and of the history and treatment of the diseases of those countries is attempted to be given. London, 1822, in-8°.

410. CONWELL (W. E. E.). Observations chiefly on pulmonary disease in India, and an essay on the use of the stethoscope. British-India, Malacca, 1829, in-4°.

411. DAZILLE. Observations sur les maladies des nègres, leurs causes, leurs traitements, et les moyens de les prévenir. Paris, 1776, in-8°.

412. DAZILLE. Observations sur le tétanos, précédées d'un discours sur les moyens de perfectionner la médecine pratique sous la zone torride. Paris, 1788, in-8°.

413. DUTROULAU (A.-F.). Traité des maladies des Européens dans les pays chauds (régions tropicales); climatologie, maladies endémiques, Paris, 1861, in-8° (sept exemplaires).

414. FUSTER. Des maladies de la France dans leurs rapports avec les saisons, ou histoire médicale et météorologique de la France. Paris, 1840, in-8°.

415. GILLESPIE (Léonard). Observations on the diseases which prevailed on board a part of His Majesty's squadron on the Leeward island station, between nov. 1794 and april 1796. London, 1800, in-8°.

416. HASPEL (Aug.). Maladies de l'Algérie; des causes, de la symptomatologie, de la nature et du traitement des maladies endémo-épidémiques de la province d'Oran. Paris, 1850, in-8°.

417. JACQUOT (Félix). De l'origine miasmatique des fièvres endémo-épidémiques dites intermittentes, palustres ou à quinquina; pathologie, topographie, météorologie, climatologie, statistique et géographie médicales. Paris, 1853, in-8°.

418. JOHNSON (James). The influence of tropical climates on european constitutions; being a treatise on the principal diseases incidental to European in the East and West Indies, Mediterranean, and coast of Africa. 3° edit. London, 1821, in-8°.

419. JOHNSON (James). The influence of tropical climates, more especially the climate of India, on european constitutions; the principal effects and diseases thereby induced, their prevention or removal, and the means of preserving health in hot climates, rendered obvious to Europeans of every capacity. London, 1813, in-8°.

420. LAURE (JULES). Considérations pratiques sur les maladies de la Guyane et des pays marécageux situés entre les tropiques. Paris, 1854, in-8° (deux exemplaires).

421. LEFÈVRE (AMÉDÉE). Recherches sur les causes de la colique sèche observée sur les navires de guerre français, particulièrement dans les régions équatoriales, et sur les moyens d'en prévenir le développement. Paris, 1859, in-8°.

422. LIND (JACQUES). Essai sur les maladies des Européens dans les pays chauds. Traduit de l'anglais sur la dernière édition publiée en 1777, et augmenté de notes par Thion de la Chaume. Paris, 1785, 2 tomes reliés en 1 vol. in-12.

423. MAILLOT (F. C.). Traité des fièvres ou irritations cérébro-spinales intermittentes, d'après des observations recueillies en France, en Corse et en Afrique. Paris, 1836, in-8°.

424. POISSONNIER-DESPERRIÈRES. Traité des fièvres de l'île de Saint-Domingue. Paris, 1780, in-8°.

425. ROUIS (J. L.). Recherches sur les suppurations endémiques du foie, d'après des observations recueillies dans le nord de l'Afrique. Paris, 1860, in-8°.

426. THÉVENOT (J. P. F.). Traité des maladies des Européens dans les pays chauds, et spécialement au Sénégal, ou essai statistique médical et hygiénique sur le sol, le climat et les maladies de cette partie de l'Afrique. Paris, 1840, in-8°.

427. WILLAN (R.). Reports on the diseases in London, particularly during the years 1796, 97, 98, 99 and 1800. London, 1801, in-12.

§ VI.

Maladies de la peau [33].

428. BATEMAN (THOMAS). Abrégé pratique des maladies de la peau, classées d'après le système nosologique du docteur Willan. Traduit de l'anglais sur la 5e édition, par Bertrand. Paris-Montpellier, 1820, in-8°.

429. BAUMÈS (P.). Nouvelle dermatologie, ou précis théorique et pratique sur les maladies de la peau, fondé sur une nouvelle classification médicale; suivi d'un exposé de principes généraux pouvant servir de guide dans le choix des eaux minérales naturelles applicables dans le traitement de ces maladies, avec un formulaire spécial et planches coloriées. Paris-Lyon, 1842, 2 vol. in-8°.

430. BAZIN. Leçons théoriques et cliniques sur les affections cutanées parasitaires; rédigées et publiées par Alf. Pouquet, revues et approuvées par le professeur. Ouvrage orné de 5 planches gravées sur acier. Paris, 1858, in-8°.

431. BELLIOL. Traité sur la nature et la guérison des maladies chroniques, des dartres, des écrouelles et des maladies syphilitiques, par l'emploi d'une nouvelle méthode végétale, dépurative et rafraîchissante. 8ᵉ édition. Paris, 1839, in-8°.

432. BERTILLON. Conclusions statistiques contre les détracteurs de la vaccine, précédées d'un essai sur la méthode statistique appliquée à l'étude de l'homme. Paris, 1857, in-12.

433. BOURGUIGNON (H.). Traité entomologique et pathologique de la gale de l'homme. Paris, 1852, in-4°.

434. BOUSQUET (J. B.). Traité de la vaccine et des éruptions varioleuses ou varioliformes; précédé d'un rapport de l'Académie royale de médecine. Paris, 1833, in-8°.

435. BRISSET (J. A.) et BRUNET. Réflexions sur la vaccine et la variole, ayant pour but d'obtenir, par la vaccination, l'extinction complète de la petite vérole. Paris, 1826-1828, in-8°.

436. CAZENAVE (ALPHÉE). Traité des maladies du cuir chevelu, suivi de conseils hygiéniques sur les soins à donner à la chevelure. Paris, 1850, in-8°, avec 8 planches gravées et coloriées.

437. CHAPON (P.). Traité historique des dangers de la vaccine, suivi d'observations et de réflexions sur le rapport du comité central de vaccine. Paris, 1803, in-8°.

438. CHAUSIT (MAURICE). Traité élémentaire des maladies de la peau. Paris, 1853, in-8°.

439. DANIELSSEN (D. C.) et WILHEM BŒCK. Traité de la spédalsked ou éléphantiasis des Grecs; traduit du norwégien, par L. A. Cosson (de Nogaret). Paris, 1848, in-8°, avec un atlas de 24 planches coloriées. (L'atlas n'est pas à la bibliothèque.)

440. DEVERGIE (ALPH.). Traité pratique des maladies de la peau. Paris, 1854, in-8°.

441. DEZOTEUX (F.) et VALENTIN (LOUIS). Traité historique et pratique de l'inoculation. Paris, 1800, in-8°.

442. GIBERT (C. M.). Traité pratique des maladies spéciales de la peau, enrichi d'observations et de notes nombreuses puisées dans les meilleurs auteurs et dans les cliniques de l'hôpital Saint-Louis. 2ᵉ édition. Paris, 1840, in-8°.

443. GILBERT (STANISLAS). Monographie du pemphigus, ou traité de la maladie vésiculaire. Paris, 1813, in-8°.

444. GIRAUDEAU DE SAINT-GERVAIS. Guide pratique pour l'étude et le traitement des maladies de la peau. Paris, 1842, in-8°.

445. HARDY. Leçons sur les maladies de la peau, rédigées et publiées par le docteur Léon Moysant. Paris, 1858, in-8°.

446. KLEIN (J. V.). Tentamen herpetologiæ ; accessit J. A. Unzeri observatio de tœniis. Leidæ et Gottingæ, 1755, in-4°.

447. LORRY (Ch.). Tractatus de morbis cutaneis. Parisiis, 1777, in-4°.

448. MAHON jeune. Recherches sur le siége et la nature des teignes. Paris, 1829, avec 5 planches coloriées, in-8°.

449. MOREAU de la Sarthe (J. L.). Traité historique et pratique de la vaccine. Paris, 1801, in-8°.

450. MOURONVAL (J. F. J.). Recherches et observations sur la gale, faites à l'hôpital Saint-Louis, à la clinique de M. Lugol, pendant les années 1819, 1820, 1821. Paris, 1821, in-8°, avec 9 fig. lithograph.

451. MOURONVAL de Warlencourt (J. F. J.). Recherches et observations sur le prurigo. Paris, 1823, in-4°.

452. NOIROT (M. L.). Histoire de la scarlatine. Paris-Dijon, 1847, in-8°.

453. PETIT (A.). Rapports en faveur de l'inoculation. Paris, 1766, in-8°.

454. RAYER (P.). Traité théorique et pratique des maladies de la peau, avec un atlas in-4° de 400 figures gravées et coloriées. Paris, 1835, 3 vol. in-8°.

455. ROUSSEL (Théoph.). De la pellagre, de son origine, de ses progrès, de son existence en France, de ses causes et de son traitement curatif et préservatif. Paris, 1845, in-8°.

456. ROWLEY (William), MOSELEY, SQUIRREL (R.). La vaccine combattue dans le pays où elle a pris naissance. Traduction de trois ouvrages anglais. Paris, 1807, in-8°.

457. ROUX (G.). Traité sur la rougeole. Paris-Strasbourg, 1807, in-8°.

458. SALMADE. Instruction sur la pratique et l'inoculation de la petite vérole. Paris 1799, in-8°.

459. STEINBRENNER (Ch. Ch.). Traité sur la vaccine, ou recherches historiques et critiques sur les résultats obtenus par les vaccinations et revaccinations, depuis le commencement de leur emploi universel jusqu'à nos jours, ainsi que les moyens proposés pour en faire un préservatif aussi puissant que possible contre la variole. Paris, 1846, in-8°.

460. VILLETTE DE TERZÉ (G. C.). La vaccine, ses conséquences funestes démontrées par les faits, les observations, l'anatomie pathologique et l'arithmétique ; réponse au questionnaire anglais relatif à la vaccine, adressé aux académies par la Chambre des communes d'Angleterre. Paris, 1857, grand-in-8°.

C. — CLINIQUE ET MÉDECINE PRATIQUE [65].

461. ANDRAL (G.). Clinique médicale, ou choix d'observations recueillies à l'hôpital de la Charité (clinique de M. Lerminier). 4° édition. Paris, 1839, 5 vol. in-8°.

462. ARAN (F.-A.). Manuel pratique des maladies du cœur et des gros vaisseaux. Paris, 1842, in-12.

463. AVENBRUGGER. Nouvelle méthode pour reconnaître les maladies

~internes de la poitrine par la percussion de cette cavité. Traduit du latin et commenté par J.-N. Corvisart. Paris, 1808, in-8°.

464. BAGLIVI (G.). De l'accroissement de la médecine pratique. Traduction nouvelle par le docteur J. Boucher, précédée d'une introduction sur l'influence du baconisme en médecine. Paris, 1851, in-8°.

465. BARTH et ROGER. Traité pratique d'auscultation. Paris, 1841, in-18 (deux exemplaires).

466. BARTH et ROGER. Même ouvrage, 3° édition. Paris, 1850, in-18.

467. BARTHEZ (P.-J.). Consultations de médecine; ouvrage posthume publié par J. Lordat. Paris, 1810, 2 tomes reliés en 1 vol. in-8°.

468. BAZIN. Leçons théoriques et cliniques sur les affections cutanées de nature arthritique et dartreuse considérées en elles-mêmes et dans leurs rapports avec les éruptions scrofuleuses, parasites et syphilitiques; professées à l'hôpital Saint-Louis par le docteur Bazin, rédigées et publiées par Lucien Sergent. Paris, 1860, in-8°.

469. BAZIN (E.). Leçons théoriques et cliniques sur la scrofule considérée en elle-même et dans ses rapports avec la syphilis, la dartre et l'arthritis. 2° édition, augmentée de recherches sur la scrofule viscérale et de nombreuses observations. Paris, 1861, in-8°.

470. BEAU (J.-H.-S.). Traité expérimental et clinique d'auscultation appliquée à l'étude des maladies du poumon et du cœur. Paris, 1856, in-8°.

471. BLACK (Samuel). Clinical and pathological reports. London, 1819, in-8°.

472. BOERHAAVE (H.). Institutiones medicæ. Lugd. Batav., 1746, in-12.

473. BONET (Th.). Thesaurus medico-practicus, cum indicibus rerum. Genevæ, 1694, 3 vol. in-fol.

474. BOUILLAUD (J.). Clinique médicale de l'hôpital de la Charité. Paris, 1837, 3 vol. in-8°.

475. BOUILLAUD (J.). Traité clinique du rhumatisme articulaire et de la loi de coïncidence des inflammations du cœur avec cette maladie. Paris, 1840, in-8°.

476. BOUILLAUD (J.). Traité clinique et physiologique de l'encéphalite ou inflammation du cerveau et de ses suites. Paris, 1825, in-8°.

477. BOUILLAUD (J.). Traité clinique des maladies du cœur, précédé de recherches nouvelles sur l'anatomie et la physiologie de cet organe. Paris, 1835, 2 vol. in-8°, planches gravées.

478. BOUILLAUD (J.). Traité clinique et expérimental des fièvres dites essentielles. Paris, 1826, in-8°.

479. BRICHETEAU (J.). Traité sur les maladies chroniques qui ont leur siége dans les organes de l'appareil respiratoire, précédé de nouvelles considérations sur l'auscultation. Paris, 1851, in-8°.

480. BRICHETEAU (J.). Clinique médicale de l'hôpital Necker. Paris, 1835, in-8°.

481. BROUSSAIS (F. J. V.). Histoire des phlegmasies ou inflammations chroniques, fondée sur de nouvelles observations de clinique et d'anatomie pathologique. 3e édition. Paris, 1822, 3 vol. in-8°.

482. CASANOVA (Achille). Guida alla clinica ematologica umana e veterinaria nei rapporti del l'irritazione, congestione e flogosi. Milano, 1858, in-8°.

483. CAZENAVE (Alphée) et SCHEDEL (H. E.). Abrégé pratique des maladies de la peau d'après les auteurs les plus estimés, et surtout d'après les documents puisés dans les leçons cliniques de M. Biett. 3e édition. Paris, 1838, in-8°.

484. CHOMEL (A. F.). Leçons de clinique médicale faites à l'Hôtel-Dieu de Paris, recueillies et publiées par Genest, Requin et Sestier. Paris, 1834, 3 vol. in-8°.

485. CULLEN. Éléments de médecine pratique; traduits de l'anglais sur la dernière édition par Bosquillon. Paris, 1819, 3 vol. in-8°.

486. DUMAS (Ch. L.). Consultations et observations de médecine, publiées par le docteur Rouzet. Paris, 1824, in-8°.

487. FOURNET (Jules). Recherches cliniques sur l'auscultation des organes respiratoires et sur la première période de la phthisie pulmonaire. Paris, 1839, 1re et 2e parties reliées en 1 vol. in-8°.

488. FRANCK (P.). Traité de médecine pratique, traduit du latin par J. M. C. Gondareau. Paris, 1820, 6 vol. in-8°.

489. GENDRIN (A. N.). Traité philosophique de médecine pratique. Paris, 1838, 3 vol. in-8°.

490. GENDRIN (A. N.). Leçons sur les maladies du cœur et des grosses artères, recueillies et publiées sous ses yeux par MM. Colson et Dubreuil-Hélion. Paris, 1841-1842, in-8°.

491. GINTRAC (E.). Cours théorique et clinique de pathologie interne et de thérapie médicale. Paris, 1853, 5 vol. grand in-8°.

492. GLASS (T.). Principes de clinique concernant les maladies fébriles, tracés sur la doctrine d'Hippocrate; traduit de l'anglais par Clanet. Paris, 1831, 2 vol. in-8°.

493. GRIMAUD (de). Cours de fièvres, corrigé et augmenté d'une introduction et de suppléments qui rendent ce cours complet, par J. B. E. Demorcy-Dellettre. 2e édition. Montpellier, 1815, 4 vol. in-8°.

494. GRISOLLE (P.). Traité élémentaire et pratique de pathologie interne. Paris, 1844, 2 vol. in-8°.

495. GRISOLLE (P.). Même ouvrage, 3e édition. Paris, 1848, 2 vol. in-8°.

496. GRISOLLE (P.). Même ouvrage, 7e édition. Paris, 1857, 2 vol. in-8°.

497. HAEN (P. de). Ratio medendi in nosocomio practico. Parisiis, 1771, 11 vol. in-12.

498. HEISTER (L.). Compendium medicinæ practicæ, cui præmissa est de medicinæ mechanicæ præstantia dissertatio. Amstelœdami, 1743, in-8°.

499. HILDENBRAND (J. Val.). Médecine pratique; ouvrage traduit du latin par Auguste Gauthier. Paris, 1824, 2 vol. in-8°.

500. HILDENBRAND (J. V.). Manuel de clinique médicale, ou principes de clinique interne. Traduit du latin par G. Dupré. Paris-Montpellier, 1849, in-12.

501. HUFÉLAND (C. G.). Manuel de médecine pratique, traduit de l'allemand par Jourdan. 2e édition. Paris, 1848, in-8°.

502. LAENNEC (R. T. H.). Traité de l'auscultation médiate et des maladies des poumons et du cœur. 4e édition, revue et corrigée par Andral. Paris, 1837, 3 vol. in-8°.

503. LAGRÉSIE (C. B.). Mémoires et observations de médecine-pratique. Paris, 1805, in-8°.

504. LEROUX (J. J.). Cours sur les généralités de la médecine pratique. Paris, 1825, 8 vol. in-8°.

505. LIEUTAUD (J.). Précis de la médecine pratique. 2e édition. Paris, 1761, in-8° (deux exemplaires).

506. MACBRIDE (David). Introduction méthodique à la théorie et à la pratique de la médecine; traduite de l'anglais par Petit-Radel. Paris, 1787, 2 vol. in-8°.

507. PINEL (Ph.). La médecine clinique rendue plus précise et plus exacte par l'application de l'analyse. 3e édition. Paris, 1815, in-8°.

508. PIORRY (P. A.). De la percussion médiate et des signes obtenus à l'aide de ce nouveau moyen d'exploration dans les maladies des organes thoraciques et abdominaux. Paris, 1828, in-8°.

509. PIORRY (P. A.). Du procédé opératoire à suivre dans l'exploration des organes par la percussion médiate, et collection de mémoires sur la physiologie, la pathologie et le diagnostic. Paris, 1831, in-8° (deux exemplaires).

510. PIORRY (P. A.). Traité de diagnostic et de séméiologie. Paris, 1840, 3 vol. in-8°.

511. PIORRY (P. A.). Traité de médecine pratique et de pathologie iatrique ou médicale; cours professé à la faculté de médecine de Paris. Paris, 1831-1847, généralités et monographies, 7 vol. in-8°, suivis d'un atlas de plessimétrisme contenant, en 42 planches, plus de 200 figures sur bois, et d'un dictionnaire des termes de la nomenclature. Paris, 1851, in-8°.

512. PUJOL (Alexis). Œuvres de médecine pratique, avec une notice sur la vie et les travaux de l'auteur par Boisseau. Paris, 1823, 4 vol. in-8°.

513. RACIBORSKI (A.). Nouveau manuel d'auscultation et de percussion. Paris, 1835, in-18.

514. RACIBORSKI (A.). Précis pratique et raisonné du diagnostic. Paris, 1837, in-18.

515. SKODA (J.). Traité de percussion et d'auscultation. Traduit de l'allemand sur la 4e édition par le docteur Aran. Paris, 1854, in-18.

516. STOLL (Max.). Médecine pratique, traduction nouvelle par O. Mahon. Paris, 1809, 2 tomes reliés en 1 vol. in-8°.

517. SYDENHAM (Th.). Œuvres de médecine pratique, traduites en français par A. F. Jault. Nouvelle édition avec des notes par J. B. Th. Baumes. Montpellier, 1816, 2 vol in-8°.

518. TARDIEU (AMB.). Manuel de pathologie et de clinique médicales. 2e édition. Paris, 1857, in-8° (deux exemplaires).

519. TOURTELLE (E.). Éléments de médecine théorique et pratique. 2e édition. Paris, 1805, 3 vol. in-8°.

520. TROLLIET (M.). Compte-rendu des observations faites à l'Hôtel-Dieu de Lyon, du 1er octobre 1822 au 1er octobre 1824. Lyon, 1825, in-8°.

521. TROUSSEAU. Clinique médicale de l'Hôtel-Dieu. Paris, 1861, t. 1er, in-8°.

522. TULPIUS (NICOLAS). Observationes medicæ. Editio nova. Amstelœdami, 1652, 1 vol. in-12 avec figures intercalées dans le texte.

523. VAN SWIETEN (G.). Commentaria in Hermanni Boerhaave aphorismos, de cognoscendis et curandis morbis. Editio tertia parisiensis. Parisiis, 1769, 5 vol. in-4°.

524. DE VILLIERS (J. F.). La médecine pratique de Londres. Traduit sur la 2e édition. Paris, 1778, in-8°.

525. WOILLEZ (E. J.). Recherches pratiques sur l'inspection et la mensuration de la poitrine. Paris, 1838, in-8°.

d. — MALADIES ÉPIDÉMIQUES ET CONTAGIEUSES [92].

526. ANGLADA (CHARLES). Traité de la contagion, pour servir à l'histoire des maladies contagieuses et des épidémies. Paris, 1853, 2 vol. in-8°.

527. ASSALINI. Observations sur la maladie appelée peste, le flux dyssentérique, l'ophthalmie d'Egypte, et les moyens de s'en préserver; avec des notions sur la fièvre jaune de Cadix. Paris, 1801, in-12.

528. AUBERT (L.). De la peste ou typhus d'Orient, documents et observations recueillies pendant les années 1834 à 1838, en Egypte, en Arabie, sur la mer Rouge, en Abyssinie, à Smyrne et à Constantinople. Paris, 1840, in-8°.

529. AUDOUARD (F. M.). Relation historique et médicale de la fièvre jaune qui a régné à Barcelone en 1821. Paris, 1822, in-8° (deux exemplaires).

530. BAILLOU (G.). Épidémies et éphémérides. Traduites du latin avec une introduction et des notes par Yvaren (Prosper). Paris, 1858, in-8°.

531. BALLINGAL (G.). Practical observations on fever, dysentery, and liver complaints, as they occur amongst the european troops in India. The 2e edition. Edinburgh, 1823, in-8°.

532. BALLY (F.). Du typhus d'Amérique ou fièvre jaune. Paris, 1814, in-8°.

533. BALLY (F.) et PARISET. Histoire médicale de la fièvre jaune, observée en Espagne et particulièrement en Catalogne dans l'année 1821. Paris, 1823, in-8°.

534. BANCROFT (E. N.). A sequel to an essay on the yellow fever; principally intended to prove, by incontestable facts and important documents, that the fever called bulam, or pestilential, has no existence as a distinct or a contagious disease. London, 1817, in-8°.

535. BARRY. Documents recueillis par MM. Chervin, Louis et Trousseau, membres de la commission médicale française envoyée à Gibraltar pour observer l'épidémie de 1828. Paris, 1830, 2 vol. in-8°.

536. BÉGUERIE (J. M.). Histoire de la fièvre qui a régné sur la flottille française dans la mer Ionienne, pendant l'an x. Paris, 1806, in-8°.

537. BERGERON (E. J.). De la stomatite ulcéreuse des soldats et de son identité avec la stomatite des enfants dite couenneuse, diphthéritique, ulcéro-membraneuse. Paris, 1859, in-8°.

538. BISSET-HAWKINS. History of the epidemic spasmodic cholera of Russia. London, 1831, in-12.

539. BRANDIN (D. A. V.). Del colera-morbo asiatico en Polonia, en Alemania, en Francia y en Paris, durante las epidemias de 1831 y 1832. Paris, 1832, in-8°.

540. BRAYER (A.). Neuf années à Constantinople, observations sur la topographie de cette capitale, l'hygiène et les mœurs de ses habitants, l'islamisme et son influence; la peste, ses causes, ses variétés, sa marche et son traitement; la non-contagion de cette maladie; les quarantaines et les lazarets; avec une carte de Constantinople et du Bosphore de Thrace, gravée par Tardieu. Paris, 1836, 2 vol. in-8°.

541. BRIQUET (P.) et MIGNOT (A.). Traité pratique et analytique du choléra-morbus (épidémie de 1849). Paris, 1850, in-8°.

542. BROUSSAIS (F. J. V.). Le choléra-morbus épidémique observé et traité selon la méthode physiologique. Paris, 1832, in-8°.

543. BULARD DE MÉRU. De la peste orientale, d'après les matériaux recueillis à Alexandrie, au Caire, à Smyrne et à Constantinople, pendant les années 1833, 1834, 1835, 1836, 1837 et 1838. Paris, 1839, in-8°.

544. CARMICHAEL-SMYTH (James.). Observations sur la fièvre des prisons. Genève, 1801, in-8°.

545. CARMICHAEL-SMYTH (J.). A description of the jail distemper, as it appeared amongst the spanish prisonners at Winchester, in the year 1780. London, 1785, in-8°.

546. CATTET (J. J. F.) et GARDET (J. B. J.). Essai sur la contagion, ou recherches sur les maladies contagieuses considérées d'après les faits et sous le rapport de la physiologie, de la pathologie et de la thérapeutique. Paris, 1802, in-8°.

547. CHICOYNEAU, ASTRUC, DODART. Traité des causes, des accidents et de la cure de la peste. Paris, 1744, in-4° (trois exemplaires).

548. CHOMEL (A. F.). Des fièvres et des maladies pestilentielles. Paris, 1821, in-8°.

549. CLEGHORN (G.). Observations on the epidemical diseases in Minorca. The third edition. London, 1768, in-8°.

550. CLOT-BEY (A. B.). La peste observée en Egypte; recherches et considérations sur cette maladie. Paris, 1840, in-8°.

551. CONSEIL GÉNÉRAL DE SANTÉ. Rapport sur la quarantaine. Londres, 1849, in-8°.

552. CONSEIL GÉNÉRAL DE SANTÉ. Second rapport sur la quarantaine, — Fièvre jaune, — présenté aux deux Chambres du Parlement par ordre de Sa Majesté. Londres, 1853.

553. CROUIGNEAU (J.). Recherches sur les épidémies de La Rochelle, et particulièrement sur celle qui a régné en 1843. Paris, 1848, in-8°.

554. DELAGRANGE. Mémoire contre le choléra d'Asie, la peste d'Orient et les fléaux dits contagieux ou diversement transmissibles. Paris, 1850, in-8°.

555. DESRUELLES (H. M. J.). Précis physiologique du choléra-morbus, ouvrage dans lequel sont exposées des vues nouvelles sur la cause essentielle, le siége, la nature et le traitement curatif et préservatif de cette maladie. Paris, 1831, in-8°.

556. DOUGHTY (Edw.). Observations and inquiries into the nature et treatment of the yellow or bulam fever, in Jamaica and at Cadiz. London, 1816, in-8°.

557. FALLOT (L.) et VARLEZ (L. J.). Recherches sur les causes de l'ophthalmie qui règne dans quelques garnisons de l'armée des Pays-Bas, et sur les moyens d'y remédier. Bruxelles-Paris, 1829, in-8°.

558. FINKE. Histoire de l'épidémie bilieuse qui eut lieu dans le comté de Tecklenbourg, depuis l'année 1776 jusqu'à l'année 1780, suivie de plusieurs histoires de maladies bilieuses anomales observées pendant le cours de l'épidémie. Traduit du latin par J. G. A. Lugol. Paris, 1815, in-8°.

559. FLORIO (P.). Description historique, théorique et pratique de l'ophthalmie purulente observée de 1835 à 1839 dans l'hôpital militaire de Saint-Pétersbourg, avec planches coloriées prises d'après nature. Paris, 1841, in-8°.

560. FODÉRÉ (F. E.). Leçons sur les épidémies et l'hygiène publique, faites à la Faculté de Strasbourg. Paris, 1822, 4 vol. in-8°.

561. FOUCART (A.). De la suette miliaire, de sa nature et de son traitement ; traité pratique suivi d'une analyse de toutes les épidémies de suette observées jusqu'à nos jours. Paris, 1854, in-8°.

562. FRANK (L.). De peste dysenteria et ophthalmia ægyptiaca. Viennæ, 1820, in-8°.

563. GAULTIER DE CLAUBRY (C. E. S.). De l'identité du typhus et de la fièvre typhoïde. Paris, 1844, in-8°.

564. GERARDIN (Auguste) et GAIMARD (Paul). Du choléra-morbus en

Russie, en Prusse et en Autriche, pendant les années 1831 et 1832. 2e édition. Paris, 1832, in-8° avec 3 planches gravées et coloriées.

565. GOUZÉE (H. P.). De l'ophthalmie qui règne dans l'armée belge, et des moyens d'arrêter la propagation de cette maladie dans toute agglomération d'individus. Bruxelles-Paris, 1842, in-8°.

566. GRIPPA, STRAMBIO, etc. Relazione della commissione sanitaria di Milano sul cholera-morbus, anno 1855. Milano, 1856, petit in-f°.

567. HECQUET. Traité de la peste. Paris, 1722, in-12.

568. HILDENBRAND (J. Val de). Du typhus contagieux, suivi de quelques considérations sur les moyens d'arrêter ou d'éteindre la peste de guerre et autres maladies contagieuses. Traduit de l'allemand par J. Charles Gasc. Paris, 1811, in-8°.

569. HŒSER (H.). Lehrbuch der Geschichte der medicin und der epidemischen krankheiten. Jena, 1852-1853, in-8°.

570. JACKSON, WARREN, etc. Report on spasmodic cholera. Boston, 1832, in-8°.

571. JENNER. De la non-identité du typhus et de la fièvre typhoïde, ou recherches sur le typhus, la fièvre typhoïde, la fièvre à rechute (relapsing fever) et la fièvre simple continue (febricula). Traduit de l'anglais par Verhaeghe. Bruxelles, 1852, in-8°.

572. KÉRAUDREN (P. F.). De la fièvre jaune observée aux Antilles et sur les vaisseaux du roi, considérée principalement sous le rapport de sa transmission. Paris, 1823, in-8° (deux exemplaires).

573. LASSIS. Recherches sur les véritables causes des maladies épidémiques appelées typhus, ou de la non-contagion des maladies typhoïdes. Paris, 1819, in-8°.

574. LASSIS. Causes des maladies épidémiques, moyens d'y remédier et de les prévenir, avec quelques réflexions sur l'épidémie d'Espagne. Paris, 1822, in-8°.

575. LEBLOND (J. B.). Observations sur la fièvre jaune et sur les maladies des tropiques. Paris, 1805, in-8°.

576. LEPECQ DE LA CLOTURE. Collection d'observations sur les maladies et constitutions épidémiques. Rouen, 1770, 3 vol. in-4°.

577. MAGNUS-HUSS. Statistique et traitement du typhus et de la fièvre typhoïde : observations recueillies à l'hôpital Séraphim de Stockholm pendant douze années, depuis et y compris 1840, jusques et y compris 1851. Paris, 1855, in-8°. (Relié avec 571.)

578. MAHOT, BONAMY, MARCÉ et MALHERBE. Relation d'une épidémie de bronchite capillaire, observée à l'hôtel-Dieu de Nantes en 1840-41. Nantes, 1842, in-8°.

579. Maladies épidémiques : auteurs et sujets divers. 3 vol. in-8°.

580. MARCHAL de Calvi. Des épidémies. Paris, 1852, in-8° (Thèse).

581. MARCQUIS (G.). Decas pestifuga seu decem quæstiones problematicæ de peste. Antverpiæ, 1627, in-4°.

582. MARCUS (A. F.). Traité de la coqueluche ou bronchite épidémique, son diagnostic, sa nature et son traitement. Traduit de l'allemand pa Jacques (E. L.). Paris, 1821, in-8°.

583. MARTYN PAINE. Letters on the cholera asphyxia, as it has appeared in the city of New-York. New-York, 1832, in-8°.

584. Mémoires sur le choléra-morbus en France, en Pologne, en Russie, par divers. 3 vol. in-8°.

585. MERCY (DE). Épidémies d'Hippocrate, premier et troisième livres : Des crises et des jours critiques. Paris, 1815, in-12 (deux exemplaires).

586. MERTENS (CHARLES DE). Traité de la peste, contenant l'histoire de celle qui a régné à Moscou en 1771. Vienne-Strasbourg, 1784, in-8°.

587. MICHON (J.). Documents inédits sur la grande peste de 1348. Paris, 1860, in-8°.

588. MIMAUT. Mémoire sur la nature des maladies endémiques à Carthagène et dans le midi de l'Espagne, et particulièrement sur celle de la fièvre jaune. Paris, 1819, in-8°.

589. OZANAM (J. A. F.). Histoire médicale générale et particulière des maladies épidémiques contagieuses et épizootiques, qui ont régné en Europe depuis les temps les plus reculés jusqu'à nos jours. 2° édition. Paris-Lyon, 1835, 4 vol. in-8°.

590. PAPON (J. P.). De la peste, ou époques mémorables de ce fléau, et les moyens de s'en préserver. Paris, 1800, 2 vol. in-8°.

591. PASCAL (J. J.). Mémoire sur le choléra-morbus qui a régné épidémiquement à Metz et lieux circonvoisins pendant l'année 1832. Paris, 1836, in-8°.

592. PRUS. Rapport à l'Académie royale de médecine sur la peste et les quarantaines, accompagné de pièces et documents. Paris, 1846, in-8°.

593. RAIMBERT (L. A.). Traité des maladies charbonneuses. Paris, 1859, in-8°.

594. Rapport sur la marche et les effets du choléra-morbus dans Paris et les communes rurales du département de la Seine, en 1832. Paris, 1834, in-8°.

595. RASORI (G.). Histoire de la fièvre pétéchiale de Gênes pendant les années 1799 et 1800, et quelques idées sur l'origine de cette fièvre. Traduit de l'italien avec des notes par Fontaneilles. 3° édition. Paris, 1822, in-8°.

596. RAYER (P.). De la morve et du farcin chez l'homme. Paris, 1837, in-4°, avec deux planches gravées et coloriées.

597. Report of the general board of health on the epidemic cholera of 1848-1849. London, 1850, in-8°.

598. RUSH (B.). An account of the bilious remitting yellow fever, as it appeared in the city of Philadelphia. Philadelphia, 1794, in-8°.

599. SARCONE (MICHEL). Histoire raisonnée des maladies observées à Naples pendant le cours de l'année 1764. Traduite de l'italien par F. Ph. Bellay. Lyon-Paris, 1804, deux tomes reliés en un vol. in-8°.

600. SARRASIN (J. A.). De peste commentarius. Lugduni Batavorum, 1589, in-8°.

601. SAVARÉSY (A. M. T). De la fièvre jaune en général, et particulièrement de celle qui a régné à la Martinique en l'an XI et XII, avec des observations sur les autres maladies de cette île ou des Antilles, et un essai sur son histoire naturelle. Naples, 1809, in-8°.

602. SCHNURRER (F.). Matériaux pour servir à une doctrine générale sur les épidémies et les contagions. Traduits de l'allemand par Ch. Gasc et H. Breslau. Paris, 1815, in-8°. (Relié avec 573.)

603. SCRETA (H.). De febri castrensi maligna. Basileæ, 1716, in-12.

604. STRAMBIO (G.). Cronaca del colera-indiano in Italia durante l'anno 1854. Milano, 1854, in-8°.

605. STRAMBIO (G.). Cronaca del colera-indiano in Italia durante l'anno 1855. Milano, 1855, in-8°.

606. STRAMBIO (G.). Su l'ozono atmosferico durante l'ultima epidemia colerosa in Milano. Milano, 1856, grand in-8°.

607. STRAMBIO (G.). La grippe, la tosse ferina, le febbri esantematiche, tifoidee, miliari e petecchiali, ed altri morbi epidemici, la cui natura contagiosa à tuttora controversa. Milano, 1844, in-8°.

608. STRAMBIO (G.). Della febbre miliare, fasc. 11°, che fa seguito a quello già publicato col titolo : La grippe, la tosse ferina, etc. Milano, 1846, in-8°.

609. THOMPSON (THEOPH.). Annals of influenza or epidemic catarral fever in Great Britain from 1510 to 1837. London, 1852, in-8°.

610. TOWNSEND (P. S.). Result of observations made upon the black vomit, or yellow fever, at Havana and New-York. New-York, 1831, in-8°.

611. TOWNSEND (P. S.). Memoir on the topography, weather and diseases of the Bahama Islands. New-York, 1826, in-8°.

612. Traités du choléra-morbus par divers. 6 vol. in-8°.

613. TRANNOY (P. A. J. B.) d'Amiens. Traité élémentaire des maladies épidémiques ou populaires, à l'usage des officiers de santé. Amiens, 1819, in-8°.

614. Transactions of the epidemio-logical Society of London. London, 1860, vol. I, part. 1, in-8°.

615. VAN SWIETEN. Constitutiones epidemicæ et morbi potissimum Lugdini-Batavorum observati. Coloniæ Allobrogum, 1783, in-4°.

616. VLEMINCKX (J. F.). Rapport à M. le ministre baron Évain, sur l'ophthalmie de l'armée. Bruxelles, 1834, in-8°.

617. WHITELAW AINSLIE. Observations on the cholera-morbus of India. London, 1825, in-8°.

C. — MÉDECINE MILITAIRE [25].

618. BÉGIN (L. J.). Études sur le service de santé militaire en France, son passé, son présent, son avenir. Paris, 1849, in-8°.

619. BORIE (L.). Traité des maladies et des infirmités qui doivent dispenser du service militaire lorsqu'elles ont résisté aux traitements connus. Paris, 1818, in-8°.

620. COCHE (A. H.). De l'opération médicale du recrutement et des inspections générales, ouvrage dans lequel on traite toutes les questions d'aptitude et d'incapacité pour le service militaire. Paris-Bruxelles, 1829, in-8°.

621. COLOMBIER. Médecine militaire, ou traité des maladies, tant internes qu'externes, auxquelles les militaires sont exposés dans leurs différentes positions de paix et de guerre. Paris, 1778, 6 vol. in-8° (deux exemplaires).

622. CUIGNET (F.). Nos armées en campagne. Paris, 1859, in-18.

623. DEZON. Lettres sur les principales maladies qui ont régné dans les hôpitaux de l'armée du roi en Italie, pendant les années 1734, 1735 et 1736. Paris, 1741, in-12.

624. FALLOT (L.). Mémorial de l'expert dans la visite sanitaire des hommes de guerre, ou examen des principales questions relatives aux maladies et infirmités qui peuvent donner lieu à l'exemption et à la réforme du service de l'armée de terre, et à leur simulation, provocation et dissimulation. Bruxelles, 1837, in-8°.

625. FALLOT (J.). De la simulation et de la dissimulation des maladies, dans leurs rapports avec le service militaire. Bruxelles, 1836, in-8°.

626. GAMA (J. P.). Esquisse historique du service de santé militaire en général, et spécialement du service chirurgical depuis l'établissement des hôpitaux militaires en France. Paris, 1841, in-8°.

627. GAVIN (H.). On feigned and factitious diseases, chiefly of soldiers and seamen, on the means used to simulate or produce them, and on the best modes of discovering impostors. London, 1843, in-8°.

628. HECKER. (D. A. F.). Manuel de médecine pratique militaire, ou traité des maladies que l'on rencontre aux armées. Traduit de l'allemand, avec des notes, par B. Brassier et M. F. Rampont. Breslau, 1806, in-8° (deux exemplaires).

629. LIXON (L. J. M.). Médecine à l'armée d'Espagne, en 1808, 1809 et 1810. Paris, 1814, in-8°.

630. LYONS. Report on the pathology of the diseases of the army in the East. London, 1856, grand in-4°.

631. MÉDECINE MILITAIRE : auteurs et sujets divers. 2 vol. in-8°.

632. MEYSEREY (DE). La médecine d'armée. Paris, 1754, 2 vol. in-12.

633. MICHEL (BARON). Statistique médicale de l'hôpital militaire du Gros-Caillou, adressée au Conseil de santé des armées ; suivie de recherches théoriques et pratiques sur les fièvres intermittentes et rémittentes, simples et pernicieuses, et sur les maladies typhoïdes. Paris, 1842, in-8°.

634. MILLINGEN (J. G. V.). The army medical officer's manual upon active service. London, 1819, in-8°.

635. MINISTÈRE DE LA GUERRE. Instruction pour servir de guide aux officiers de santé dans l'appréciation des infirmités ou maladies qui rendent impropre au service militaire. Paris, 1846, in-4°.

636. MONRO. Médecine d'armée, ou traité des maladies les plus communes parmi les troupes, dans les camps et dans les garnisons. Traduit de l'anglais, avec des augmentations considérables, par M. Le Bègue de Preslé. Paris, 1769, 2 vol. in-8° (deux exemplaires).

637. PRINGLE. Observations sur les maladies des armées dans les camps et dans les garnisons, avec des mémoires sur les substances septiques et anti-septiques lus à la Société royale. 2e édition, revue, corrigée et augmentée sur la 7e édition anglaise. Paris, 1771, in-12.

638. REMY-FORT. Le médecin d'armée, ou les entretiens de Polémiatre et de Leoceste sur les maladies des soldats. Paris, 1681, in-18.

639. ROUCHER (P. J.). Traité de médecine clinique, sur les principales maladies des armées qui ont régné dans les hôpitaux de Montpellier pendant les dernières guerres, dans les années 1793, 1794, 1795, 1796; précédé de quelques réflexions relatives à l'influence des constitutions des saisons sur les maladies en général. Montpellier-Paris, 1797, deux tomes reliés en 1 vol. in-8°.

640. ROUX (G.). Histoire médicale de l'armée française en Morée, pendant la campagne de 1828. Paris, 1829, in-8° (relié avec 619).

641. SCRIVE (G.). Relation médico-chirurgicale de la campagne d'Orient, du 31 mars 1854, occupation de Gallipoli, au 6 juillet 1856, évacuation de la Crimée. Paris, 1857, in-8°.

642. VAN-SWIETEN. Description abrégée des maladies qui règnent le plus communément dans les armées, avec la méthode de les traiter. Paris, 1761, 2 vol. in-18.

f. — MÉLANGES [13].

643. BÉNECH (L. V.). Recueil d'observations médicales constatant la supériorité de la médecine naturelle. 2e édition. Paris, 1846, in-8°.

644. BÉNECH (L. V.). Examen général des connaissances de la nature des maladies, et de leur traitement chez les anciens et les modernes. Paris, 1827, in-8°, relié avec le précédent.

645. BOUDIN (J. Ch. M.). Mélanges de physiologie et de médecine. Paris, 1 vol. in-8°.

646. Brochures sur différents sujets de médecine, formant 12 vol. in-8°.

647. HUXHAM (J.). Opera physico-medica : curante G. C. Reichel. Lipsiæ, 1764, 3 part. en 2 vol. in-8°.

648. Mélanges de médecine, par divers. 4 vol. in-12. (Voir la table en tête de chaque volume.)

649. MERCY (de). Traités d'Hippocrate : De la nature de l'homme, De l'ancienne médecine, Des humeurs, De l'art médical ; traduits en français et le texte en regard. Paris, 1823, 2 vol. in-12 (deux exemplaires).

650. MORTON (R.). Opera medica. Lugduni, 1737, 2 vol. in-4°.

651. PITCARN (A.). Opuscula medica. Editio tertia. Roterodami, 1714, in-4°.

652. PORTAL (Ant.). Mémoires sur la nature et le traitement de plusieurs maladies. Paris, 1800, tom. I et II reliés en 1 vol. in-12.

653. Recueil de médecine (auteurs et sujets divers). 21 vol. in-8°.

654. SIGNORET, VIREY, GASTÉ, etc. Mélanges de médecine théorique et pratique. Paris, 1838, in-8°. (Voir la table en tête du volume.)

655. TRALLES (Balthasar Ludovicus). Historia choleræ atrocissimæ quam sustinuit ipse, persanavit ægerrime atque in usus publicos adjectis animadversionibus theoretico-practicis quam accuratissime descripsit. Vratislaviæ, 1753, in-12.

D. — PHILOSOPHIE MÉDICALE, — EXPOSITION ET DISCUSSION DE DOCTRINES, — MÉTHODOLOGIE OU NOSOGRAPHIES [58].

a. — PHILOSOPHIE MÉDICALE [18].

656. AGRIPPA (Cornelius H.). De incertitudine et vanitate omnium scientiarum et artium liber, et de nobilitate et præcellentia fæminei sexus libellus; cum adjecto duplice indice capitum. Hagæ-Comitum, 1553, in-12.

657. ALIBERT (J. L.). Physiologie des passions, ou nouvelle doctrine des sentiments moraux. Paris, 1825, 2 vol. in-8°.

658. BARTHEZ (P. J.). Nouveaux éléments de la science de l'homme. 2e édition. Paris, 1806, 2 vol. in-8°.

659. CABANIS (P.-J.-G.). Rapports du physique et du moral. Paris, 1824, in-8°.

660. COLLINEAU (J.-C.). Analyse physiologique de l'entendement humain. Paris, 1843, in-8°.

661. CORBIÈRE (Beunaiche de la). De l'influence que doit exercer la phrénologie sur les progrès ultérieurs de la philosophie et de la morale. Paris, 1854, in-8°.

662. COUTAN. L'étude propre de l'homme. Paris, 1774, in-12.

663. FLOURENS (P.). De la vie et de l'intelligence. Paris, 1858, in-18.

664. GALL (F. J.). Sur l'origine des qualités morales et des facultés intellectuelles de l'homme, et sur les conditions de leurs manifestations. Paris, 1822, 6 vol. in-8°.

665. LE BORGNE (G.). Le médecin, 1re et 2e parties. Paris, 1846, grand in-8°.

666. LE CAT. Traité des sensations et des passions en général, et des sens en particulier. Paris, 1767, 3 vol. in-8°.

667. Philosophie médicale; recueil de travaux divers. Paris-Montpellier, 1 vol. in-8°.

668. RODERICUS FONSECA. In Hippocratis legem commentarium. Paris, 1586, in-4°.

669. TISSOT. Dé l'influence des passions de l'âme dans les maladies, et des moyens d'en corriger les mauvais effets. Besançon, 1794, in-8º.

670. VERNIER. Caractère des passions, au physique et au moral. 2e édit. Paris, 1807, 2 vol. in-8º.

671. VIREY (J. J.). L'art de perfectionner l'homme, ou de la médecine spirituelle et morale. Paris, 1818, 2 vol. in-8º.

672. ZIMMERMANN (C.). Traité de l'expérience en général, et en particulier dans l'art de guérir. Traduit de l'allemand par Lefebvre. Montpellier, 1822, 3 vol. in-8º.

673. ZIMMERMANN (J.-G.). De la solitude, des causes qui en font naître le goût, de ses inconvénients, de ses avantages, et de son influence sur les passions, l'imagination, l'esprit et le cœur. Traduit de l'allemand par Jourdan. Nouvelle édition, augmentée d'une notice sur la vie de l'auteur. Paris, 1840, in-8º.

b. — EXPOSITION ET DISCUSSION DE DOCTRINES [33].

674. ALQUIÉ (A). Précis de la doctrine médicale de l'école de Montpellier. Paris, 1843, in-8º.

675. AUBER (Edouard). Traité de philosophie médicale, ou exposition des vérités générales et fondamentales de la médecine. Paris, 1839, in-8º.

676. AUBER (Edouard). Traité de la science médicale (histoire et dogmes). Paris, 1853, in-8º.

677. BARDENAT (J. Ph.). Les recherches physiologiques de Xav. Bichat sur la vie et la mort, réfutées dans leurs doctrines. Paris, 1824, in-8º.

678. BOUILLAUD (J.). Essai sur la philosophie médicale et sur les généralités de la clinique médicale ; précédé d'un résumé philosophique des principaux progrès de la médecine, et suivi d'un parallèle des résultats de la formule des saignées coup sur coup avec ceux de l'ancienne méthode, dans le traitement des phlegmasies aiguës. Paris, 1836, in-8º.

679. BROUSSAIS (F. J. V.). Examen des doctrines médicales et des systèmes de nosologie. Paris, 1829, 4 vol. in-8º.

680. BROUSSAIS (F. J. V.). De la théorie médicale dite pathologique, ou jugement de l'ouvrage de M. Prus intitulé : De l'irritation et de la phlegmasie. Paris, 1826, in-8º.

681. BROUSSAIS (F. J. V.). Commentaires des propositions de pathologie, consignées dans l'examen des doctrines médicales. Paris, 1829, 2 vol. in-8º.

682. BROUSSAIS (F. J. V.). De l'irritation et de la folie. 2e édition, publiée par Casimir Broussais. Paris, 1839, 2 vol. in-8º.

683. COUTANCEAU. Révision des nouvelles doctrines chimico-physiologiques, suivie d'expériences relatives à la respiration. Paris, 1821, in-8º.

684. DUBOIS (E. F.) d'Amiens. Préleçons de pathologie expérimentale. Paris, 1841, in-8°.

685. DUMAS (Ch. L.). Doctrines générales des maladies chroniques, pour servir de fondement à la connaissance théorique et pratique de ces maladies. Paris, 1812, gros in-8°.

686. DURAND de Lunel. Nouvelle théorie de l'action nerveuse et des principaux phénomènes de la vie. Paris, 1843, in-8°.

687. DUVIVIER (P. H.). De la médecine considérée comme science et comme art. Paris, 1826, in-8°.

688. ÉLIE (DE LA POTERIE). Examens de la doctrine d'Hippocrate. Brest, 1785, petit in-8°.

689. GARREAU. Essai sur les bases ontologiques de la science de l'homme et sur la méthode qui convient à l'étude de la physiologie humaine. Paris, 1846, in-8°.

690. GASTÉ (L. F.). Du calcul appliqué à la médecine comme complément de la théorie, des faits et des raisonnements. Montpellier-Paris, 1838, in-8°.

691. GAVARRET (J.). Principes généraux de statistique médicale. Paris, 1840, in-8°.

692. LEPELLETIER de la Sarthe. Nouvelle doctrine médicale, ou doctrine biologique. Le Mans-Paris, 1853, grand in-8°.

693. LORDAT. Rappel des principes doctrinaux de la constitution de l'homme énoncés par Hippocrate. Montpellier, 1857, in-8°.

694. LORDAT (J.). Exposition de la doctrine médicale de P. J. Barthez. Paris, 1818, in-8°.

695. MARCONNAY (DE). Nouvelles découvertes en médecine, ou ancienne médecine développée. Utrecht, 1785, in-12.

696. MARC D'ESPINE. Essai analytique et critique de statistique mortuaire comparée. Genève, 1858, in-8°.

697. MERCENARIUS (A.). Dilucidationes obscuriorum locorum et quæstionum philosophiæ naturalis Aristotelis, ejusque interpretum. Accesserunt disputationes de putredine, Mercenarii et Thomæ Erasti. Lipsiæ, 1590, deux tomes reliés en un vol. in-4°.

698. MERCY (DE). De l'enseignement médical, dans ses rapports avec la chimie. Paris, 1819, in-8°.

699. MICHU (J. L.). Doctrine médicale expliquée d'après les théories enseignées depuis Hippocrate jusqu'à M. Broussais. Paris, 1824, in-8°.

700. MIQUEL (A.). Lettres à un médecin de province, ou exposition critique de la doctrine médicale de M. Broussais. Paris, 1825, in-8°.

701. MOJON (B.). De l'utilité de la douleur physique et morale. Traduit de l'italien par le baron M. de Tretaigne. 2e édition. Paris, 1843, in-18.

702. PRUS (V.). De l'irritation et de la phlegmasie, ou nouvelle doctrine médicale. Paris 1825, in-8° (deux exemplaires).

703. RASORI (J.). Théorie de la phlogose. Traduite de l'italien par Sirus Pirondi. Paris, 1839, deux tomes reliés en un vol. in-8°.

704. ROGIER (A.). Des lois de la vie organique, ou raison des phénomènes par lesquels elle se manifeste. Paris, 1840, in-12. '

705. SENEBIER (J.). Essai sur l'art d'observer et de faire des expériences. 2ᵉ édition. Genève, 1802, 2 vol. in-8°.

706. STAHL (G. E.). Theoria medica vera; editionem curavit L. Choulant. Lipsiæ, 1831, 3 vol. in-12.

c. — MÉTHODOLOGIE OU NOSOGRAPHIES [7].

707. ALIBERT (J. L.). Nosologie naturelle, ou les maladies du corps humain distribuées par familles. Paris, 1817, in-f°.

708. BOISSEAU (F. G.). Nosographie organique. Paris, 1828, 4 vol. in-8°.

709. BOUILLAUD (J.). Traité de nosographie médicale. Paris, 1846, 5 vol. in-8°.

710. DELIOUX DE SAVIGNAC (J.). Principes de la doctrine et de la méthode en médecine; Introduction à l'étude de la pathologie et de la thérapeutique. Paris, 1861, 1 fort vol. in-8°.

711. DUBOIS d'Amiens (E. Fréd.). Traité des études médicales ou de la manière d'étudier et d'enseigner la médecine. Paris, 1838, in-8°.

712. GARREAU (P. E.). Essai sur quelques points de pathogénie et de classification médicale. Paris, 1854, in-8°.

713. SAUVAGES (F. B.). Nosologia methodica, sistens morborum classes juxta Sydenhami mentem et botanicòrum ordinem. Amstelœdami, 1768, 2 vol. in-4°.

E. — PATHOLOGIE EXTERNE [254].

a. — TRAITÉS GÉNÉRAUX [48].

714. ANDRÉ DE LA CROIX. Chirurgiæ universalis opus absolutum Joannis Andreæ a Cruce, veneti medici præstantissimi, in quo quorumcunque affectuum universo corpori humano obvenientium, et ad chirurgi curam spectantium, notio, prædictio, atque curatio perspicua methodo narrantur, et tam medicorum insignium auctoritate, quam experimentorum approbatione, confirmantur. Addita insuper est officina chirurgica in qua nempe instrumenta omnia aliaque chirurgico convenientia suis figuris delineata expressaque cernuntur. Venetiis, 1596, apud R. Meiettum, in-f°.

715. BELL (Benj.). Cours complet de chirurgie théorique et pratique. Traduit de l'anglais sur la 4ᵉ édition, par Ed. Bosquillon. Paris, 1796, 6 vol. in-8°, avec 99 planches.

716. BÉRARD (A.) et DENONVILLIERS (C.). Compendium de chirurgie pratique, ou traité complet des maladies chirurgicales et des opérations que ces maladies réclament. Paris, 1840, 2 vol. grand in-8°, plus quatre livraisons.

717. BOERHAAVE (Herman). Aphorismes de chirurgie, commentés par Van-Swieten. Nouvelle traduction du latin en français, avec des notes, par M. Louis. Paris, 1768, 7 vol. in-12.

718. BOYER (A.). Traité des maladies chirurgicales et des opérations qui leur conviennent. 4e édition. Paris, 1831, 11 vol. in-8°.

719. BOYER (A.). 5e édition, publiée par Philippe Boyer. Paris, 1844, 7 vol. in-8°.

720. CALLISEN (H.). Institutiones chirurgicæ hodiernæ in usum academicum adornatæ. Lovanii, 1787, in-8°.

721. CHÉLIUS (M. J.). Traité de chirurgie. Traduit de l'allemand par J. B. Pigné. Paris-Londres, 1835, 2 vol. in-8°.

722. CHOPART et DESAULT. Traité des maladies chirurgicales et des opérations qui leur conviennent. Paris, 1779, 2 tomes reliés en 1 vol. in-8°.

723. ASTLEY COOPER et TRAVERS (Benj.). Œuvres chirurgicales. Traduites de l'anglais sur la dernière édition par G. Bertrand. Paris, 1823, 2 vol. in-8°, avec 21 planches.

724. ASTLEY COOPER. Œuvres chirurgicales complètes. Traduites de l'anglais avec des notes par E. Chassaignac et G. Richelot. Paris, 1837, in-8°.

725. COOPER (Samuel). Traité élémentaire de pathologie chirurgicale. Traduit sur la 7e édition et augmenté de notes par E. Delamare. Paris, 1841, in-8°.

726. DELPECH (J.). Précis élémentaire des maladies réputées chirurgicales. Paris, 1816, 3 vol. in-8°.

727. DESAULT. Ses œuvres chirurgicales; exposé de sa doctrine et de sa pratique par Xav. Bichat. Nouvelle édition, avec figures. Paris, 1801, 3 vol. in-8°.

728. FABRICE d'Acquapendente (Hiérosme). Ses œuvres chirurgicales divisées en deux parties, dont la 1re contient le Pentateuque chirurgical; la 2e, toutes les opérations manuelles qui se pratiquent sur le corps humain. Lyon, 1666, in-8°.

729. DRAN (H. F. Le). Consultations sur la plupart des maladies qui sont du ressort de la chirurgie. Paris, 1765, in-8°.

730. FAYE (George de la). Principes de chirurgie. 7e édition. Paris, 1785, in-12.

731. FAYE (George de la). Principes de chirurgie. Nouvelle édition avec de nombreux changements, publiée par Philibert Mouton. Paris, 1811, in-8° (deux exemplaires).

732. GORTER (J.). Chirurgia repurgata. Accessit materies medica chirurgiæ repurgatæ accommodata. 2e édition. Padoue, 1755, in-4°.

733. GOURMELEN (E.). Le guide des chirurgiens, translaté du latin en français par Germain Courtain. Paris, 1634, in-12.

734. GUILLEMEAU (Jacques). Œuvres de chirurgie, avec les portraits et

figures de toutes les parties du corps humain et des instruments nécessaires au chirurgien. Paris, 1612, in-f°.

735. GUY DE CHAULIAC. Le maître en chirurgie, ou l'abrégé complet de
la chirurgie de Guy de Chauliac par demandes et par réponses, en la
manière qu'on interroge les aspirants à Saint-Cosme, par L. Verduc.
Nouvelle édition, augmentée d'un Dictionnaire étymologique des mots
dérivés du grec. Paris, 1731, in-12.

736. GUY DE CHAULIAC et JOUBERT (Laurent). La grande chirvrgie de
M. Gvy de Chavliac, médecin tres-fameux, composée l'an de grâce mil
trois cens soixante trois ; restitvée par M. Lavrens Iovbert. Lyon, 1659,
in-8°.

737. GUY DE CHAULIAC et JOUBERT (Laurent). Annotations de M. Lavrens Iovbert svr tovte la chirvrgie de M. Guy de Chauliac ; avec
l'interprétation des langues dudit Guy. Lyon, 1654, in-8°.

738. HEISTER (Laurent). Institutiones chirurgicæ, in quibus quidquid ad
rem chirurgicam pertinet optima et novissima ratione pertractatur.
Amstelœdami, 1739, 2 vol. in-4°.

739. HEISTER (Laurent). Institutions de chirurgie, où l'on traite dans un
ordre clair et nouveau de tout ce qui a rapport à cet art. Traduit du
latin par le docteur Paul. Paris, 1770, 5 vol. in-8°.

740. HÉVIN (Prudent). Cours de pathologie et de thérapeutique chirurgicales. 3° édition. Paris, 1793, 2 vol. in-8°.

741. HUNTER (John). Œuvres complètes, traduites de l'anglais avec des
notes par G. Richelot. Paris, 1839, 4 vol. in-8° avec un atlas in-4°.

742. LASSUS (P.). Pathologie chirurgicale. Paris, 1809, 2 vol. in-8°.

743. LÉVEILLÉ (J.-B.-F.). Nouvelle doctrine chirurgicale, ou traité complet de pathologie, de thérapeutique et d'opérations chirurgicales,
d'après la connaissance de l'état présent des parties malades, des guérisons spontanées et l'uniformité des méthodes curatives. Paris, 1812,
4 vol. in-8°.

744. MAUQUEST DE LA MOTTE (Guill.). Traité complet de chirurgie,
contenant des observations et des réflexions sur toutes les maladies
chirurgicales et sur la manière de les traiter. 3° édition, augmentée de
notes critiques par Sabatier. Paris, 1771, 2 vol. in-8°.

745. NÉLATON (A.). Eléments de pathologie chirurgicale. Paris, 1844,
5 vol. in-8°.

746. NICOLAS. Manuel du jeune chirurgien. Paris, 1770, in-12.

747. NICOLAS. Même ouvrage. Paris, 1771, in-12.

748. PARÉ (Ambroise). Ses œuvres, corrigées et augmentées par lui-
même peu auparavant son décès ; divisées en vingt-neuf livres avec
figures et portraits. 7° édition. Paris, 1614, in-f°.

749. PARÉ (Ambroise). Œuvres complètes, revues et collationnées sur
toutes les éditions, avec les variantes ; ornées de 217 planches et du
portrait de l'auteur ; accompagnées de notes historiques et critiques, et
précédées d'une introduction sur l'origine et les progrès de la chirurgie

en Occident, du viᵉ au xviᵉ siècle, et sur la vie et les ouvrages d'Ambroise Paré, par J.-F. Malgaigne. Paris, 1840, 3 vol. grand in-8°.

750. PETIT (J. L.). Traité des maladies chirurgicales, et des opérations qui leur conviennent. Paris, 1774, 3 vol. in-8° avec 90 figures.

751. PORTAL. Précis de chirurgie pratique, contenant l'histoire des maladies chirurgicales et la manière la plus en usage de les traiter; avec des observations et remarques critiques sur différents points. Orné de figures en taille-douce. Paris, 1768, 2 vol. in-8°.

752. POTT-PERCIVAL. Œuvres chirurgicales. Traduites de l'anglais sur la 2ᵉ édition, par M. ***. Paris, 1777, 3 vol. in-8° (deux exemplaires).

753. Principes de chirurgie. Paris, 1746, in-12.

754. RICHERAND. Nosographie et thérapeutique chirurgicales. 5ᵉ édition. Paris, 1821, 4 vol. in-8°.

755. ROUX (Phil.-Jos.). Relation d'un voyage fait à Londres en 1814, ou parallèle de la chirurgie anglaise avec la chirurgie française, précédée de considérations sur les hôpitaux de Londres. Paris, 1815, in-8°.

756. SHARP (Samuel). Recherches critiques sur l'état présent de la chirurgie. Traduites de l'anglais par F. Jault. Paris, 1751, in-12.

757. SUE. Eléments de chirurgie, en latin et en français, avec des notes. Paris, 1774, in-12.

758. TAGAULT (Jean). La chirvrgie de maistre Jean Tagavlt; avec plusieurs figures des instruments nécessaires pour l'opération manuelle. Roven, 1645, in-8°.

759. VIDAL (Aug.) de Cassis. Traité de pathologie externe et de médecine opératoire. Paris, 1839, 5 vol. in-8°.

760. VIDAL (Aug.) de Cassis. Traité de pathologie externe et de médecine opératoire, avec des résumés d'anatomie des tissus et des régions. 4ᵉ édition, revue, corrigée et augmentée, illustrée de 600 figures intercalées dans le texte. Paris, 1855, 5 vol. in-8°.

761. VILARS (Elie Col de). Cours de chirurgie dicté aux écoles de médecine de Paris. Paris, 1738, 5 vol. in-12.

b. — TRAITÉS SPÉCIAUX SUR UNE OU PLUSIEURS MALADIES
CHIRURGICALES [82].

762. ARNAUD DE RONSIL. Traité des hernies ou descentes. Paris, 1749, 2 vol. in-12.

763. BAGIEU. Examen de plusieurs parties de la chirurgie, d'après les faits qui peuvent y avoir rapport. Paris, 1756, 2 vol. in-12.

764. BAUDENS. De l'entorse du pied et de son traitement curatif; mémoire lu à l'académie des sciences. Paris, 1852, in-8°.

765. BELL (John). Traité théorique et pratique des ulcères. Traduit de l'anglais sur la 7ᵉ édition; augmenté de notes, de recherches sur la teigne, et d'observations nouvelles sur les tumeurs blanches des articulations, par Ed.-Fr.-M. Bosquillon. Paris, 1803, in-8°.

766. BELL (John). Traité des plaies, ou considérations théoriques et pratiques sur ces maladies. Traduit de l'anglais sur les 3e et dernière éditions, et augmenté de notes par J.-L.-E. Estor. Paris, 1825, in-8°.

767. BERTHERAND (A.). Traité des adénites idiopathiques, et spécialement de celles du col. Paris-Strasbourg, 1852, in-8°.

768. BONNET (A.). Traité des maladies des articulations, accompagné d'un atlas in-f° de seize planches. Paris-Lyon, 1845, 2 vol. in-8°.

769. BONNET (A.). Traité de thérapeutique des maladies articulaires, accompagné de 97 planches intercalées dans le texte. Paris, 1853, in-8°.

770. BOURROUSSE DE LAFFORE (P. L. de). Des taches de la cornée et des moyens de les faire disparaître. Paris, 1860, in-8°.

771. BROCA (Paul). Des anévrismes et de leur traitement. Ouvrage accompagné de figures intercalées dans le texte. Paris, 1856, in-8°.

772. BRODIE (B. C.). Traité des maladies des articulations, ou observations pathologiques et chirurgicales sur ces maladies. Traduit de l'anglais par Léon Marchant. Paris, 1819, in-8°.

773. CARRON DU VILLARDS (Ch. J. F.). Guide pratique pour l'étude et le traitement des maladies des yeux. Paris, 1838, 2 vol. in-8°.

774. CHOPART. Traité des maladies des voies urinaires. Nouvelle édition, revue, corrigée, augmentée de notes et d'un mémoire sur les pierres de la vessie et sur la lithotomie, par M. E.-H. Félix Pascal. Paris, 1830, 2 vol. in-8°.

775. CIVIALE. Traité pratique sur les maladies des organes génito-urinaires. 2e édition. Paris, 1842, 3 vol. in-8°, avec trois planches.

776. CIVIALE. Lettres sur la lithotritie ou broiement de la pierre dans la vessie. Paris, 1827, in-8°.

777. CIVIALE. Parallèle des divers moyens de traiter les calculeux, contenant l'examen comparatif de la lithotritie et de la cystotomie sous le rapport de leurs divers procédés, de leurs modes d'application, de leurs avantages ou inconvénients respectifs, avec trois planches. Paris, 1836, in-8°.

778. CLOQUET (Jules). Recherches anatomiques sur les hernies de l'abdomen. Paris, 1817, in-4°.

779. CURLING (T. B.). Traité pratique des maladies du testicule, du cordon spermatique et du scrotum, avec de nombreuses figures. Traduit de l'anglais sur la deuxième édition, avec des additions et des notes par L. Gosselin. Paris, 1857, in-8°.

780. DECAISNE (P.) de Bruxelles. Essai sur les corps étrangers développés spontanément dans l'articulation fémoro-tibio-rotulienne. Louvain, 1835, in-8°.

781. DELAGENEVRIÈRE. Méthode de guérir les hernies ou descentes, avec la manière de faire les bandages. Paris, 1766, in-16. (Relié avec 200.)

782. DELPECH (J.). Mémoire sur la complication des plaies et des ulcères connus sous le nom de pourriture d'hôpital. Suivi du rapport fait à la première classe de l'Institut royal de France, par MM. Portal et Deschamps, le 31 octobre 1814. Paris, 1815, in-8° (deux exemplaires).

783. DEMARQUAY. Traité des tumeurs de l'orbite. Paris, 1860, in-8°.

784. DESMARRES (L. A.). Traité théorique et pratique des maladies des yeux, avec figures intercalées dans le texte. 2ᵉ édition. Paris, 1855, 3 vol. in-8°.

785. DEVAL (Cʜ.). Traité de l'amaurose ou de la goutte sereine, ouvrage contenant des faits nombreux de guérison de cette maladie dans des cas de cécité complète. Paris, 1851, in-8°.

786. DUCAMP (Tʜéod.). Traité des rétentions d'urine causées par le rétrécissement de l'urèthre, et des moyens à l'aide desquels on peut détruire complétement les obstructions de ce canal; précédé d'un rapport fait à l'Institut. Paris, 1822, in-8°, avec cinq planches.

787. DUPRÉ DE LISLE. Traité des lésions de la tête par contre-coup, et des conséquences pratiques. Paris, 1770, in-12.

788. FOLLIN (E.). Des rétrécissements de l'œsophage. Paris, 1853, grand in-8°.

789. FRANC (J.). Observations sur les rétrécissements de l'urèthre par cause traumatique, et sur leur traitement. Paris-Montpellier, 1840, in-12 (deux exemplaires).

790. GAMA (J.-P.). Traité des plaies de tête et de l'encéphalite, principalement de celle qui leur est consécutive; ouvrage dans lequel sont discutées plusieurs questions relatives aux fonctions du système nerveux en général. 2ᵉ édition. Paris, 1835, in-8° (deux exemplaires).

791. GAUJOT (G.). De l'uréthrotomie interne; observations recueillies à la clinique de M. le professeur Sédillot. Paris, 1860, in-8° (deux exemplaires).

792. GENSOUL (Joseph). Lettre chirurgicale sur quelques maladies graves du sinus maxillaire et de l'os maxillaire inférieur, accompagnée d'un atlas de huit planches in-f°. Paris, 1833, in-8°.

793. GIRARD. Lupiologie, ou Traité des tumeurs connues sous le nom de loupes. Londres-Paris, 1775, in-12.

794. GIRAUD-TEULON (F.). Physiologie et pathologie fonctionnelle de la vision binoculaire, suivies d'un aperçu sur l'appropriation de tous les instruments d'optique à la vision avec les deux yeux, l'ophthalmoscopie et la stéréoscopie. Avec 114 figures intercalées dans le texte. Paris, 1861, in-8°.

795. HODGSON (Jos.). Traité des maladies des artères et des veines. Traduit de l'anglais, et augmenté d'un grand nombre de notes par Gilbert Breschet. Paris-Montpellier, 1819, 2 vol. in-8°.

796. IMBERT DELONNES. Traité de l'hydrocèle, cure radicale de cette maladie, et traitement de plusieurs autres qui attaquent les parties de la génération de l'homme. Paris, 1785, in-8°.

797. ITARD (J. M. G.). Traité des maladies de l'oreille et de l'audition. 2e édition, considérablement augmentée, et publiée par les soins de l'Académie royale de médecine. Paris, 1842, 2 vol. in-8°.

798. JALADE-LAFOND. Considérations sur les hernies abdominales, sur les bandages herniaires rénixigrades, et sur de nouveaux moyens de s'opposer à l'onanisme. Paris, 1822, 2 vol. in-8°.

799. JOBERT de Lamballe (A. J.). Traité théorique et pratique des maladies chirurgicales du canal intestinal. Paris, 1829, 2 vol. in-8°.

800. KRAMER (Guill.). Traité des maladies de l'oreille. Traduit de l'allemand, avec des notes et des additions nombreuses, par P. Menière. Cinq figures intercalées dans le texte. Paris, 1848, in-8°.

801. LALLEMAND (M. F.). Des pertes séminales involontaires. Paris, 1836-1842, 3 vol. in-8°.

802. LARREY (Hipp.). Rapport à la Société de chirurgie sur l'éléphantiasis du scrotum. Paris, 1856, in-4°.

803. LASSUS. Noüvelle méthode de traiter les fractures et les luxations. Ouvrage traduit de l'anglais. Paris, 1783, in-12.

804. LATTIER DE LAROCHE (E. M. A. A.). Mémoire sur la cataracte, et guérison de cette maladie sans opération chirurgicale. 2° édition, augmentée de neuf nouvelles observations. Paris, 1833, in-8°.

805. LAWRENCE (W.). Traité pratique sur les maladies des yeux, ou leçons données à l'infirmerie ophthalmique de Londres en 1825 et 1826, sur l'anatomie, la physiologie et la pathologie des yeux. Traduit de l'anglais avec des notes, et suivi d'un précis de l'anatomie pathologique de l'œil, par C. Billard d'Angers. Paris, 1830, in-8°.

806. LAWRENCE (William). A treatise on ruptures, containing an anatomical description of each species, with an account of its symptoms, progress, and treatment. The fourth edition. London, 1824, in-8°, avec deux planches.

807. LAWRENCE (W.). Traité des hernies, contenant la description anatomique et l'exposition des symptômes, de la marche et du traitement de ces maladies. Traduit de l'anglais sur la 3° édition par P. A. Béclard et J. G. Cloquet. Paris, 1818, in-8°.

808. LEMONNIER (L.). Traité de la fistule de l'anus ou du fondement, dans lequel on expose ses causes, ses signes, les remèdes pour la guérir et les moyens de s'en préserver. Paris, 1689, in-18.

809. LEROY D'ÉTIOLLES. Urologie ; — Des angusties ou rétrécissements de l'urèthre, et de leur traitement rationnel. Paris, 1845, in-8° (deux exemplaires).

810. LEROY-D'ÉTIOLLES. Exposé des divers procédés employés jusqu'à ce jour pour guérir de la pierre sans avoir recours à l'opération de la taille. Paris, 1825, in-8°.

811. MACKENZIE (W.). Traité pratique des maladies des yeux. Traduit de l'anglais par S. Laugier et G. Richelot. Paris, 1844, in-8°.

812. MACKENZIE (W.). Même ouvrage. 4° édition. Traduit de l'anglais et augmenté de notes par E. Warlomont et A. Testelin. Paris, 1856, 2 vol. grand in-8°.

813. MAITRE-JEAN (Antoine). Traité des maladies de l'œil et des remèdes propres pour leur guérison, enrichi de plusieurs expériences de physique. Troyes, 1707, in-4°.

814. Maladies des voies urinaires, par divers. 1 vol. in-8°.

815. Maladies des dents, par divers. 1 vol. in-8°.

816. MALGAIGNE (J. F.). Traité des fractures et des luxations ; accompagné d'un atlas de seize planches, dessiné d'après nature par Delahaye. Paris, 1847, 2 vol. in-8°.

817. MÉHÉE DE LA TOUCHE. Traité des lésions de la tête par contrecoup, avec des expériences propres à en éclairer la doctrine. Meaux, 1773, in-12.

818. MERCIER (Auguste). Recherches anatomiques, pathologiques et thérapeutiques sur les maladies des organes urinaires et génitaux considérées spécialement chez les hommes âgés ; ouvrage entièrement fondé sur de nouvelles observations. Paris, 1841, in-8°.

819. MERCIER (Auguste). Recherches sur le traitement des maladies des organes urinaires considérées spécialement chez les hommes âgés, et sur celui des rétrécissements de l'urèthre, suivies d'un essai sur la gravelle et la pierre, principalement sur la lithotritie, l'extraction des fragments, et sur celle des autres corps étrangers. Paris, 1856, in-8°.

820. MEYER (Gustave Fr.). Die Lehre von den fracturen. Berlin, 1843, in-8°.

821. NÉLATON (E.). D'une nouvelle espèce de tumeurs bénignes des os, ou tumeurs à myéloplaxes ; avec un mémoire orné de trois planches soigneusement coloriées. Paris, 1860, grand in-8°.

822. NORMAND-DUFIÉ. Essai sur l'anesthésie provoquée, appliquée aux opérations chirurgicales et aux accouchements. Montpellier, 1858, in-8°.

823. OLLIVIER (A.-F.). Traité expérimental du typhus traumatique, gangrène ou pourriture des hôpitaux. Paris, 1822, in-8°.

824. PARACELSE (A. P. Th.). Chirurgia minor ; ex versione Gerard Dorn. Bâle, 1573, petit in-f°.

825. PETIT (J. L.). Traité des maladies des os, dans lequel on a représenté les appareils et les machines qui conviennent à leur guérison. Nouvelle édition, revue et augmentée d'un discours historique et critique par Louis. Paris, 1789, 2 vol. in-12.

826. PHILIPS (Ch.). Traité des maladies des voies urinaires. Paris, 1860, in-8°. Avec 97 figures intercalées dans le texte.

827. QUESNAY (F.). Traité de la gangrène. Paris, 1749, in-12.

828. QUESNAY (F.). Traité de la suppuration. Paris, 1764, in-12.

829. REYBARD (J. F.). Traité pratique des rétrécissements du canal de l'urèthre. Paris, 1853, in-8°.

830. RICHTER (A. A.). Traité des plaies de tête, extrait des éléments de chirurgie. Traduit de l'allemand, avec des notes, par Louis Gabriel Morel. Colmar, in-8°.

831. RICHTER (A. G.). Traité des hernies. Traduit de l'allemand, avec les additions, par J. C. Rougemont. 2ᵉ édition. Cologne, 1799, 2 tomes reliés en 1 vol. in-8°.

832. ROBERT (ALPH.). Des vices congénitaux de conformation des articulations. Paris, 1851, in-8°.

833. SAPORTA (ANT.). De tumoribus præter naturam libri quinque. Accessit Joannis Saportæ tractatus de lue venerea. Lugduni, 1624, in-18.

834. SCARPA (ANT.). Traité pratique des hernies; traduit de l'italien par Cayol, suivi d'un supplément d'Ant. Scarpa et d'un nouveau mémoire de cet auteur sur la hernie du périnée ; traduit par C. P. Ollivier d'Angers, avec 34 planches in-f°. Paris, 1823, in-8°.

835. SCARPA (A.). Traité des maladies des yeux ; traduit de l'italien sur la 5ᵉ édition, avec des notes par J. B. Bousquet et N Bellanger. Paris-Montpellier, 2 vol. in-8°.

836. SCARPA (A.). Réflexions et observations anatomico-chirurgicales sur l'anévrisme; traduites de l'italien par J. Delpech. Paris, 1809, in-8°.

837. SÉDILLOT (C.). De l'infection purulente ou pyohémie. Paris, 1849, in-8°, avec trois planches coloriées.

838. SÉGALAS (P. S.). Traité des rétentions d'urine et des maladies qu'elles produisent, suivi d'un grand nombre d'observations. Paris-Bruxelles, 1828, in-8°, avec 10 planches in-f°.

839. SERRE d'Uzès. Essai sur les phosphènes ou anneaux lumineux de la rétine, considérés dans leurs rapports avec la physiologie et la pathologie de la vision ; orné de 34 figures gravées en relief sur cuivre par E. Salle. Paris, 1853, in-8°.

840. STŒBER (VICTOR). Manuel pratique d'ophthalmologie, ou traité des maladies des yeux. Paris, 1834, in-8°.

841. TRIQUET (E. H.). Traité pratique des maladies de l'oreille, avec figures intercalées dans le texte. Paris, 1857, in-8°.

842. VERDIER (P. L.). Traité pratique des hernies, déplacements et maladies de la matrice, affections considérées sous leurs rapports anatomique, médical et chirurgical. Paris, 1840, in-8°.

843. WARLOMONT. Congrès d'ophthalmologie de Bruxelles ; compte-rendu publié au nom du Bureau : session de 1857. Paris, 1858, 1 vol. in-8° (deux exemplaires).

844. WELLER. Traité théorique et pratique des maladies des yeux; traduit de l'allemand sur la dernière édition, par F. J. Riester, augmenté de notes par L. Jallat. Paris, 2 tomes reliés en 1 vol. in-8°.

C. — CLINIQUE, OBSERVATIONS PRATIQUES [38].

845. AMUSSAT. Leçons sur les rétentions d'urine causées par les rétrécissements du canal de l'urèthre et sur les maladies de la prostate ; publiées par A. Petit, avec trois planches. Paris, 1832, in-8°.

846. BARTHELEMY de Saumur. Quelques nouveaux aperçus de thérapeutique chirurgicale. Paris, 1848, in-8°.

847. BAUDENS. Leçons sur le strabisme et le bégaiement, faites à l'hôpital militaire du Gros-Caillou. Paris, 1841, in-8° (deux exemplaires).

848. BELLOSTE. Le chirurgien d'hôpital. 3ᵉ édition, revue et augmentée d'une pharmacie chirurgicale et d'une dissertation sur la rage. Paris, 1734, 2 vol. in-18.

849. BOUVIER (H.). Leçons cliniques sur les maladies chroniques de l'appareil locomoteur, professées à l'hôpital des enfants malades pendant les années 1855, 1856, 1857. Paris, 1858, in-8°.

850. CHASSAIGNAC (E.). Traité pratique de la suppuration et du drainage chirurgical. Paris, 1859, 2 vol. in-8°.

851. CHIRAC et FIZES. Observations de chirurgie sur la nature et le traitement des plaies, et sur la suppuration des parties molles ; traduites du latin en français par M***. Paris, 1742, in-12.

852. DELONNES (IMBERT). Nouvelles considérations sur le cautère actuel. Avignon, 1812, in-8°.

853. DELPECH. Chirurgie clinique de Montpellier, ou observations et réflexions tirées des travaux de chirurgie clinique de cette école. Paris-Montpellier, 1843, 2 vol. in-4°.

854. DUPUYTREN. Leçons orales de clinique chirurgicale, faites à l'Hôtel-Dieu de Paris, recueillies et publiées par Brierre de Boismont et Marx. 2ᵉ édition. Paris, 1839, 6 vol. in-8°.

855. ELLIOTSON (JOHN). Numerous cases of surgical operations without pain in the mesmeric state. London, 1843, in-8°.

856. FABRICE DE HILDEN (GUIL.). Observationum et curationum centuriæ. Lugduni, 1641, 2 vol. in-4°.

857. FOLLIN (E.). Leçons sur l'application de l'ophthalmoscope au diagnostic des maladies de l'œil. Paris, 1859, in-8°, avec fig. coloriées.

858. GONDRET (L. F.). Considérations sur l'emploi du feu en médecine, suivies de l'exposé d'un moyen épispastique propre à suppléer la cautérisation et à remplacer l'usage des cantharides, avec le rapport de MM. Portal, Percy et Thénard à l'Académie royale des sciences. Paris, 1819, in-8°. (Relié avec 852.)

859. GOULARD. Traité sur les effets des préparations de plomb, et principalement de l'extrait de saturne, employé sous différentes formes et pour différentes maladies chirurgicales. Pézenas-Montpellier, 1760, 2 vol. in-12.

860. EVERARD HOME. Traité ou observations pratiques et pathologiques sur le traitement des maladies de la glande prostate. Avec quatre planches. Traduit de l'anglais par L. Marchant. Paris, 1820, in-8°.

861. JANSON (L.). Compte-rendu de la pratique chirurgicale de l'Hôtel-Dieu de Lyon pendant six années. Lyon, 1824, in-8°.

862. LALLEMAND (M. F.). Observations sur les maladies des organes génito-urinaires. Paris, 1825, in-8°.

863. LARREY (H.). Concours pour l'agrégation (section de chirurgie), ouvert à la Faculté de médecine de Paris, le 1er juillet 1835 : — Quel est le meilleur traitement des fractures du col du fémur? Paris, 1835, thèse in-8°.

864. LISFRANC (J.). Clinique chirurgicale de l'hôpital de la Pitié. Paris, 1841, 5 vol. in-8°.

865. LISTON (ROBERT). Practical surgery, 4e édition. London, 1846, in-8°.

866. LOMBARD (C. A.). Clinique chirurgicale relative aux plaies, pour faire suite à l'instruction sommaire sur l'art des pansements. Strasbourg, 1797, in-8°.

867. LOMBARD (C. A.). Clinique des plaies récentes où la suture est utile, et de celles où elle est abusive. Strasbourg, 1799, in-8°, avec une planche représentant les aiguilles qui ont paru propres à cette opération.

868. LOMBARD (C. A.). Dissertation sur l'utilité des évacuants dans la cure des tumeurs, des plaies anciennes, des ulcères, etc. Strasbourg, 1783, in-8°.

869. MOREAU (BOUTARD, L. M. A.). Précis de chirurgie élémentaire, leçons professées à l'hôpital militaire de perfectionnement du Val-de-Grâce, en 1843 et 1844. Paris, 1845, in-12.

870. NICOD (P. L. A.). Recueil d'observations médicales confirmant la doctrine de Ducamp sur la cautérisation de l urèthre. Paris, 1825, in-8°. (Relié avec 862.)

871. PAMARD. Mémoires de chirurgie pratique, contenant la cataracte, l'iritis et les fractures du col du fémur. Paris, 1844, in-8°, avec 4 pl.

872. PELLETAN (PH. J.). Clinique chirurgicale, ou mémoires et observations de chirurgie clinique, et sur d'autres objets relatifs à l'art de guérir. Paris, 1810, 3 vol. in-8°.

873. POTT. Nouvelle méthode de traiter les fractures et les luxations, avec la description des nouvelles attelles de M. Sharp pour le traitement des fractures de la jambe; traduit de l'anglais et augmenté de notes, par M. Lassus. Paris, 1788, in-12.

874. RAVATON. Pratique moderne de la chirurgie; publiée et augmentée par Sue le jeune, avec figures en taille-douce. Paris, 1776, 4 vol. in-12.

875. ROBERT (M. A. C.). Conférences de clinique chirurgicale, faites à l'Hôtel-Dieu pendant l'année 1858-1859 ; recueillies et publiées sous sa direction par le docteur Doumic. Paris, 1860, in-8°.

876. ROGNETTA (P. M. F.). Traité philosophique et clinique d'ophthalmologie, basé sur les principes de la thérapeutique dynamique. Paris, 1844, in-8°.

877. ROUX (PHIL. JOS.). Quarante années de pratique chirurgicale. Paris, 1854, 2 vol. in-8°.

878. SAVIARD. Recueil d'observations chirurgicales, commentées par Le Rouge. Paris, 1784, in-8°.

879. SICHEL (J.). Leçons cliniques sur les lunettes et les états pathologiques consécutifs à leur usage irrationnel. Bruxelles-Paris, 1848, in-8°.

880. SICHEL (J.). Iconographie ophthalmologique, ou description, avec figures coloriées, des maladies de l'organe de la vue, comprenant l'anatomie pathologique, la pathologie et la thérapeutique.

881. SIMONIN (E.). De l'emploi de l'éther sulfurique et du chloroforme, à la clinique chirurgicale de Nancy. Paris, 1849, 2 vol. in-8°.

882. VELPEAU. Leçons orales de clinique chirurgicale, faites à l'hôpital de la Charité; recueillies et publiées par le docteur P. Pavillon. Paris, 1840, 3 vol. in-8°.

d. — CHIRURGIE MILITAIRE ET PLAIES D'ARMES DE GUERRE [23].

883. BALLINGAL (GEORGE). Outlines of military surgery. 2e édition. Edinburg, 1838, in-8°.

884. BAUDENS (M. L.). Clinique des plaies d'armes à feu. Paris, 1836, in-8°.

885. DESPORT. Traité des plaies d'armes à feu. Paris, 1749, in-18.

886. DUFOUART (P.). Analyse des blessures d'armes à feu, et de leur traitement. Paris, 1801, in-8°.

887. DUPUYTREN. Traité théorique et pratique des blessures par armes de guerre, publié par le docteur A. Paillard et Marx. Paris, 1834, 2 vol. in-8°.

888. FRISTO (F.). Petit manuel du chirurgien de bataille, ou conseils sur les blessures les plus fréquentes chez les militaires pendant la guerre. Metz-Paris, 1848, in-8°.

889. GUTHRIE (G. J.). Commentaries on the surgery of the war in Portugal, Spain, France, and the Netherlands. 6e édition. London, 1855, in-12.

890. HUGUIER. Communication sur les plaies par armes à feu, faite à l'Académie nationale de médecine, dans les séances des 12, 21 et 26 septembre 1848. Paris, 1848, in-8°.

891. JOBERT de Lamballe (A. J.). Plaies d'armes à feu, mémoire sur la cautérisation, et description d'un spéculum à bascule. Paris, 1833, in-8°.

892. LARREY (D. J.). Clinique chirurgicale, exercée particulièrement dans les camps et les hôpitaux militaires depuis 1792 jusqu'en 1829. Paris, 1829, 5 vol. in-8° et un atlas in-f°.

893. LARREY (H.). Relation chirurgicale des événements de juillet 1830, à l'hôpital militaire du Gros-Caillou. 2e édition. Paris, 1831, in-8°.

894. LEDRAN (H. F.). Traité ou réflexions tirées de la pratique sur les plaies d'armes à feu. Paris, 1748, in-12.

895. LOMBARD (C. A.). Clinique chirurgicale des plaies faites par armes à feu, pour servir à l'instruction des élèves en chirurgie des hôpitaux militaires. Lyon, 1804, in-8°.

896. MÉHÉE (J.). Traité des plaies d'armes à feu. Paris, 1799, in-8°.

897. MÉNIÈRE (P.). L'Hôtel-Dieu de Paris en juillet et août 1830. Paris, 1830, in-8°.

898. PERCY (P. F.). Manuel du chirurgien d'armée, ou instruction de chirurgie militaire. Paris, 1792, in-12.

899. PLANIS CAMPY (David de). Traité des plaies faites par les mousquetades. Paris, 1623, in-12.

900. RANBY (J.). Méthode de traiter les plaies d'armes à feu. Paris, 1714, in-12.

901. RAVATON. Chirurgie d'armée, ou traité des plaies d'armes à feu et d'armes blanches. Paris, 1768, in-8°.

902. ROUX (J.). De l'ostéomyélite et des amputations secondaires à la suite des coups de feu, d'après les observations recueillies à l'hôpital de la marine de Saint-Mandrier (Toulon, 1859) sur des blessés de l'armée d'Italie. Paris, 1860, in-4°, avec six planches.

903. SARLANDIÈRE. Vade-Mecum, ou guide du chirurgien militaire. 2e édition. Paris (sans date), in-24.

904. SAUREL (L.). Mémoire sur les fractures des membres par armes à feu, suivi d'observations pour servir à l'histoire des blessures par armes de guerre. Montpellier, 1856, in-8°.

905. SERRIER (L.). Traité de la nature, des complications et du traitement des plaies d'armes à feu. Paris, 1844, in-8°.

C. — MALADIES VÉNÉRIENNES [52].

906. BASSEREAU (P. J. A. L.). Traité des affections de la peau symptomatiques de la syphilis. Paris, 1852, in-8°.

907. BAUMÈS (P.). Précis théorique et pratique sur les maladies vénériennes. Paris-Lyon, 1840, in-8°.

908. BAZIN. Leçons théoriques et cliniques sur les syphilides considérées en elles-mêmes et dans leurs rapports avec les éruptions dartreuses, scrofuleuses et parasitaires; rédigées et publiées par L. Fournier, revues et approuvées par le professeur. Paris, 1859, in-8°.

909. BELL (B.). Traité de la gonorrhée virulente et de la maladie vénérienne; traduit de l'anglais sur la 2e édition, augmenté d'un grand nombre d'observations, par Ed. Fr. M. Bosquillon. Paris, 1802, 2 vol. in-8°, avec deux tables de matières, une planche, et le portrait du traducteur.

910. BERTHERAND (A.). Précis des maladies vénériennes, de leur doctrine et de leur traitement. Strasbourg-Paris, 1852, in-8°.

911. BOERHAAVE (H.). Système sur les maladies vénériennes; traduit en français par M. de la Mettrie. Paris, 1735, in-12.

912. BOURRU (E. C.). L'art de se traiter soi-même dans les maladies vénériennes, et de se guérir de leurs différents symptômes. Paris, 1770, in-8°.

913. CAPURON (J.). Aphrodisiographie, ou tableau de la maladie vénérienne, dans lequel on expose ses causes et ses symptômes, avec les méthodes les plus faciles et les plus sûres de la traiter sans compromettre la santé des individus. Paris, 1807, in-8°.

914. CAZENAVE (ALPHÉE). Traité des syphilides ou maladies vénériennes de la peau, précédé de considérations sur la syphilis, son origine, sa nature, etc.; accompagné d'un atlas in-folio contenant douze planches dessinées d'après nature, gravées et coloriées. Paris, 1843, in-8°.

915. CEZAN (DE). Manuel anti-syphilitique, ou le médecin de soi-même dans la cure des maladies vénériennes. Genève, 1789, in-12.

916. CIRILLO (D.). Traité complet et observations pratiques sur les maladies vénériennes, ou nouvelle méthode de guérir radicalement la syphilis la plus invétérée ; traduit de l'italien, avec des notes par Ch. Ed. Auber. Paris, 1803, in-8°.

917. CULLERIER. Des affections blennorrhagiques, leçons cliniques professées à l'hôpital du Midi, rédigées et publiées par le docteur E. Royet. Paris, 1861, in-8°.

918. DESRUELLES (H. M. J.). Histoire de la blennorrhée uréthrale (suintement uréthral habituel), ou traité comparatif de la blennorrhée et de la blennorrhagie. Paris, 1854, in-8°.

919. DESRUELLES (H. M. J.). Lettres écrites du Val-de-Grâce sur les maladies vénériennes et sur le traitement qui leur convient, d'après l'observation et l'expérimentation pratique. 2ᵉ édition. Paris, 1840-1841, in-8°.

920. DESRUELLES (H. M. J.). Traité pratique des maladies vénériennes, contenant l'examen des théories et des méthodes de traitement qui ont été adoptées dans ces maladies, et principalement la méthode thérapeutique employée à l'hôpital militaire d'instruction du Val-de-Grâce. Paris, 1836, in-8°.

921. DESRUELLES (H. M. J.). Mémoire sur le traitement sans mercure, employé à l'hôpital militaire d'instruction du Val-de-Grâce, contre les maladies vénériennes primitives et secondaires et contre les affections mercurielles; précédé de remarques, et de l'exposition d'une nouvelle doctrine des maladies syphilitiques. Paris, 1827, in-8°.

922. DEVERGIE (M. N.). Recherches historiques et médicales sur l'origine, la nature et le traitement de la syphilis; suivies du rapport à l'Académie de médecine par M. Cullerier. Paris, 1835, in-8°.

923. DEVERGIE (M. N.). Clinique de la maladie syphilitique, enrichie d'observations communiquées par MM. Cullerier oncle, Cullerier neveu, Bard, Gama, Desruelles et autres médecins; avec un atlas colorié représentant tous les symptômes de cette maladie dessinés et gravés d'après nature, et la belle collection de pièces modelées en cire de Dupont (aîné). Paris, 1826, 2 tomes reliés en 1 vol. in-4°.

924. DIDAY (P.). Traité de la syphilis des nouveau-nés et des enfants à la mamelle. Paris, 1854, in-8°.

925. DIDAY (P.). Exposition critique et pratique des nouvelles doctrines

sur la syphilis, suivie d'une étude sur de nouveaux moyens préservatifs
des maladies vénériennes. Paris, 1858, in-8°.

926. DUCROS (L.). Guide pratique pour l'étude et le traitement des maladies syphilitiques. Paris, 1841, in-12 (deux exemplaires).

927. GIBERT (C. M.). Traité pratique des maladies de la peau et de la syphilis. 3e édition. Paris, 1860, 2 vol. in-8° (deux exemplaires).

928. GROS (L.) et LANCEREUX (E.). Des affections nerveuses syphilitiques.
Paris, 1861, in-8°.

929. HELVÉTIUS. Recueil des méthodes approuvées des écoles de médecine pour la guérison des plus dangereuses maladies qui attaquent le
corps humain, vérole, etc. Trévoux, 1720, in-12.

930. HERNANDEZ (J. F.). Essai analytique sur la non-identité des virus
gonorrhoïque et syphilit'que. Paris, 1812, in-8°.

931. HÉRY (Thierry de). La méthode curatoire de la maladie vénérienne vulgairement appelée grosse vérole, et de la diversité de ses
symptômes. Paris, 1552, in-12.'

932. HORNE (de). Exposition raisonnée des différentes méthodes d'administrer le mercure dans les maladies vénériennes, précédée de l'examen
des préservatifs. Paris, 1774, in-8°.

933. HUNTER (J.). Traité des maladies vénériennes; traduit de l'anglais
par Audiberti. Paris, 1787, in-8° avec figures.

934. LAFFECTEUR. Recueil de recherches et d'observations sur les différentes méthodes de traiter toutes les maladies vénériennes, et particulièrement sur les effets du remède connu sous le nom de rob anti-syphilitique. Paris, 1802, in-8°.

935. LAGNEAU (L. V.). Traité pratique des maladies syphilitiques. 6e édition. Paris, 1828, 2 vol. in-8°.

936. LAGNEAU (Gustave). Maladies syphilitiques du système nerveux.
Paris, 1860, in-8°.

937. LEGRAND (A.). De l'or, de son emploi dans le traitement de la syphilis récente et invétérée et dans celui des dartres syphilitiques; du
mercure, de son inefficacité, et des dangers de l'administrer dans le
traitement des mêmes maladies, avec une appréciation du traitement
antiphlogistique. 2e édition, précédée du rapport fait à l'Académie
royale des sciences par le docteur Magendie. Paris, 1832, in-8°.

938. LOMBARD (C. A.). Cours de chirurgie pratique sur la maladie vénérienne, à l'usage des élèves en chirurgie. Strasbourg, 1790, 2 vol.
in-8°.

939. LUCAS-CHAMPIONNIÈRE. Recherches pratiques sur la thérapeutique de la syphilis, ouvrage fondé sur des observations recueillies dans
le service et sous les yeux de M. Cullerier. Paris, 1836, in-8°.

940. Maladies vénériennes, par divers. 2 vol. in-8°.

941. PAPIN. Recueil de recherches historiques et chronologiques sur l'ancienneté de la maladie syphilitique en Europe. 1 vol. in-8° (sans
date).

942. PARALLÈLE des différentes méthodes de traiter la maladie vénérienne. Amsterdam, 1764, in-12.

943. PEYRILHE (Bern.). Remède nouveau contre les maladies vénériennes, tiré du règne animal; essai sur la vertu anti-vénérienne des
alkalis volatils. 2ᵉ édition. Montpellier-Paris, 1786, in-8°.

944. PEARSON (John). Observations on the effects of various articles of
the materia medica in the cure of lues venerea. The second edition.
London, 1807, in-8°.

945. PLANIS CAMPY (David de). La vérole reconnue, combattue et abattue
sans suer, et sans tenir chambre avec tous ses accidents. Paris, 1623,
in-8°.

946. PRESSAVIN. Traité des maladies vénériennes, dans lequel on indique
un nouveau remède dont l'efficacité est constatée par des expériences
réitérées et un succès constant depuis dix années. Nouvelle édition,
augmentée d'une dissertation sur l'inoculation de la petite vérole. Genève, 1775, in-12.

947. REYNAUD. Traité pratique des maladies vénériennes. Toulon-Paris,
1845, in-8°.

948. RICORD (Ph.). Traité complet des maladies vénériennes; Clinique
iconographique de l'hôpital des vénériens; recueil d'observations, suivies de considérations pratiques sur les maladies qui ont été traitées
dans cet hôpital. Paris, 1851, in-4°.

949. RICORD (Ph.). Traité pratique des maladies vénériennes, ou recherches
critiques et expérimentales sur l'inoculation appliquée à l'étude de ces
maladies. Paris, 1838, in-8°.

950. RICORD (Ph.). Lettres sur la syphilis, adressées à M. le Rédacteur en
chef de l'*Union médicale*; avec une introduction par Amédée Latour.
Paris, 1851, in-8°. Leçons sur le chancre, rédigées et publiées par
Alfred Fournier, suivies de notes et pièces justificatives, etc. Paris,
1858, in-8°.

951. SWEDIAUR (F.). Traité complet sur les symptômes, les effets, la nature et le traitement des maladies syphilitiques. 2ᵉ édition. Paris, 1801,
2 vol. in-8°.

952. TERRAS (J.-P.). Traité pratique de la maladie vénérienne ou syphilitique, avec des remarques et observations. Paris, 1810, in-8°.

953. UCAY. Traité de la maladie vénérienne, où l'on donne le moyen de
la connaître dans tous ses degrés; avec une méthode de la traiter plus
sûre et plus facile que la commune, et la résolution d'un grand nombre
de problèmes très-curieux sur ces matières. 3ᵉ édition. Paris, 1702,
in-12.

954. VIDAL de Cassis (A.). Traité des maladies vénériennes, avec planches
gravées en taille-douce et coloriées. 2ᵉ édition. Paris, 1855, in-8°.

955. VIRCHOW (R.). La syphilis constitutionnelle; traduit de l'allemand
par le docteur P. Picard. Paris, 1860, in-8° avec figures.

956. WHATELY (Th.). Traité pratique de la cure de la gonorrhée virulente dans l'homme ; traduit de l'anglais par Ph. Mouton. Paris, 1804, in-8°.

957. YVAREN (Prosper). Les métamorphosés de la syphilis, recherches sur le diagnostic des maladies que la syphilis peut simuler et sur la syphilis à l'état latent ; précédées du rapport fait à l'Académie impériale de médecine. Paris, 1854, in-8°.

f. — MÉLANGES [14].

958. BOUISSON (E. F.). Tribut à la chirurgie, ou mémoires sur divers sujets de cette science. Paris-Montpellier, 1858, in-4° avec 11 planches.

959. DEVAUX. L'art de faire les rapports en chirurgie. Paris, 1746, in-12.

960. HALLER (Albert). Disputationes chirurgicæ selectæ. Lausanne, 1755, 5 vol. in-4°, figures.

961. LARREY (H.). Mélanges de chirurgie. Paris, in-8°.

962. LARREY (D. J.). Recueil de mémoires de chirurgie (De l'usage du moxa, De la nostalgie, De la membrane de l'iris, Des plaies d'intestin, etc.). Paris, 1821, in-8°, avec quatre planches (quatre exemplaires).

963. Mélanges de chirurgie, par divers. 1 vol. in-8°.

964. MORAND. Opuscules de chirurgie. Paris, 1768, 2 tomes reliés en 1 vol. in-4°.

965. PARROISSE (J. B.). Opuscules de chirurgie, suivis d'une notice sur l'épidémie qui a régné dans l'Andalousie en 1800. Paris, 1806, in-8°.

966. POUTEAU (Cl.). Mélanges de chirurgie. Lyon, 1760, in-8°.

967. POUTEAU (Cl.). Œuvres posthumes. Paris, 1783, 3 vol. in-8°.

968. Recueil de chirurgie (auteurs et sujets divers). 9 vol. in-8°.

969. Recueil d'observations d'anatomie et de chirurgie, pour servir de base à la théorie des lésions de la tête par contre-coup. Paris, 1766, in-8°.

970. SAUCEROTTE. Mélanges de chirurgie. Paris, 1801, 2 vol. in-8°.

971. THEDEN. Progrès ultérieurs de la chirurgie ; traduit de l'allemand par Chayron. Bouillon, 1777, in-12.

F. — MÉDECINE OPÉRATOIRE.

a. — TRAITÉS COMPLETS [27].

972. ALBUCASIS. De chirurgia. Arabice et latine ; cura J. Channing. Oxonii, 1778, 2 vol. in-4° reliés ensemble.

973. BÉGIN (L. J.). Nouveaux éléments de chirurgie et de médecine opératoire, ouvrage contenant l'exposition complète des maladies chirurgicales, et des opérations qu'elles réclament. 2e édition. Paris, 1838, 2 vol. in-8° (deux exemplaires).

974. BERNARD (Cl.) et HUETTE (Ch.). Précis iconographique de médecine opératoire et d'anatomie chirurgicale ; ouvrage contenant 113 planches dessinées d'après nature et gravées au burin sur acier. Paris, 1855, in-12.

975. BERTRANDI (Ambroise). Traité des opérations de chirurgie ; traduit de l'italien par Sollier de la Romillais. Paris, 1784, in-8°.

976. CHASSAIGNAC (E.). Traité clinique et pratique des opérations chirurgicales, ou traité de thérapeutique chirurgicale. Paris, 1861, t. 1er, in-8°.

977. DIEFFENBACH (J. F.). Die operative Chirurgie. Leipzig, 1845, 2 vol. in-8°.

978. DIONIS. Cours d'opérations de chirurgie démontrées au Jardin royal. 7e édition, augmentée de remarques importantes, et enrichie de figures en taille douce qui représentent les instruments nouveaux les plus en usage, par George de la Faye. Paris, 1773, in-8°.

979. FANO. Tableaux des opérations qui se pratiquent sur l'homme, ou résumé analytique des règles principales qu'il convient de suivre pour exécuter les diverses opérations chirurgicales. 1re livraison : Ligature des artères ; 2e livraison : Amputation des membres. Paris, 1856-1857, deux livraisons in-18.

980. GARENGEOT (R. J. C. de). Nouveau traité des instruments de chirurgie les plus utiles, et de plusieurs nouvelles machines propres pour les maladies des os. Paris, 1789, 2 vol. in-12.

981. GARENGEOT (R. J. C. de). Traité des opérations de chirurgie, fondé sur la mécanique des organes de l'homme et sur la théorie et la pratique la plus autorisée. 3e édition. Paris, 1748, 3 vol. in-12, avec figures.

982. GOURAUD (V.-O.). Démonstrations des principales opérations de chirurgie. Tours, 1815, in-8°.

983. GUÉRIN (Alph.). Éléments de chirurgie opératoire, ou traité pratique des opérations ; avec 285 figures intercalées dans le texte, dessinées par Léveillé et Vien, gravées par Badoureau. Paris, 1855, in-12.

984. ISNARD (J. A.). Aide-mémoire de l'opérateur, comprenant les opérations élémentaires, les ligatures d'artères, les amputations dans la contiguïté et dans la continuité des membres, et les résections des extrémités articulaires, avec 60 planches représentant 213 sujets lithographiés d'après nature. Paris, 1849, in-24.

985. LEBLANC (L.). Précis d'opérations de chirurgie. Paris, 1782, 2 vol. in-8°.

986. LE DRAN (H. François). Traité des opérations de chirurgie. Bruxelles, 1774, in-8°.

987. LISFRANC (J.). Précis de médecine opératoire. Paris, 1845, 3 vol. in-8°.

988. MALGAIGNE (J. F.). Manuel de médecine opératoire. 7e édition. Paris, 1861, 1 fort vol. in-12.

989. MALGAIGNE (J. F.). Manuel de médecine opératoire fondée sur l'anatomie normale et l'anatomie pathologique. Paris, 1834, in-12.

990. MALGAIGNE (J. F.). Même ouvrage. 5ᵉ édition, corrigée et augmentée. Paris, 1849, in-12.

991. SABATIER-DUPUYTREN. De la médecine opératoire, avec des additions et des notes, par L. J. Sanson et L. J. Bégin. Nouvelle édition, augmentée de généralités sur les opérations et les pansements, de l'anatomie chirurgicale des parties, de l'indication des procédés récemment découverts, et enfin de l'appréciation des méthodes et des procédés relatifs à chaque opération. Paris, 1832, 4 vol. in-8°.

992. SCULTET (J.). L'arsenal de chirurgie ; mis en français par François Deboze. Lyon, 1677, in-4° avec figures en taille-douce.

993. SÉDILLOT (Ch.). Traité de médecine opératoire, bandages et appareils, avec planches explicatives intercalées dans le texte. Paris, 1839, in-8°.

994. SÉDILLOT (Ch.). Traité de médecine opératoire, bandages et appareils, ouvrage accompagné de figures intercalées dans le texte. 2ᵉ édition. Paris, 1853, 2 vol. in-12.

995. SHARP. Traité des opérations de chirurgie; traduit en français sur la 3ᵉ édition anglaise par A. F. Jault. Paris, 1741, in-12, avec figures.

996. STROMEYER (L.). Maximen der Kriegsheilkunst. Hannover, 1855, 2 vol. in-12.

997. THEVENIN (Franç.). Ses œuvres, contenant un Traité des opérations de chirurgie, un Traité des tumeurs, et un Dictionnaire étymologique des mots grecs servant à la médecine; recueillies par Guillaume Parthon. Lyon, 1691, in-4°.

998. VELPEAU (Alf. A. L. M.). Nouveaux éléments de médecine opératoire, accompagnés d'un atlas de 22 planches in-4° gravées, représentant les principaux procédés opératoires et un grand nombre d'instruments de chirurgie. 2ᵉ édition, augmentée d'un traité des bandages de petite chirurgie, accompagnée de 191 planches intercalées dans le texte. Paris, 1839, 4 vol. in-8°.

D. — TRAITÉS SPÉCIAUX [41].

999. ALANSON (Edward). Manuel pratique de l'amputation des membres; traduit de l'anglais par Lassus. Paris, 1784, in-12.

1000. ALQUIÉ (Al.). Chirurgie conservatrice, et moyens de restreindre l'utilité des opérations; avec dessins lithographiés par l'auteur. Montpellier, 1850, in-8°.

1001. AMUSSAT (J. Z.). Tableau synoptique de la lithothripsie et de la cystotomie hypogastrique ou mieux postéro-pubienne. Paris, 1832, 1 pl. in-f°.

1002. BASEILHAC (P.). De la taille latérale par le périnée, et celle de l'hypogastre ou haut appareil. Paris, 1804, in-8°, avec gravures.

1003. BAUDENS. Nouvelle méthode des amputations. Paris, 1842, grand in-8°.

1004. BONNET (A.). Traité des sections tendineuses et musculaires dans le strabisme, la myopie, la disposition à la fatigue des yeux, le bégaiement, les pieds-bots, les difformités du genou, les torticolis, les resserrements des mâchoires, les fractures, etc., etc. ; suivi d'un mémoire sur la névrotomie sous-cutanée. Avec 16 pl. Paris-Lyon, 1841, in-8°.

1005. CHASSAIGNAC (E.). Traité de l'écrasement linéaire, nouvelle méthode pour prévenir l'effusion du sang dans les opérations chirurgicales, avec 40 figures intercalées dans le texte. Paris, 1856, in-8°.

1006. COME (Frère). Nouvelle méthode d'extraire la pierre de la vessie urinaire par-dessus le pubis, qu'on nomme vulgairement le haut-appareil, avec figures en taille-douce. Bruxelles-Paris, 1779, in-12.

1007. DELABARRE (C. F.). Traité de la partie mécanique de l'art du chirurgien-dentiste. Ouvrage orné de 42 planches. Paris, 1820, 3 vol. in-8°.

1008. DELABARRE (C. F.). Des accidents de la dentition chez les enfants en bas âge, et des moyens de les combattre. Paris, 1851, in-8°.

1009. DELEAU jeune. Traité du cathétérisme de la trompe d'Eustache, et de l'emploi de l'air atmosphérique dans les maladies de l'oreille moyenne. Paris, 1838, in-8°.

1010. DOUGLAS (J.). Nouvelle manière de faire l'opération de la taille ; avec plusieurs figures en taille-douce. Paris, 1724, in-12.

1011. DUPUYTREN. Mémoire sur une nouvelle manière de pratiquer l'opération de la taille, terminé et publié par J. L. Samson, et L. J. Bégin. Paris, 1836, gr. in-f°, avec dix planches lithographiées.

1012. GELY de Nantes (J. A.). Recherches sur l'emploi d'un nouveau procédé de suture contre les divisions de l'intestin et sur la possibilité de l'adossement de cet organe avec lui-même dans certaines blessures. dix figures. Paris, 1842, in-8°.

1013. GUÉRIN (JULES). Rapport adressé à M. le délégué du Gouvernement provisoire sur les traitements orthopédiques à l'hôpital des enfants, pendant les années 1843, 1844 et 1845, par une commission composée de MM. Blandin, P. Dubois, Jobert, Louis Rayer, et Serres ; président : Orfila. Paris, 1848, grand-in-4°.

1014. HENRY. Précis descriptif sur les instruments de chirurgie anciens et modernes. Paris, 1852, in-8°, avec planches.

1015. HEURTELOUP. Principles of lithotrity, or a treatise on the art of extracting the stone without incision. Londres, 1831, grand in-8°.

1016. JOBERT de Lamballe (A. J.). Traité des fistules vésico-utérines, vésico-utéro-vaginales, entéro-vaginales et recto-vaginales. Paris, 1852, in-8°, avec dix figures intercalées dans le texte.

1017. JOBERT de Lamballe (A. J.). Traité de chirurgie plastique, accompagné d'un atlas in-f° de 18 planches gravées et coloriées. Paris, 1849, 2 vol. in-8°.

1018. LARREY (D. J.). Mémoire sur l'extirpation des glandes salivaires

·(la parotide et la sous-maxillaire), nécessitée par l'engorgement scrofuleux et squirreux de ces glandes. Paris, 1841, in-4°.

1019. LEBLANC. Nouvelle méthode d'opérer les hernies, à laquelle on a joint un essai sur des hernies rares et peu connues de M. Hons, avec des figures en taille-douce. Paris, 1768, in-8°.

1020. LEFOULON (J.). Des déviations des dents et de l'orthopédie dentaire. Paris, 1850, in-8°. (Relié avec 1008.)

1021. MAINGAULT. Traité des diverses amputations qui se pratiquent sur le corps humain, représentées par des figures dessinées d'après nature et lithographiées. Paris, 1822, in-f°.

1022. MAURY (F.). Traité complet de l'art du dentiste d'après l'état actuel des connaissances. 3ᵉ édition, complétée et mise au courant de la science au moyen d'un grand nombre de notes, par Paul Gresset. Paris, 1841, in-8°, avec un atlas contenant 42 planches et leur explication.

1023. MAYOR (Mathias). Excentricités chirurgicales, ou nouveaux mémoires pour servir à la réforme et au perfectionnement de la médecine opératoire. Lausanne-Paris, 1844, in-8°.

1024. MAYOR (Mathias). La chirurgie simplifiée, ou mémoires pour servir à la réforme et au perfectionnement de la médecine opératoire. Paris, 1841, 2 vol. in-8°.

1025. MORAND (S. F.). Traité de la taille au haut appareil, avec une dissertation de M. Morand et une lettre de M. Winslow. Paris, 1728, in-12. (Relié avec 1010.)

1026. PELLIER DE QUENGSY (G.). Précis ou cours d'opérations sur la chirurgie des yeux. Paris-Montpellier, 1789, 2 vol. in-8°.

1027. PERCY. Pyrotechnie chirurgicale pratique, ou l'art d'appliquer le feu en chirurgie. Paris, 1811, in-12.

1028. PHILIPEAUX (R.). Traité pratique de la cautérisation, d'après l'enseignement clinique de M. le professeur A. Bonnet, de Lyon. Paris, 1856, in-8°, accompagné de 67 planches intercalées dans le texte.

1029. PHILIPPS (Ch.). De la ténotomie sous-cutanée, ou des opérations qui se pratiquent pour la guérison des pieds-bots, du torticolis, de la contracture de la main et des doigts, des fausses ankyloses angulaires du genou, du strabisme, de la myopie, du bégaiement, etc., accompagnée de douze planches. Paris, 1841, in-8°.

1030. POUTEAU. La taille au niveau; Mémoire sur la lithotomie par l'appareil latéral, circonstances et dépendances, avec addition de quelques nouveaux instruments pour cette opération. Avignon, 1765, in-4°.

1031. ROUX (Phil.-Jos.). Mémoire sur la staphyloraphie ou suture du voile du palais. Paris, 1825, in-8°.

1032. SANDS COX. Memoir on amputation of the thigh at the hip-joint. London, 1845, in-f° de 47 pages avec planches et figures.

1033. SCARPA (Ant.). Traité de l'opération de la taille, ou mémoires anatomiques et chirurgicaux sur les différentes méthodes employées pour pratiquer cette opération. Traduit de l'italien par C. P. Ollivier d'Angers. Paris, 1828, in-8°, avec sept planches.

1034. SCOUTETTEN (H.). La méthode ovalaire, ou nouvelle méthode pour amputer dans les articulations; avec onze planches lithographiées, en partie d'après les dessins de Moreau. Paris, 1827, grand in-4°.

1035. SÉDILLOT. De l'évidement des os. Paris, 1860, in-8°, avec deux planches coloriées.

1036. SERRE. Traité sur l'art de restaurer les difformités de la face, selon la méthode par déplacement ou méthode française. Montpellier-Paris, 1842, in-8°, avec un atlas grand in-4° de 30 planches représentant 120 figures.

1037. VALENTIN. Recherches critiques sur la chirurgie moderne. Amsterdam, 1772, in-12.

1038. VAQUEZ (A.). Mémoire sur l'amputation de M. Malgaigne (désarticulation astragalo-calcanéenne ou amputation sous-astragalienne des auteurs). Quelques mots sur l'extirpation du calcanéum (opération de Monteggia). Paris, 1859, in-4°.

1039. WARDROP (James). On aneurism and its cure by a new operation. London, 1828, grand in-8°.

C. — PETITE CHIRURGIE. — BANDAGES ET APPAREILS [16].

1040. BERTHERAND (A.). Des pansements des plaies sous le rapport de leur fréquence et de leur rareté. Paris-Strasbourg, 1851, in-8°.

1041. BOISSONNEAU. Yeux artificiels mobiles; indications générales ou guide pratique de l'œil artificiel perfectionné, suivi de conseils aux personnes qui font usage de la prothèse oculaire ou se trouvent dans la nécessité d'y recourir. Paris, 1849, in-8°.

1042. BURGGRAEVE (Ad.). Les appareils ouatés, ou nouveau système de déligation pour les entorses, les luxations, les contusions, les arthropathies, etc.; avec des planches gravées d'après nature sur des épreuves photographiées. Bruxelles, 1858, in-f°.

1043. BURGGRAEVE (Ad.). Mémoire sur l'emploi des appareils ouatés. Gand, 1850, in-8°.

1044. GERDY (P. N.). Traité des pansements proprement dits. 2e édition, revue, corrigée et considérablement augmentée. Paris, 1839, in-8°, avec un atlas in-4° de 20 planches et un grand nombre de figures.

1045. GERDY (P. N.). Traité des bandages. 2e édition. Paris, 1837, in-8°, avec un atlas de 17 planches et un grand nombre de figures.

1046. GOFFRES. Précis iconographique de bandages, pansements et appareils. Ouvrage contenant 81 planches, dessinées d'après nature et gravées au burin sur acier. Paris, 1858, gros in-12.

1047. GOFFRES. Même ouvrage traduit en russe. Pétersbourg, 1859, in-12. Mêmes planches.

1048. JAMAIN (A.). Manuel de petite chirurgie. 2e édition, entièrement refondue, avec 189 figures intercalées dans le texte. Paris, 1853, in-12.

1049. LOMBARD (C. A.). Instruction sommaire sur l'art des pansements, à l'usage des étudiants en chirurgie des hôpitaux militaires. Strasbourg, 1796, in-8°.

1050. MATHIAS MAYOR. Bandages et appareils à pansements, ou nouveau système de déligation chirurgicale. 3e édition. Paris, 1838, in-8°, avec un atlas in-4° de 16 planches.

1051. MERCHIE (J.). Appareils modelés, ou nouveau système de déligation pour les fractures des membres, précédé d'une histoire analytique et raisonnée des principaux appareils à fractures employés depuis les temps les plus reculés jusqu'à nos jours. Avec 82 planches intercalées dans le texte. Paris, 1858, grand in-8° (deux exemplaires).

1052. MICHEL THIVET. Traité complet de bandages et d'anatomie appliquée à l'étude des fractures et luxations, avec les appareils qui leur conviennent. Paris, 1840, in-8°.

1053. SAINT-ARROMAN (A.). Manuel pratique de bandages, traitant de l'art déligatoire appliqué au traitement des plaies, aux pansements qu'exigent les médications externes, exutoires, phlébotomie, hémostasie, etc., de la description des appareils et bandages appropriés aux fractures, luxations, entorses, etc. Paris, 1845, in-12, avec figures.

1054. SCRIVE. Cours de petite chirurgie en vingt-quatre leçons. Dessins d'après nature, par A. Barre. Paris, 1850, in-8°.

1055. THILLAYE (J. B. J.). Traité des bandages et appareils. 3e édition. Paris, 1815, in-8°.

G. — MÉDECINE ET CHIRURGIE [13].

a. — TRAITÉS GÉNÉRAUX [7].

1056. Bibliothèque germanique médico-chirurgicale, ou extrait des meilleurs ouvrages de médecine et de chirurgie publiés en Allemagne, par Brewer et Delaroche. Paris, 1799-1802, 8 vol. in-8°.

1057. GUYON (Louis). Le miroir de la beauté et santé corporelle, contenant toutes les difformités et maladies, tant internes qu'externes, qui peuvent survenir au corps humain, avec leurs définitions, causes, signes et remèdes, usités de toute ancienneté, modernes et spagirics, ensemble les prognostics. Lyon, 1625, 2 vol. in-8°.

1058. LALLEMAND. Clinique médico-chirurgicale, publiée par Kermann Kaula, son élève particulier. Paris, 1845, in-8°.

1059. PIGRAY (P.). Epitomé des préceptes de médecine et chirurgie, contenant plusieurs enseignements et remèdes nécessaires aux maladies du corps humain. Lyon, 1637, in-12.

1060. ROCHE (L. Ch.) et SANSON (L. J.). Nouveaux éléments de pathologie médico-chirurgicale. 3e édition. Paris, 1833, 5 vol. in-8°.

1061. THOMSON (J.). Traité médico-chirurgical de l'inflammation ; traduit de l'anglais sur la 3ᵉ édition, avec des notes, par Jourdan et Boisseau. Paris, 1827, in-8°.

1062. TRIQUET (E.). Abrégé de pathologie médico-chirurgicale, ou résumé analytique de médecine et de chirurgie. Paris, 1852, 2 vol. in-8°.

b. — TRAITÉS SPÉCIAUX ET MÉLANGES [6].

1063. COVILLARD (Jos.). Observations iatro-chirurgiques, pleines de remarques curieuses et événements singuliers ; ouvrage publié en 1639. 2ᵉ édition, augmentée de remarques historiques et pratiques, de plusieurs mémoires et observations, par J. F. Thomassin. Strasbourg, 1791, in-8°, avec 2 planches en taille-douce.

1064. HEYNE (J. Cʜ.). Tentamen cheirurgico-medicum de præcipuis ossium morbis ; cum figuris. Amstelœdami, 1705, in-8°.

1065. LIÉGARD (Aʟꜰ.). Mélanges de médecine et de chirurgie pratiques. Caen, 1837, in-8°.

1066. MORAND (L.). Mémoires et observations cliniques de médecine et de chirurgie. Paris, 1844, in-8°. (Relié avec 1065.)

1067. PÉTREQUIN (J. E.). Mélanges de chirurgie, ou histoire médico-chirurgicale de l'Hôtel-Dieu de Lyon, depuis sa fondation jusqu'à nos jours, avec l'histoire spéciale de la syphilis dans cet hospice, et compte-rendu de la pratique chirurgicale de cet hôpital pendant six années, 1838-1843. Paris-Lyon, 1845, in-8°.

1068. ROUX (Pʜɪʟɪʙ.-Jos.). Mélanges de chirurgie et de physiologie. Paris, 1809, in-8°.

H. — OBSTÉTRIQUE [41].

a. — TRAITÉS COMPLETS ET TRAVAUX DIVERS [10].

1069. BURNS. Traité des accouchements, des maladies des femmes et des enfants ; traduit de l'anglais sur la 9ᵉ édition, par Galliot. Paris, 1855, in-8°.

1070. CAPURON (J.). Cours théorique et pratique d'accouchements. 2ᵉ édition. Paris, 1816, in-8°.

1071. CAZEAUX (P.). Traité théorique et pratique de l'art des accouchements, comprenant l'histoire des maladies qui peuvent se manifester pendant la grossesse et le travail, et l'indication des soins à donner à l'enfant depuis la naissance jusqu'à l'époque du sevrage. 3ᵉ édition. Paris, 1850, gros in-8°.

1072. DELEURYE (F. A.). Traité des accouchements en faveur des élèves, dans lequel sont traitées les maladies des femmes grosses et accouchées, et celles des petits enfants. Paris, 1770, in-8°.

1073. DEPAUL (J. A. H.). Traité théorique et pratique d'auscultation obstétricale. Paris, 1847, in-8°, avec douze planches gravées sur bois et intercalées dans le texte.

1074. GARDIEN (C. M.). Traité d'accouchements, de maladies des femmes, de l'éducation médicinale des enfants et des maladies propres à cet âge. Paris, 1807, 4 vol. in-8°.

1075. MILLOT de Dijon (Jacq.-And.). Supplément à tous les traités, tant étrangers que nationaux, anciens et modernes, sur l'art des accouchements. 2e édition. Paris, 1809, 2 vol. in-8°.

1076. MOREAU (F. J.). Traité pratique des accouchements. Paris, 1838, 2 vol. in-8°, et un atlas in-f° de soixante planches.

1077. SACOMBE. Lucine française, ou recueil d'observations médicales, chirurgicales, pharmaceutiques, historiques, critiques et littéraires, relatives à la science des accouchements. Paris, 1803, 3 vol. in-8°.

1078. VELPEAU (Alf.). 1° Traité complet de l'art des accouchements, ou tocologie théorique et pratique, avec un abrégé des maladies qui compliquent la grossesse, le travail et les couches, et de celles qui affectent les enfants nouveau-nés; accompagné de 16 planches gravées. 2e édition. Paris, 1835, 2 vol. in-8°. — 2° Traité des maladies du sein et de la région mammaire. Paris, 1854, gros in-8°.

b. — MALADIES DES FEMMES ET DES ENFANTS [31].

1079. BAUDÉLOCQUE (A. C.). Traité des hémorrhagies internes de l'utérus qui surviennent pendant la grossesse, dans le cours du travail, et après l'accouchement. Paris-Bruxelles, 1831, in-8°.

1080. BECQUEREL (L. A.). Traité clinique des maladies de l'utérus et de ses annexes. Paris, 1859, 2 vol. in-8° avec un atlas gr. in-8° de 18 pl. représentant 44 figures.

1081. BERTON (E. A. J.). Traité pratique des maladies des enfants depuis la naissance jusqu'à la puberté, avec des notes par M. le Dr Baron. 2e édition. Paris, 1842, in-8°.

1082. BERTON (E. A. J.). Recherches sur l'hydrocéphale aiguë, sur une variété particulière de pneumonie, et sur la dégénérescence tuberculeuse. Paris, 1834, in-8°.

1083. BILLARD (C. M.). Traité des maladies des enfants nouveau-nés et à la mamelle, fondé sur de nouvelles observations cliniques et d'anatomie pathologique. 3e édition, avec une notice sur les ouvrages de l'auteur, et augmenté de notes par Ollivier (d'Angers). Paris, 1837, in-8°.

1084. BOIVIN (Vᵉ) et DUGÈS (A.). Traité pratique des maladies de l'utérus et de ses annexes, fondé sur un grand nombre d'observations cliniques, accompagné d'un atlas de 41 planches in-folio gravées et coloriées représentant les principales altérations morbides des organes génitaux de la femme. Paris, 1833, 2 vol. in-8°.

1085. BRACHET (J. L.). Mémoires et prix du cercle médical de Paris. Mémoire sur les causes des convulsions chez les enfants et sur les moyens d'y remédier, précédé du rapport fait au cercle médical au nom de sa commission des prix par Gendrin. Paris, 1824, in-8°.

1086. BRACHET (J. L.). Essai sur l'hydrocéphalite ou hydropisie aiguë des ventricules du cerveau. Paris, 1818, in-8°.

1087. BRIQUET (P.). Traité clinique et thérapeutique de l'hystérie. Paris, 1859, in-8°

1088. CHARPENTIER (D.). De la nature et du traitement de la maladie dite hydrocéphale aiguë (méningo-céphalite des enfants). Paris, 1829, in-8°.

1089. COLOMBAT de l'Isère. Traité des maladies des femmes et de l'hygiène spéciale de leur sexe, avec planches. Paris, 1838, 2 vol. in-8°.

1090. DUCHESNE-DUPARC (L. V.). Traité complet des gourmes chez les enfants. Paris, 1842, in-8°.

1091. FAVROT (Alexis). Études sur les maladies des femmes qu'on observe le plus fréquemment dans la pratique. Paris, 1847, in-8°.

1092. HAMILTON (A.). Traité des maladies des femmes et des enfants; traduit de l'anglais par F. T. D. Paris, 1798, in-8°.

1093. Historia fœtus Mussipontani extra uterum in abdomine reperti et lapidescentis. Francofurti, 1669, in-4°.

1094. HUGUIER (P. C.). Mémoire sur les maladies des appareils sécréteurs des organes génitaux externes de la femme. Paris, 1850, in-4°, avec cinq planches.

1095. LEGENDRE (F. L.). Recherches anatomo-pathologiques et cliniques sur quelques maladies de l'enfance. Paris, 1846, in-8°.

1096. MAIGNE (P.). Choix d'une nourrice. 2e édition. Paris, 1837, in-8°.

1097. MAURICEAU (F.). Traité des maladies des femmes grosses et de celles qui sont nouvellement accouchées. Paris, 1668, in-4°, avec fig.

1098. MAURICEAU (F.). Même ouvrage, dernière édition. Paris, 1682, in-4° avec figures.

1099. MOSCHION. De mulierum passionibus liber quem propriis correctionibus emendavit, additaque versione latina edidit F. O. Dewez. Viennæ, 1793, in-12.

1100. PETIT (Antoine). Traité des maladies des femmes enceintes, des femmes en couche et des enfants nouveau-nés, précédé du mécanisme des accouchements, rédigé et publié par les docteurs Baignères et Perral. Paris, 1798, 2 vol. in-8°.

1101. PETIT (Antoine). Recueil de pièces relatives à la question des naissances tardives. Amsterdam, 1766, in-8°.

1102. RILLIET et BARTHEZ. Traité clinique et pratique des maladies des enfants. Paris, 1843, 3 vol. in-8°.

1103. ROBERT (L. J. M.). L'art de prévenir le cancer au sein chez le femmes. Paris, 1812, in-8°.

1104. SCANZONI (F. W. de). Traité pratique des maladies des organes sexuels de la femme; traduit de l'allemand et annoté sous les yeux de l'auteur par les docteurs H. Dor et A. Socin. Paris, 1858, in-8°, avec figures intercalées dans le texte.

1105. SENN (L.). Recherches anatomico-pathologiques sur la méningite aiguë des enfants et ses principales complications (hydrocéphale aiguë des auteurs). Paris, 1825, in-8°. (Relié avec 1085.)

1106. SPACH (Israel). Gynæciorum sive de mulierum tum communibus, tum gravidarum, parientium et puerperarum affectibus et morbis. Argentinæ, 1597, in-f°.

1107. TARNIER (Stéphane). De la fièvre puerpérale observée à l'hospice de la Maternité. Paris, 1858, in-8°.

1108. VALLEIX (F. L. J.). Clinique des maladies des enfants nouveau-nés, avec deux planches coloriées. Paris, 1838, in-8°.

1109. WHITE (Ch.). Avis aux femmes enceintes et en couches, ou traité des moyens de prévenir et de guérir les maladies qui les affligent dans ces deux états; traduit de l'anglais et augmenté d'un traité sur l'allaitement par M***. Paris, 1774, in-12.

I. — THÉRAPEUTIQUE.

a. — THÉRAPEUTIQUE GÉNÉRALE [11].

1110. AILHAUD (J. G. d'). Traité de la vraie cause des maladies, et manière la plus sûre de les guérir par le moyen d'un seul remède. Paris, 1776, in-12.

1111. BÉGIN (L. J.). Traité de thérapeutique, rédigé d'après les principes de la nouvelle doctrine médicale. Paris, 1825, 2 tomes reliés en 1 vol. in-8°.

1112. FERNEL (Jean). Les sept livres de la thérapeutique universelle; mis en français par le sieur Du Teil. Paris, 1648, in-8° (deux exempl.).

1113. FORGET (C. P.). Principes de thérapeutique générale et spéciale, ou nouveaux éléments de l'art de guérir. Paris, 1860, in-8°.

1114. FUCHS (Léonard). De curandi ratione libri octo. Basileæ, 1548, gros in-8°.

1115. HIPPOCRATE. Du régime dans les maladies aiguës; traduit sur le texte grec, d'après la collation des manuscrits de la Bibliothèque du Roi, par de Mercy. Paris, 1818, in-12 (deux exemplaires).

1116. ROUGNON (N. F.). Médecine préservative et curative générale. Besançon, 1798, 2 vol. in-8°.

1117. TISSOT (S. A. D.). Du régime diététique dans la cure des maladies. Besançon, 1794, in-8°.

1118. TISSOT (S. A. D.). Effets du sommeil et de la veille dans le traitement des maladies externes; mémoire couronné à l'Académie de chirurgie à Paris, en 1779. Besançon, 1794, in-8°. (Relié avec l'ouvrage qui précède.)

1119. TROUSSEAU (A.) et PIDOUX (H.). Traité de thérapeutique et de matière médicale. 2° édition. Paris, 1841, 2 vol. in-8°.

1120. TROUSSEAU (A.) et PIDOUX (H.). Même ouvrage, 1855. 5° édition. 2 vol. in-8°.

b. — THÉRAPEUTIQUE SPÉCIALE [427].

§ Ier.

Électricité. — Galvanisme [23].

1121. AILHAUD (J. G. D'). L'ami des malades, ou discours historique et apologétique sur la poudre purgative de M. Ailhaud. Paris, 1770, in-12.

1122. BOURNE (R.). Cases of pulmonary consumption treated with uva ursi ; to which are added some practical observations. Oxford, 1805, in-8°.

1123. DUCHENNE de Boulogne. De l'électrisation localisée, et de son application à la physiologie, à la pathologie et à la thérapeutique. Paris, 1855, in-8°, avec 108 figures intercalées dans le texte.

1124. FAVENTINUS (B. V.). Medicationis empeiricæ libri tres. Paris, 1598, in-12.

1125. FRÉTEAU. Traité élémentaire sur l'emploi légitime et méthodique des émissions sanguines dans l'art de guérir, avec application des principes à chaque maladie. Paris, 1716, in-8°.

1126. GASTELLIER. Des spécifiques en médecine Paris, 1783, in-8°.

1127. HAMILTON (JAMES). Observations on the utility and administration of purgative medicines in several diseases. Edinburgh, 1823, in-8°.

1128. HELVÉTIUS. Traité des maladies les plus fréquentes et des remèdes spécifiques pour les guérir, avec la méthode de s'en servir pour l'utilité du public et le soulagement des pauvres. Paris, 1707, in-12.

1129. IZARN (J.). Manuel du galvanisme. Paris, 1804, in-8°.

1130. LA BEAUME. Du galvanisme appliqué à la médecine. Traduit de l'anglais par Fabré-Palaprat. Paris, 1828, in-8°.

1131. LARTIGUE. Du traitement de la goutte par les pilules de Lartigue, et de leur emploi dans les cas de rhumatisme. Paris, 1850, in-12.

1132. Les abus de la saignée démontrés. Paris, 1759, in-12.

1133. LOMBARD. Dissertation sur l'importance des évacuants dans la cure des plaies récentes, simples ou graves, suivie d'observations raisonnées sur la complication du vice vénérien et scorbutique. Strasbourg, 1782, in-8°.

1134. LOUIS (P. CH. A.). Recherches sur les effets de la saignée dans quelques maladies inflammatoires, et sur l'action de l'émétique et des vésicatoires dans la pneumonie. Paris, 1835, in-8°.

1135. MARC (C. C. H.). Nouvelles recherches sur les secours à donner aux noyés et asphyxiés. Paris, 1835, in-8°.

1136. MARCET (Alex.). Essai sur l'histoire chimique des calculs et sur le traitement médical des affections calculeuses. Traduit de l'anglais sur la 2e édition, revue et augmentée par Jean Riffault. Paris, 1823, in-8°.

1137. Ocyrrhoes, seu præstantissimum morborum auxilium, de venæ sectione copiosa methodus; cum duplice indice. Venetiis, 1642, petit in-4°.

1138. SARLANDIÈRE. Mémoires sur l'électro-puncture considérée comme moyen nouveau de traiter efficacement la goutte, les rhumatismes et les affections nerveuses, et sur l'emploi du moxa japonais en France; suivis d'un traité de l'acupuncture et du moxa, principaux moyens curatifs chez les peuples de la Chine, de la Corée et du Japon; ornés de figures japonaises. Paris, 1825, in-8°.

1139. SEGOND (A.). Documents relatifs à la méthode électrique employée contre la dyssenterie. Paris, 1846, in-8°.

1140. TORTI (F.). Therapeutice specialis ad febres periodicas perniciosas. Francofurti et Lipsiæ, 1756, in-4°.

1141. TRIPIER (A.). Manuel d'électrothérapie; exposé pratique et critique des applications médicales et chirurgicales de l'électricité. Illustré de 89 planches intercalées dans le texte. Paris, 1861, in-12.

1142. WALLACE (William). A physiological enquiry respecting the action of moxa and its utility in inveterate cases of sciatica, lumbago, paraplegia, epilepsy and some other painful, paralytic and spasmodic diseases of the nerves and muscles. Dublin, 1827, in-8°.

1143. WALLACE (William). Researches respecting the medical powers of chlorine gas, particulary in diseases of the liver. 2e édition. London, 1824, in-8°.

§ II.

Hydrologie [37].

1144. AMUSSAT (Alph. Aug.). De l'emploi de l'eau en chirurgie (Thèse). Paris, 1850, in-4°.

1145. ARCET (d'). Description des appareils à fumigations. Paris, 1818, in-4°.

1146. ASSEGOND (Albert). Manuel hygiénique et thérapeutique des bains de mer. Nouvelle édition. Paris, 1834, in-18.

1147. BACHELIER (Jules). Exposé critique et méthodique de l'hydropathie ou traitement des maladies par l'eau froide. Pont-à-Mousson, 1843, in-8°.

1148. Bains à l'hydrofère; expériences physiologiques et observations cliniques faites à l'hôpital Saint-Louis par M. Hardy; lettre au corps médical par M. Mathieu de la Drôme. Paris, 1860, in-12.

1149. BEAUMELLE. Bains et douches de vapeurs. Montpellier, 1847, in-8°

1150. BIGEL. Manuel d'hydrosudopathie, ou traitement des maladies par l'eau froide, la sueur, l'exercice et le régime, suivant la méthode employée par Priessnitz. Paris, 1840, in-18.

1151. BLOT (F.). Manuel des bains de mer, leurs avantages et leurs inconvénients. Caen, 1828, in-32.

1152. BOUIS (D.). Essai sur l'eau, et spécialement sur les eaux hygiéniques, suivi de l'examen analytique des eaux potables de Perpignan. Montpellier, 1822, in-8°.

1153. BOULAND. Établissement des bains et douches de vapeurs. Montpellier, 1823, in-8°.

1154. BUCHAN (A. P.). Observations pratiques sur les bains d'eau de mer et sur les bains chauds; traduit de l'anglais par Rouxel. 2e édition. Paris, 1835, in-8°.

1155. CUISIN. Les bains de Paris et des principales villes des quatre parties du monde, ou le Neptune des dames. Paris, 1822, 2 tomes en un vol. in-12.

1156. CURRIES (James). Medical reports on the effects of water cold and warm, as a remedy in fever and other diseases, whether applied to the surface of the body, or used internally. Liverpool, 1804, 2 vol. in-8°.

1157. FLEURY (Louis). Traité pratique et raisonné d'hydrothérapie. 2e édition. Paris, 1856, in-8°.

1158. GASTÉ (L. F.). Essai sur les bains Marie-Thérèse, ou considérations historiques et médicales sur les bains. La Rochelle, 1829, in-8°.

1159. GAUDET. Nouvelles recherches sur l'usage et les effets des bains de mer, comprenant l'histoire abrégée des faits principaux qui ont été observés à Dieppe pendant les années 1834 et 1835. 2e édition. Paris, 1836, in-8°.

1160. GILCHRIST (Ebenezer). Utilité des voyages sur mer pour la cure de différentes maladies, et notamment de la consomption, avec un appendice sur l'usage des bains dans les fièvres; traduit de l'anglais par Bourru. Londres, 1770, in-12.

1161. GROSS (Jean). L'eau fraîche comme excellent diététique et admirable curatif, ou des vertus médicales de l'eau fraîche et de son usage, tant pour conserver la santé que pour la rétablir; traduit de l'allemand par l'auteur. Leipzig-Paris, 1840, in-12.

1162. HEIDENHAIN et EHRENBERG. Exposition des méthodes hydriatriques de Priessnitz dans les diverses espèces de maladies considérées en elles-mêmes, et comparées avec celles de la médecine allopathique. Paris, 1842, in-12.

1163. LAMBERT (C.). Traité sur l'hygiène et la médecine des bains russes et orientaux, à l'usage des médecins et des gens du monde. Paris, 1836, in-8°.

1164. LECONTE. Hygiène des bains de mer, de leurs avantages et des dangers de leur abus. Paris-Eu, 1844, in-8°.

1165. LEGRAND (A.). De l'hydropathie; exposition et appréciation théorique et pratique de cette nouvelle méthode. Paris, 1843, in-8°.

1166. LIMBOURG (J. Ph. de). Dissertation sur les bains d'eau simple, tant par immersion qu'en douches et en vapeurs. Liége, 1757, in-12.

1167. MACQUART. Manuel sur les propriétés de l'eau, particulièrement dans l'art de guérir. Paris, 1783, in-8°.

1168. MARCARD (H. M.). De la nature et de l'usage des bains; traduit de l'allemand par M. Parant. Paris, 1801, in-8°.

1169. MARET. Mémoire sur la manière d'agir des bains d'eau douce et d'eau de mer et sur leur usage. Paris-Bordeaux, 1769, in-8°.

1170. MARTEAU (P. A.). Traité théorique et pratique des bains d'eau simple et d'eau de mer, avec un mémoire sur la douche. Amiens, 1770, in-12.

1171. MAYOR (Matthias). Les bains sans baignoires et ramenés à leur belle simplicité. Paris, 1846, in-8°. — Manuel du baigneur sans baignoire, ou moyen simple, économique et facile de traiter un grand nombre de maladies. Paris, 1846, petit in-18 (deux exemplaires).

1172. MOULLIN DE MARGUERY. Les vertus médicinales de l'eau commune, ou recueil des meilleures pièces qui ont été écrites sur cette matière. Paris, 1730, 2 vol. in-12.

1173. MOURGUÉ (Ch. L.). Journal des bains de mer de Dieppe, ou recherches et observations sur l'usage hygiénique et thérapeutique de l'eau de mer. Paris-Dieppe, 1823, in-8°.

1174. MUNDE (Charles). Hydrothérapeutique, ou l'art de prévenir et de guérir les maladies sans le secours des médicaments, par l'eau, la sueur, le bon air, l'exercice, le régime et le genre de vie. Paris, 1842, in-12.

1175. Notice sur les bains de mer de Boulogne. Boulogne, 1825, in-8°.

1176. PIGEAIRE. Des avantages de l'hydrothérapie appliqués aux maladies chroniques et aux affections nerveuses. Paris, 1847, in-12.

1177. RAPOU (T.). Essai sur l'atmidiatrique ou médecine par les vapeurs. Paris, 1819, in-8°, avec gravures.

1178. ROBERT (L. J. M.). Manuel des bains de mer sur le littoral de Marseille. Marseille, 1827, in-32.

1179. SCOUTETTEN (H.). De l'eau sous le rapport hygiénique et médical, ou de l'hydrothérapie. Paris-Strasbourg, 1843, in-8° (deux exemplaires).

1180. WILSON (James). A practical treatise on the curative effects of simple and medicated vapour; with an engraving of the apparatus. London, 1837, in-8°.

§ III.

Eaux minérales et thermales [261].

1181. A*** (A.). Itinéraire topographique et historique des Hautes-Pyrénées, principalement des établissements thermaux de Cauterets, Saint-Sauveur, Baréges, Bagnères, Capvern et Cadéac. Paris-Tarbes, 1824, in-8°.

1182. ALIBERT (J. L.). Précis historique sur les eaux minérales les plus usitées en médecine, suivi de quelques renseignements sur les eaux minérales exotiques. Paris, 1826, in-8°.

1183. Amusements des eaux de Schwalsbach, des bains de Wiesbaden et de Schlangenbad ; avec deux relations curieuses, l'une de la Nouvelle Jérusalem, et l'autre d'une partie de la Tartarie indépendante. Liége, 1739, in-12.

1184. ANGLADA (Joseph). Traité des eaux minérales et des établissements thermaux du département des Pyrénées-Orientales, 1833. Paris-Montpellier, 2 vol. in-8° (deux exemplaires).

1185. ANGLADA (Joseph). Mémoires pour servir à l'histoire générale des eaux minérales sulfureuses et des eaux thermales. Paris-Montpellier, 1827, in-8°.

1186. ATHANASE (Renard). Bourbonne et ses eaux thermales. Paris, 1826, in-18.

1187. ATTUMONELLI. Mémoire sur les eaux minérales de Naples et sur les bains de vapeur. Paris, 1804, in-8°.

1188. AUBER (E.). Coup d'œil rapide sur les eaux minérales et thermales de Lucques. Lucques, 1801, in-8°.

1189. Avis aux buveurs d'eaux minérales affligés de maux de nerfs, précédé de l'éloge de Spa et de ses avantages. Liége-Spa, 1776, in-12.

1190. BACCIUS (Andrea). De thermis libri septem. Romæ, 1622, petit in-f°.

1191. BALLARD (J. G.). Essai sur les eaux thermales de Baréges. Paris, 1834, in-8°.

1192. BALLING (Fr. Ant.). Kissingen, ses eaux minérales et ses bains. Francfort-sur-le-Mein, 1839, in-18.

1193. BALLY (Victor). Eaux thermales de Lamotte-les-Bains, arrondissement de Grenoble. Paris, 1844, in-24.

1194. BARBEZAT (J.). Les bains les plus fréquentés de la Suisse. Paris, 1830, 3 vol. in-32.

1195. BARRIER (J. A.). Premier mémoire sur les eaux médicinales naturelles de Celles et sur la curabilité des affections tuberculeuses et du cancer. Valence, 1833, in-8°.

1196. BARRIER (J. A.). Premier mémoire sur les eaux médicinales naturelles de Celles et sur la curabilité des affections tuberculeuses et du cancer. Valence, 1837, in-8°.

1197. BAUDENS (A.). Eaux thermales et topographie physique et médicale de la vallée de Baréges. Paris, 1843, in-18.

1198. BAUDRY. Traité des eaux minérales de Bourbonne-les-Bains, contenant une explication méthodique sur tous leurs usages. Dijon, 1736, in-8°.

1199. BECHER (David). Nouveau traité des eaux minérales de Carlsbad. 2e édit. Traduit par J. Gruber. Prague, 1795, 2 vol. in-8°.

1200. BERNARD (C. A.). Les bains de Brousse en Bithynie (Turquie d'Asie), avec une vue des bains et un plan des environs de Brousse. Constantinople, 1842, in-8°.

1201. BERNARDINO-BERTINI. Idrologia minerale, ossia storia di tutte le sorgenti d'acqueminerali note sinora negli stati di S. M. il re di Sardegna. Torino, 1822, in-8°.

1202. BERTRAND (Michel). Recherches sur les propriétés physiques, chimiques et médicinales des eaux du Mont-d'Or. 2e édition. Clermont-Ferrand, 1823, in-8°.

1203. BERTRAND (P.). Voyage aux eaux des Pyrénées. Clermont-Ferrand, 1838, in-8.

1204. BESENCENET (G.). Notice sur les eaux thermales de Lavey. Lausanne, 1836, in-8°.

1205. BICCHIERAI (Alessandro). Dei bagni di Montecatini trattato. Firenze, 1788, in-4°.

1206. BLONDEL (F.). Thermarum Aquisgranarum elucidatio et thaumaturgia. Editio tertia. Aquisgrani, 1688, petit in-4°.

1207. BOIROT-DESSERVIERS (P.). Recherches historiques et observations médicales sur les eaux thermales et minérales de Néris en Bourbonnais (Allier). Paris, 1822, in-8°.

1208. BOLOGNA (Jacques). Notice sur les eaux de Recoaro considérées d'après les progrès récents de la médecine et ses rapports avec la chimie et la géologie; précédée d'un précis sur le chimisme animal appliqué à la médecine. Venise, 1845, in-8°.

1209. BONJEAN (Joseph). Analyse chimique des eaux minérales d'Aix-en-Savoie. Chambéry, 1838, in-8°.

1210. BONVIN (C. J.). Essai sur les eaux thermales de Loëche; traduit de l'allemand. Genève, 1834, in-8°.

1211. BORDEU père. Lettre sur les propriétés thérapeutiques des Eaux-Bonnes. Paris (sans date), in-8°.

1212. BORDEU (Théoph.). Précis d'observations sur les eaux de Baréges et les autres eaux minérales du Bigorre et du Béarn. 2e édition. Paris, 1769, in-12.

1213. BOTTIN (S.). Notice sur les eaux et boues thermales et minérales de Saint-Amand. Lille, 1805, in-8°.

1214. BOUILLON-LAGRANGE (E. J. B.). Essai sur les eaux minérales naturelles et artificielles. Paris-Saint-Pétersbourg, 1811, in-8°.

1215. BOUQUIÉ (P. P.). Essai physique sur les eaux de Saint-Amand, où l'on examine la nature de ces eaux, leurs propriétés, et la manière de s'en servir. Lille, 1750, in-12.

1216. BOURBONNOIS (J. B.). Les admirables vertus des eaux naturelles de Pougues, Bourbon et autres renommées de France, en faveur des malades qui ont recours en leurs salutaires emplois. Paris, 1618, in-12.

1217. BOURDON (Isid.). Guide aux eaux minérales de France et de l'Allemagne. Paris, 1834, in-18.

1218. BOURDON (Isid.). Guide aux eaux minérales de la France, de l'Allemagne, de la Suisse et de l'Italie. 2e édition. Paris, 1837, in-18.

1219. BOURRU. Traité des eaux minérales de Merlange. Paris, 1766, in-12.

1220. BOYER (Maurice). Essai sur les eaux minérales de Roujan. Pézenas, 1833, in-8°.

1221. BRERA (Valeriano-Luigi). Ischl e Venezia : Cenno sull'opportunita del clima veneto per favorire durante l'inverno la bibita delle acque medicinali di Recoaro per distruggere i calcoli delle vie orinarie e quegli altri incomodi, per cui sono utilmente prescritte sul luogo nella bella stagione. In Venezia, 1838, in-8°.

1222. BRIEUDE (de). Observations sur les eaux thermales de Bourbon-l'Archambault, de Vichy et du Mont-d'Or. Paris, 1788, in-8° (deux exemplaires).

1223. BROHIER (H.). Essai sur les eaux minérales acidules froides, naturelles et artificielles (Thèse). Paris, 1821, in-4°.

1224. C***. Lettre sur les nouveaux bains médicinaux. Paris, 1752, in-12.

1225. CACCIATORE (Niccolo). Viaggio ai bagni minerali di Sclafani. Palermo, 1828, in-8°.

1226. CALMET (Dom). Traité historique des eaux et bains de Plombières, de Bourbonne, de Luxeuil et de Bains. Nancy, 1748, in-8°.

1227. CALSABIGI (de). Analyses chimiques des nouvelles eaux minérales vitrioliques, ferrugineuses, découvertes à Passy. Paris, 1757, in-12.

1228. CAMUS (Cyprien). Opuscule sur Cauterets et ses eaux minérales chaudes. Auch, 1817, in-8°.

1229. CAPURON et BAZIN. Notice sur les eaux minérales de Castéra-Verdusan (Gers). Paris, 1830, in-32.

1230. CARRÈRE (J. R. T.). Catalogue raisonné des ouvrages qui ont été publiés sur les eaux minérales en général et sur celles de la France en particulier. Paris, 1785, in-8°.

1231. CARRÈRE. Traité des eaux minérales du Roussillon. Perpignan, 1756, in-12.

1232. CARRO (John de). A treatise upon the mineral springs of Carlsbad, their nature, efficacy, and applicability to various disorders. Leipsick, 1842, in-12.

1233. CATTIER (J.). De la nature des bains de Bourbon, et des abus qui se commettent à présent en la boisson de ces eaux; avec une instruction pour s'en servir utilement. Paris, 1650, in-12.

1234. CAZAINTRE. Notice sur les eaux thermales et minérales de Rennes (Aude), avec quelques considérations thérapeutiques. Toulouse, 1833, in-8°.

1235. CAZAUX. Notice sur les principales propriétés des Eaux-Bonnes naturelles. Pau, 1833, in-8°.

1236. CHALANZON (A.). Historia natural, analisis y virtudes del agua mineral ferruginosa de la fuente Sublantina, descubierta en el presente anno por el coronel D. Luis de Sosa. Leon, 1821, in-8°.

1237. CHARLETON (R.). Three tracts on bath water. Bath, 1774, in-8°.

1238. CHASTAIGNIER. Lettre contenant l'analyse des eaux de la Boisse et quelques réflexions sur cette analyse. Lyon, 1778, in-8°.

1239. CHENU. Des sources minérales naturelles ferrugineuses de Passy. Paris, in-8°.

1240. CHENU. Essai sur l'action thérapeutique des eaux ferrugineuses de Passy, avec des notes par M. Isid. Bourdon. 2e édition. Paris, 1841, in-18.

1241. CHENU. Essai pratique sur l'action thérapeutique des eaux minérales, suivi d'un précis analytique des sources minéro-thermales connues. Paris-Nancy, 1840, in-8°.

1242. CHENU. Essai sur les eaux minérales. Béziers, 1836, in-8°.

1243. CHEVALLEY DE RIVAZ (J. E.). Précis sur les eaux minéro-thermales et les étuves de l'île d'Ischia. Naples, 1831, in-12.

1244. CHEVALIER. Mémoires et observations sur les effets des eaux de Bourbonne-les-Bains en Champagne, dans les maladies hystériques et chroniques. Paris, 1772, in-12.

1245. CHOMEL (J.-F.). Traité des eaux minérales, bains et douches de Vichy. Clermont-Ferrand, 1734, in-12.

1246. COSTEL. Analyse chimique des eaux minérales de Pougues. Paris, 1769, in-12.

1247. COULET (L.). Mémoire sur les eaux minérales gazeuses, ferrugineuses d'Andabre. Paris-Montpellier, 1826, in-8°.

1248. D***. Examen sur les eaux minérales de la fontaine de Bussang. Épinal, 1777, in-12.

1249. D. B. Lettres sur la ville et les eaux d'Aix-la-Chapelle. Amsterdam, 1786, in-12.

1250. DAMIEN (F.). Aperçu topographique et médical sur les eaux minérales sulfureuses d'Enghien. Paris Montmorency, 1821, in-8°.

1251. DAQUIN (Joseph). Des eaux thermales d'Aix dans le département du Mont-Blanc. 2e édition. Chambéry, 1808, in-8°.

1252. DÉLISSALDE (M.). Considérations sur les propriétés médicales et l'emploi thérapeutique des eaux minérales de Cambo (Basses-Pyrénées). Thèse. Paris, 1829, in-4°.

1253. DEMORCY-DELETTRE. Journal des Bains de Fonsanche. Montpellier (sans date), in-8°.

1254. DESBREST. Nouvelles eaux minérales de Chateldon. Clermont-Ferrand, 1779, in-12.

1255. DESBREST. Traité des eaux minérales de Chateldon, de Celles, de Vichy et Haute-Rive en Bourbonnais, avec le détail de leurs propriétés médicinales et leur analyse. Moulins-Paris, 1778, in-12 (deux exemplaires).

1256. DESBREST. Nouvelles eaux minérales de Chateldon. Cusset, 1779, in-12.

1257. DESBREST (E. T.). Précis sur les eaux minérales de Chateldon, avec le parallèle des eaux de Chateldon et de celles des Célestins (Vichy), de Spa et de Seltz. Paris, 1838, in-18.

1258. DESPINE (Constant). Bulletin des eaux d'Aix-en-Savoie. Annecy, 1838, in-8°.

1259. DESPINE (Constant). Bulletin des eaux d'Aix-en-Savoie. Annecy, 1836, in-8°.

1260. DETERMES (J.). Une saison aux eaux de Saint-Gervais en Savoie. Paris, 1841, in-32.

1261. DIDELOT. Avis aux personnes qui font usage des eaux de Plombières, ou traité des eaux minérales. Bruyères, 1782, in-8°.

1262. DOMENGET. Aperçu sur la nature et les propriétés médicinales des eaux minérales de Challes en Savoie. Chambéry, 1841, in-8°.

1263. DONNET. Traité des eaux et des fontaines minérales de Forges. Paris, 1751, in-12.

1264. DORTOMAN (Nicol.). De causis et effectibus thermarum Belilucanarum. Lugduni, 1579, in-12.

1265. DUCHANOY. Essais sur l'art d'imiter les eaux minérales. Paris. 1780, in-12.

1266. DU CLOS. Observations sur les eaux minérales de plusieurs provinces de France, faites à l'Académie royale des sciences, en 1670 et 1671. Paris, 1675, in-12 (deux exemplaires).

1267. DUCOUX de Blois. Notice sur les eaux minérales de Cransac (Aveyron); eaux ferro-manganésiennes et calcaréo-magnésiennes sulfatées. 2° édition. Paris, 1847, in-8°.

1268. DUPORT (A.). Quæstiones medicæ circa thermas Borbonienses. Vesontione, 1721, in-8°.

1269. DURAND-FARDEL. Traité thérapeutique des eaux minérales de France et de l'étranger et de leur emploi dans les maladies chroniques. Paris, 1857, fort in-8°, avec une carte coloriée.

1270. DURAND-FARDEL. Lettres médicales sur Vichy. Paris, 1855, in-12.

1271. DUSAULX (J.). Voyage à Baréges et dans les Hautes-Pyrénées. Paris, 1796, 2 vol. in-8°.

1272. ENGELMANN (C.). Kreuznach, ses sources minérales et leur mode d'administration, principalement à l'usage des personnes qui prennent les eaux; traduit de l'allemand par Ferd. Nusbann. Heidelberg, 1839, in-8°.

1273. Eaux minérales par divers. 2 vol. grand in-8°.

1274. Eaux minérales par divers. 3 vol. in-8°.

1275. Eaux minérales par divers. 9 vol. in-8°.

1276. Eaux minérales : travaux divers, réunis en 1 vol. in-8°.

1277. ELLIOT (John). An account of the nature and medicinal virtues of the principal mineral waters of Great Britain and Ireland, and those most in repute on the continent. London, 1781, in-8°.

1278. FABAS. Nouvelles observations sur l'état actuel des montagnes des Hautes-Pyrénées et des sources thermales qui en découlent, en particulier de celles de Saint-Sauveur. Tarbes, 1808, in-8°.

1279. FABERT. Essai historique sur les eaux de Luxeuil. Paris, 1773, in-12.

1280. FANTONO (J.). De thermis Valderianis dissertationes duæ. Genevæ, 1725, in-8°.

1281. FAYE. Essai sur les eaux minérales et médicinales de la ville de Bourbon-l'Archambault. Moulins, 1778, in-12.

1282. FAYE (P. P.). Nouvel essai sur les eaux thermales et minérales de Bourbon-l'Archambault (Allier). Paris, 1804, in-8°.

1283. FAYE. Supplément à l'essai sur les eaux minérales de Bourbon-l'Archambault. Paris, 1787, in-12.

1284. FILHOL (E.). Eaux minérales des Pyrénées. Recherches comprenant l'étude de l'action thérapeutique, la constitution chimique de ces eaux, et la comparaison des ressources que les principaux établissements des Pyrénées offrent aux médecins. Paris-Toulouse, 1853, in-12.

1285. FOISSAC (P.). Notice sur les propriétés médicales des eaux de Lœche, principalement dans les scrophules, les dartres, les rhumatismes et plusieurs espèces de maladies nerveuses. Paris, 1836, in-8°.

1286. FONTAGNÈRES (S. J. L.). Dissertation sur les eaux minérales de Sainte-Marie et Siradan, précédée d'un aperçu topographique, physique et médical sur cette contrée, avec quelques autres détails importants. Paris, 1837, in-4°.

1287. FONTAN (J. P. A.). Recherches sur les eaux minérales des Pyrénées. Paris, 1838, grand in-8°.

1288. FONTENELLE (Julia). Manuel portatif des eaux minérales les plus employées en boisson. Paris, 1825, in-32.

1289. FOUET (Cl.). Le secret des bains et eaux minérales de Vichy en Bourbonnais. Paris, 1679, in-12.

1290. FOUET (Cl.). Nouveau système des bains et eaux minérales de Vichy. Paris, 1686, in-12.

1291. FOURCROY (de). Analyse chimique de l'eau sulfureuse d'Enghien. Paris, 1788, in-8°.

1292. GIACOMO FRANCESCHI. Igèa dei bagni di Lucca riprodotta con molte illustrazioni ed aggiunte. Lucca, 1832, in-8°.

1293. GALÈS (J. C.). Mémoire, rapports et observations sur les fumigations sulfureuses. Paris, 1824, in-8°.

1294. GANDERAX (Charl.). Recherches sur les propriétés physiques, chimiques et médicinales des eaux minérales de Bagnères-de-Bigorre. Paris, 1827, in-8°.

1295. GARNETT (Thomas). Experiments and observations on the crescent water at Harrogate. Harrogate, 1791, in-8°.

1296. GENEST jeune. Analyse des eaux minérales de Ségray près de Pithiviers. Amsterdam-Paris, 1770, in-18.

1297. GERDY-VULFRANC (J.). Recherches et observations sur l'influence thérapeutique des eaux minérales d'Uriage (Isère). 2e mémoire. Paris, 1840, in-8°.

1298. GERDY-VULFRANC (J.). Études sur les eaux minérales d'Uriage (Isère) et sur l'influence physiologique des eaux en général, et les divers modes de leur emploi. Paris, 1849, in-8° (deux exemplaires).

1299. GIOANETTI. Analyse des eaux minérales de Saint-Vincent et de Courmayeur dans le duché d'Aoste, avec un appendice sur les eaux de la Saxe, de Pré-Saint-Didier et de Fontane-More. Turin, 1779, in-8°.

1300. GIOBERT (J.-A.). Des eaux sulfureuses et thermales de Vandier, avec des observations physiques, économiques et chimiques sur la vallée de Gesse, et des remarques sur l'analyse des eaux sulfureuses en général. Turin, 1793, in-8°.

1301. GOIN. Mémoire sur les eaux minérales de Saint-Alban, près Roanne. Roanne, 1834, in-8°.

1302. GOUTTARD. Traité des eaux minérales d'Abbecourt. Paris, 1718, in-12 (deux exemplaires).

1303. GRANDCLAUDE (P. A.). Des eaux ferrugino-gazeuses de Bussang. Remiremont, 1838, in-8°.

1304. GRANVILLE (A. B.). The spas of England, and principal sea-bathing places. London, 1841, 2 vol. in-8°.

1305. GRANVILLE (A. B.). The spas of Germany. 2e édition. London, 1837, grand in-8°.

1306. GROSJEAN. Nouvel essai sur les eaux minérales de Plombières. 2e édition. Nancy, 1802, in-8°.

1307. GUÉRIN et LE GIVRE. Lettres touchant les minéraux qui entrent dans les eaux de Sainte-Reine et des Forges. Paris, 1702, in-18.

1308. GUERIN (F. A.). Dissertatio chemico-medica de fontibus medicatis Alsatiæ. Argentorati, 1769, in-4°.

1309. GUINTHERIUS (J.). Commentarius de balneis et aquis medicatis in tres dialogos distinctus. Argentorati, 1565, in-12.

1310. HARGROVE. The history of the castle of Knaresborough, with Harrogate and its medicinal waters. The third edition. York, 1782, in-18.

1311. HEERS (H. DE). Spadacrene, hoc est fons Spadanus; cum indice. Lugd. Batav., 1645, in-18.

1312. HEERS (H. DE). Spadacrene, ou dissertation physique sur les eaux de Spa. La Haye, 1739, in-24.

1313. HERPIN (J. CH.). Études médicales et statistiques sur les principales sources d'eaux minérales de France, d'Angleterre et d'Allemagne, avec des tableaux synoptiques et comparatifs d'analyses chimiques des eaux. Paris, 1856, in-12.

1314. HEIM (F.). Wilbad, dans le royaume de Wurtemberg, ses eaux thermales; traduit par J. M. Gérard. Stuttgard, 1839, in-12.

1315. HENRY père et fils. Manuel d'analyse chimique des eaux minérales, médicinales et destinées à l'économie domestique. Paris, 1825, in-8°.

1316. HENRY (OSSIAN). Analyse chimique de l'eau minérale naturelle des sources d'Evaux (Creuse). Paris, 1843-1844, in-8°.

1317. HOFFMANN (FRÉD.). Dissertation sur les eaux et le sel de Sedlitz en Bohème; traduite du latin. Nancy, 1754, petit in-4°.

1318. HOLTZBERGER (G.-V.). Dissertatio inauguralis medica de aere, aquis et locis Argentinæ. Argentorati, 1758, in-4°. (Relié avec 1308.)

1319. HUNTER (ADAM). A treatise on the mineral waters of Harrogate and its vicinity. London, 1830, in-12.

1320. J*** (J. B.). Guide du voyageur aux bains de Bagnères, Baréges, Saint-Sauveur et Cauterets. Paris, 1819, in-12.

1321. J. B. L. Abrégé de l'histoire de Spa, ou mémoire historique et critique sur les eaux minérales de la province de Liége. Liége, 1818, in-18.

1322. JAMES (CONSTANTIN). Guide pratique aux eaux minérales de France, de Belgique, d'Allemagne, de Suisse, de Savoie, d'Italie, et aux bains de mer. 2e édition. Paris, 1853, in-8°..

1323. JAMES (C.). Guide pratique du médecin et malade aux eaux minérales de France et de l'étranger et aux bains de mer, suivi d'une étude sur l'hydrothérapie et d'un traité thérapeutique des maladies pour lesquelles on conseille les eaux. 4e édition, avec une carte itinéraire des eaux et de nombreuses vignettes gravées sur acier. Paris, 1858, in-12.

1324. JAMESON (TH.). A treatise on Cheltenham waters and biliary diseases. The third edition. Cheltenham, 1814, in-8°.

1325. JOHNSON (JAMES). Pilgrimages to the spas in pursuit of health and recreation; with an inquiry into the comparative merits of different mineral waters. London, 1841, in-8°.

1326. JOHNSON (JAMES). Excursions to the principal mineral waters of England in pursuit of health and information. London, 1843, in-8°.

1327. JUVET. Mémoire sur les eaux minérales. 1757, in-18.

1328. KIRSCHLEGER (Fréd.). Essai sur les eaux minérales des Vosges (Dissertation). Strasbourg, 1829, in-4°.

1329. KREYSIG (Fréd. L.). De l'usage des eaux minérales naturelles et artificielles de Carlsbad, Ems, Marienbad, Eger, Pyrmont et Spa. Leipzig-Paris, 1829, in-18.

1330. KUHN (J.). Description de Niederbronn et de ses eaux minérales, à l'usage des médecins et des malades qui les fréquentent. Paris-Strasbourg, 1835, in-8°.

1331. L***. Lettres écrites des Eaux-Bonnes à M. le marquis de V***. Paris, 1828, in-32.

1332. LACOUR (J. L.). Voyage pittoresque dans les Basses-Pyrénées, suivi d'une notice sur Cambo, ses eaux minérales et ses environs. Bayonne-Paris, 1834, in-8°.

1333. LACVIVIER et COUDERC. Grand établissement de Vernet-les-Bains, près Prades (Pyrénées-Orientales). Paris, 1841, in-8°.

1334. LAGRÉSIE (Cyp. B.). Observations sur la nature, l'usage, les effets des eaux thermales de Bagnères-Luchon, avec le tableau des maladies qui rendent les militaires admissibles à ce secours. Toulouse (sans date), in-18.

1335. LAROUVIÈRE (J.). Nouveau système des eaux minérales de Forges. Paris, 1699, in-18.

1336. LAVILLE DE LAPLAIGNE (A. E.). Mémoire sur les eaux minérales, douches et bains minéraux artificiels, et sur les bains et douches de vapeur. Lyon, 1824, in-8°.

1337. LEMAIRE (J.). Essai analytique sur les eaux de Bussang. Remiremont, 1750, in-18.

1338. LEMAIRE (J.). Essai sur la manière de prendre les eaux de Plombières. Remiremont, 1748, in-18.

1339. LE MOLT (F.). Notice sur Bourbonne et ses eaux thermales. Paris, 1830, in-8°.

1340. LESNE. Notice historique et statistique sur la ville d'Acqui et ses environs, ses eaux thermales et l'établissement militaire au-delà de la Bormida. Alexandrie, 1807, in-8°.

1341. LHÉRITIER. Eaux de Plombières. Clinique médicale. 1re année. Paris, 1853, in-8°.

1342. LHÉRITIER. Eaux de Plombières. Clinique médicale. 2e année. 1854, 1 vol. in-8°.

1343. LIMBOURG (J. Ph. de). Traité des eaux minérales de Spa. 2e édit. Liége, 1756, in-12 (deux exemplaires).

1344. LINAND (B.). Nouveau traité des eaux minérales de Forges. Paris, 1697, in-8° (deux exemplaires).

1345. LISTER (M.). De fontibus medicatis Angliæ. Eboraci, 1682, in-18.

1346. LONCHAMP. Analyse des eaux minérales et thermales de Vichy. Paris, 1825, in-12.

1347. LONCHAMP. Annuaire des eaux minérales de la France. Paris, 1832, in-12.

1348. LONGCHAMP. Analyse des eaux minérales et thermales de Vichy, faite par ordre du gouvernement. Paris, 1825, in-8°.

1349. LONGCHAMP. Analyse de l'eau minérale sulfureuse d'Enghien, faite par ordre du gouvernement. Paris, 1826, in-8°.

1350. LUCAS. Essai sur les eaux, traduit de l'anglais par de Vivignis. Spa, 1708, in-8°.

1351. M*** (Baron de). Une saison à Plombières. 2e édit. Plombières, 1830, in-32.

1352. MACKENSIE DOWNIE (Alexand.). The spas of Homburg considered with reference to their efficacy in the treatment of chronic diseases. The second edition. London, 1844, in-12.

1353. MAILLY (Nicolas de). Traité des eaux minérales de Chenay près de Reims en Champagne, avec la manière d'en user. Reims, 1697, in-18.

1354. MANDRUZZATO (Salvator). Dei bagni di Abano trattato. Padova, 1789, in-4°.

1355. MARCHANT (L.). De Bagnères de Bigorre et de ses eaux thermales. Bordeaux, 1839, in-8°.

1356. MARCHANT (L.). Recherches sur l'action thérapeutique des eaux minérales, avec une carte thermale des Pyrénées. Paris, 1832, in-8°.

1357. MARINO (G. Ant.). Delle acque termali di Vinadio, usate in bevanda, bagno, doccia, stufa, fango, muffe, ec. In Torino, 1774, in-8°.

1358. MARTEAU (P. A.). Dissertation sur les eaux nouvellement découvertes à Aumale en Normandie. Paris, 1759, in-18.

1359. MARTEAU (P. A.). Analyse des eaux de Forges. Paris, 1756, in-18.

1360. MARTINET (J. F.). Journal physico-médical des eaux de Plombières. Remiremont, 1799, in-8°.

1361. MARTINET (J. F.). Traité des maladies chroniques, et des moyens les plus efficaces de les guérir (Eaux de Plombières). Paris, 1803, in-8°.

1362. MATTHEY (André). Les bains de Saint-Gervais près du Mont-Blanc (en Savoie). Paris-Genève, 1818, in-8° (deux exemplaires).

1363. Mémoire sur les eaux minérales et les établissements thermaux des Pyrénées. Paris, 1794, in-8°.

1364. MÉRAT (F. V.). Manuel des eaux minérales du Mont-d'Or. Paris, 1838, in-32.

1365. MÉRAT (F. V.). Manuel des eaux minérales du Mont-d'Or. Paris, 1838, in-32 (deux exemplaires).

1366. MIGNIOT. Traité des eaux minérales de Saint-Amand. Valenciennes, 1699, in-18.

1367. MINEAU DE LA MISTRINGUE. Morali-philoso-physico-logie des buveurs d'eaux minérales aux nouvelles sources de Passy, en mai 1787. Paris, 1787, in-18.

1368. MOLIN. Notice sur Luxeuil et ses eaux minérales. Paris, 1833, in-8°.

1369. MONGIN-MONTROL. Précis pratique sur les eaux de Bourbonne-les-Bains. Langres, 1802, in-12.

1370. MONNET. Traité des eaux minérales, avec plusieurs mémoires de chimie relatifs à cet objet. Paris, 1768, in-12.

1371. MONTERO LIMON (D. Alfonso). Espejo cristalino de las aguas de Espana. En Alcala, 1697, in-4°.

1372. MOULLIN DE MARGUERY. Traité des eaux minérales nouvellement découvertes au village de Passy près Paris. Paris, 1723, in-18 (deux exemplaires).

1373. MUGELLANO (Antonio Cocchi). Dei bagni di Pisa trattato. In Firenze, 1750, in-4°.

1374. MURAT (J.-F.-V.). Traité sur la nature et les propriétés des eaux minérales de Cransac, manuel à l'usage des personnes qui fréquentent ces eaux. 2° édition. Rodez, 1834, in-12.

1375. NAUDOT. Notice sur les eaux minérales ferrugineuses acidules froides de Provins, précédée d'un essai sur la topographie médicale de Provins et de ses environs. Provins, 1841, in-12.

1376. NIHELL (de). Traité des eaux minérales de la ville de Rouen. Rouen, 1759, in-18.

1377. NIHELL (de). Traité des eaux minérales de la ville de Rouen. Rouen, 1759, in-32.

1378. Notice sur les eaux minérales et sur les eaux artificielles préparées dans l'établissement de MM. Planche, Boullay, Boudet, Gadet et Pelletier. Paris, 1832, in-8°.

1379. NOYER (Victor). Lettres topographiques et médicales sur Vichy, ses eaux minérales et leur action thérapeutique sur nos organes. Paris, 1833, in-8°.

1380. OPOIX (C.). Minéralogie de Provins et de ses environs, avec l'analyse de ses eaux minérales, leurs propriétés médicinales, la manière de les prendre, le régime que l'on doit suivre, et autres observations sur ces eaux. Paris, 1803, in-12.

1381. O'REILLY (J.). Tractatus de ortu ac indole, contentis viribus medicis ac debito usu aquarum mineralium Stecknicensium. Ponti, 1766, in-8°.

1382. PAGANINI (P.). Della maniera di fondare, dirigere e conservare un istituto balneo-sanitario, con osservazioni cliniche. Torino, 1822, in-8°.

1383. PASCAL (J.). Traité des eaux de Bourbon-l'Archambault, selon les principes de la nouvelle physique. Paris, 1699, in-18 (deux exemplaires).

1384. PATEZON (J.). Vittel (Vosges); ses eaux minérales. Paris, 1859, in-12.

1385. PATISSIER (Ph.) et BOUTRON-CHARLARD (A. F.). Manuel des eaux minérales naturelles; avec une carte des eaux minérales. 2ᵉ édition. Paris, 1837, in-8°.

1386. PATISSIER (Ph.). Rapport sur les eaux minérales naturelles, fait au nom de la commission des eaux minérales pour les années 1838-1839. Paris, 1841, in-8°.

1387. PATISSIER (Ph.). Nouvelles recherches sur l'action thérapeutique des eaux minérales et sur leur mode d'application dans les maladies chroniques. Paris, 1839, in-8°.

1988. PATISSIER. Rapport sur l'emploi des eaux minérales de Vichy dans le traitement de la goutte, suivi d'une réponse à quelques allégations contre la dissolution des calculs par Ch. Petit. Paris, 1840, in-8°.

1389. PATISSIER. Rapport sur le service médical des établissements thermaux pour les années 1849 et 1850 au nom de la commission des eaux minérales. Paris, 1852, in-4°.

1390. PAYEN (F.-J.). Quæstiones medicæ circa acidulas Bussanas. Vesontione, 1738, in-18.

1391. PEEZ (A. H.). Traité sur les eaux thermales de Wiesbade et sur leur efficacité dans les maladies de l'organisme, démontrée par des observations pratiques ; traduit de l'allemand sur la 2ᵉ édition, par Graffenauer. Wiesbade, 1826, in-8°.

1392. PERROCHET. Essai sur la thérapeutique des eaux minérales d'Enghien et sur la topographie physico-médicale de la vallée de Montmorency. Paris, 1839, in-8°.

1393. PETIT (Charles). Du mode d'action des eaux minérales de Vichy et de leurs applications thérapeutiques, particulièrement dans les affections chroniques des organes abdominaux, la gravelle et les calculs urinaires, la goutte et le diabète sucré. Paris, 1850, in-8°.

1394. PETIT (Charles). Nouvelles observations de guérisons de calculs urinaires au moyen des eaux thermales de Vichy, suivies d'autres observations sur l'efficacité de ces mêmes eaux employées contre la goutte. Paris, 1837, in-8°.

1395. PIRAULT DES CHAUMES. Voyage à Plombières en 1822. Paris, 1823, in-32.

1396. PRAT (P. L.). Mémoire sur les eaux minérales de Bourbonne, et projet d'établissement pour ces mêmes eaux ; suivi d'une analyse pratique des eaux minérales en général, et en particulier de celles de Bourbonne, par P. C. Duchanoy. Paris, 1827, in-8°.

1397. Précis d'observations sur les eaux de Baréges et les autres eaux minérales du Bigorre et du Béarn. 2ᵉ édition. Paris, 1769, in-18 (deux exemplaires).

1398. Précis d'observations sur les eaux de Baréges et les autres eaux minérales du Bigorre et du Béarn. Paris, 1769, in-12.

1339. Rapport fait par MM. les commissaires nommés par la Faculté de médecine pour l'examen des eaux d'Enghien au-dessous de l'étang de Saint-Gratien. Paris, 1785, in-18.

1400. RATTI (P. J.) et FERRARIO (Ottavio). Le regie terme Acquesi, con una nuova analisi delle aque e dei fanghi. Milano, 1841, in-8°.

1401. RAULIN. Traité des eaux minérales de Verdusan. Paris, 1772, in-12.

1402. RAULIN. Traité analytique des eaux minérales en général, de leurs propriétés, et de leur usage dans les maladies. Paris, 1772, in-12.

1403. RAULIN. Parallèle des eaux minérales d'Allemagne. Paris, 1777, in-18.

1404. RAULIN. Observations sur l'usage des eaux minérales de Pougues. Paris, 1769, in-18.

1405. RAULIN. Traité des eaux minérales de Verdusan. Paris, 1772, in-18.

1406. RAULIN. Exposition succincte des principes et des propriétés des eaux minérales qu'on distribue au bureau général de Paris. Paris, 1775, in-12.

1407. REGNAULT (E.). Précis descriptif et pratique sur les eaux minéro-thermales et les eaux minérales de Bourbon-l'Archambault (Allier). Moulin-Paris, 1842, in-8°.

1408. REGNAULT (E.). Précis descriptif et pratique sur les eaux minéro-thermales et les eaux minérales de Bourbon-l'Archambault (Allier). Moulins-Paris, 1842, in-8°.

1409. REINER. Considérations générales sur les établissements des bains de Niederbronn (Bas-Rhin). Strasbourg, 1826, in-8°.

1410. RÉVEILLÉ-PARISE (J. H.). Une saison aux eaux minérales d'Enghien. Considérations hygiéniques et médicales sur cet établissement. Paris, 1842, in-12.

1411. RIGOLLOT DELAVAQUERIE (P. A.). Allevard, son établissement thermal et ses environs. Guide du visiteur au pays d'Allevard et du malade aux thermes de cette contrée. Allevard, 1843, in-12.

1412. ROBERT (L. J. M.). Essai historique et médical sur les eaux thermales d'Aix connues sous le nom d'eaux de Sextius. Aix, 1812, in-8°.

1413. ROCHAS (H.). Traité des observations nouvelles et vraies connaissances des eaux thermales. Paris, 1634, in-18.

1414. ROUBAUD (F.). Pougues, ses eaux minérales, ses environs. 2e édition illustrée. Paris, 1861, in-12.

1415. ROUVEROY. Petit traité sur les eaux chaudes et froides minérales de Plombières. 4e édition. Épinal, 1737, in-32.

1416. RUTTY (John). A methodical synopsis of mineral waters. London, 1757, in-4°.

1417. SAISSET (A. L. H.). Mémoire sur les bains de La Malou. Montpellier, 1811, in-8°.

1418. SALAIGNAG. Eaux minérales de Bagnères. Analyses des sources de Salut et d'Artiguelongue. Paris, 1753, in-18.

1419. SALAIGNAC (X.). Eaux minérales de Bagnères; analyse de l'eau minérale de Salut. Sarlat (sans date), in-18.

1420. SANTI GIORGIO. Analisi chimica delle acque dei bagni Pisani e dell' acqua acidula di Asciano. Pisa, 1789, in-8°.

1421. SARABEYROUZE (P.). Observations sur la nature et les effets des eaux minérales de Bagnères-Adour (Hautes-Pyrénées). Bagnères-Toulouse, 1818, in-8°.

1422. SAVY. Nouvelles considérations sur les propriétés des eaux minérales d'Avène (Hérault), avec une nouvelle analyse de ses eaux, par Bérard. Montpellier, 1834, in-8°.

1423. SCUDAMORE (Ch.). A chemical and medical report of the properties of the mineral waters. London, 1820, in-8°.

1424. SHAW. Méthode générale d'analyses, ou recherches physiques sur les moyens de connaître toutes les eaux minérales; traduit de l'anglais par Costel. Paris, 1767, in-12.

1425. SMITH (J.). Observations générales sur les eaux de Cheltenham, traduites de l'Anglais par Le Breton. Paris, 1789, in-8°.

1426. SOCQUET (J. M.). Analyse des eaux thermales d'Aix (en Savoie). Chambéry, 1803, in-8°.

1427. SOCQUET (J. M.). Essai analytique médical et topographique sur les eaux minérales gazeuses-acidules et thermo-sulfureuses de La Perrière près Moutiers, en Savoie. Paris, 1824, in-8°.

1428. SOUBEIRAN (E.). Notice sur la fabrication des eaux minérales artificielles. 3ᵉ édition. Paris, 1843, in-12.

1429. SPRINGSFELD (G. C.). Iter medicum ad thermas Aquisgranenses et fontes Spadanos. Lipsiæ, 1748, in-8°.

1430. STÆBERG (Victor). Notice sur les eaux minérales de Hombourg (près Francfort-sur-Mein), avec l'analyse chimique par Liebig. 2ᵉ édition. Paris, 1844, in-18.

1431. STRAMBIO (Giovanni). Intorno alle mediche proprieta delle acque madri del solfato di chinina. Milano, 1830, in-8°.

1432. TARGIONI-TOZZETTI (Ant.). Dei nuovi bagni minerali di S. Maria delle nevi a Rapolano; analisi-chimica delle loro acque acidula e sulfurea, eseguita nel 1839. Firenze, 1840, in-8°.

1433. THICKNESSE (Philip.). The valetudinarian baths guide. The second edition. London, 1780, in-8°.

1434. THIRIAT (J. B.). Essai sur les eaux de Bains. Paris, 1808, in-8°.

1435. THIRIAUX (J. B. J.). Essai sur la topographie physique et médicale de Saint-Antoine de Guagno (Corse), et sur l'analyse de ses eaux thermales sulfureuses. Strasbourg, 1829, in-4°.

1436. THOUVENEL. Mémoire chimique et médical sur les principes et les vertus des eaux minérales de Contrexeville en Lorraine. Nancy-Paris, 1774, in-12.

1437. Travaux divers sur les eaux minérales, formant 3 forts vol. in-12.

1438. TURK (Léopold). Du mode d'action des eaux minéro-thermales de

Plombières, d'après les doctrines électro-chimiques appliquées à la médecine. 3e édition. Paris, 1837, in-8º.

1439. TURCK (Léopold). Du mode d'action des eaux minéro-thermales de Plombières. 2e édition. Plombières, 1834, in-8º.

1440. VANDELLII DOMINICI. Tractatus de thermis Agri Patavini. Accessit bibliotheca hydrographica, et apologia contra Alb. Hallerum. Patavii, 1761, in-4º.

1441. VINCENTI (Ed.). Essai sur les bains généraux d'eau simple. Strasbourg, 1829, in-4º (thèse).

§ 4.

Eaux minérales et thermales (suite) [106].

1442. ADALBERT DANZER. Marienbads heil-quellen (naturhistorisch und therapeutisch dargestellt). Erster theil. Leipzig, 1844, in-8º.

1443. AMBROZI (W. C.). Physich-chemische untersuchung der warmen mineralenquellen zu und bei Teplitz. Leipzig, 1797, in-8º.

1444. AMMON (Von). Brunnendiatetik. Anweisungen zum Gebrauche der Gesundbrunnen und Mineralbader Deutschlands. 4e édition. Leipzig, 1841; in-18.

1445. BAHR. Die Heilquellen Deutschlands und der Schweiz, ubersichtlich und topographisch nach den neuesten Bearbeitungen, namentlich Osann's, mit Rucksicht auf die hauptsachlichsten Temperatur-Verhaltnisse dargestellt. Berlin, 1844, in-12.

1446. BARBENIUS (Joseph). Chemische Untersuchung einiger merkwurdigen Gesund und Sauerbrunnen, des Szekler Stuhls Haromszek in Siebenbürgen. Hermannstadt, 1792, in-12.

1447. BOCKMANN (Carl Wilhelm). Physikalische Beschreibung der Gesundbrunnen und Bader Griesbach, Petersthal und Antogast im Kinzigkreis des Herzogsthums Baden. Carlsruhe, 1810, in-8º.

1448. Briefe uber das Kadeberger Bad enthaltend : die Beschreibung der Gebaüde, des Bades Entsthehung, Bestandtheile, Krafte, Wirkung, Gebrauch Oconomie, Promenaden, Vergnügungen und Environs. Avec une gravure. Dresde, 1790, in-12.

1449. BUCHOLZ (Christ Hiedrich). Chemische analyse der Schwelfelquelle des Günthersbades bei Sondershausen nebst Beschreibung desselben in topographischer, okonomischer und medicinischer Hinsicht. Sondershausen, 1816, in-12.

1450. BURKNER. Der Waldenburger Kreis und seine Heilquellen : Altwasser, Charlottenbrunn und Salzbrunn, dargestellt von Bürkner. Breslau, 1840, in-8.

1451. BURTNER. Schlesiens wasser heil-Anstalten und Priessnitzens heilmethode. Breslau, 1841, in-12.

1452. DAMM und WITTERBACHER (Bernard). Untersuchung des Gisshübler-Sauerbrunns sonst sogenannten Buschsauerlings in Bohmen. Vienne, 1798, in-12.

1453. DANZER (Adalbert). Marienbads Heil-Quellen. Leipzig, 1844, in-8°.

1454. DANZER (Adalbert). Geschichte von Marienbad. Leipzig, 1742, in-8°.

1455. DARACH (Adam). Die brom und iodhaltigen alkalinischen heilquellen und das Eisein und hohlenwasserstoffgas-wasser, zu Iwonicz im konigreiche Galizien. Lemberg, 1842, in-12.

1456. DELIUS (Heinchich-Friedrich). Untersuchungen und Nachrichten von den Gesunbrunnen und Badern zù Kissingen und Voklet im Fürstenthum Wurzbourg. Erlang, 1770, in-12.

1457. Die Gesundbrunnen zu Cudowa und Keinerz. Breslau, Hirschberg und Lissa in Südpreuss. 1799, in-8°.

1458. Die vorzüglischten Heilquellen in Europa. Berlin, 1842, in-8°.

1459. BORING (A. J. G.). Ems mit seinen naturlich-Warmen heilquellen und umgebungen. Ems, 1844, in-8.

1460. FISCHER (N. W.). Chemische Untersuchung der Heilquellen zu Salsbrunn in Schlesien. Angestell in den jahren, 1814 und 1815. Breslau, 1821, in-8°.

1461. FLECKLES. Die Gesundbrunnen und Mineralbader. Allgemeine und besondere Vorschriften beim Gebrauche derselben für das weibliche Geschlecht. Leipzig, 1841, in-8°.

1462. FRANGUE (J. B. von). Die Thermalquellen zu Ems. Ein Beitrag zür naheren Kenntniss ihrer Heilkrafte. Wiesbaden, 1842. 2e édition augmentée, in-8°.

1463. FRANZ SIMON. Die heilquellen Europa's, mit vorzüglicher Berücksichtigung nach ihrer physikalischen und medizinischen Verhalten dargestellt von F. Simon. Berlin, 1859, gr. in-8°.

1464. FRENZEL (Daniel Gottfried). Die natur und Würkung des Mineralischen Wassers zu Lauchstadt durch Versuche und Erfahrungen besteitiget und beschriebet. Halle, 1768, in-8°.

1465. FRITZCHE (J. C.). Das Augustusbad bei Kadeberg und dessen Umgebungen, in romantischen Briefen an G. Dresde, 1815, in-12.

1466. GEHBARD (Johann Christoph). Uber die Gas und Schlammbader bei den Schwefelquellen zu Eilsen. Berlin und Stettin, 1811, in-12.

1467. GERHARDO (Johann Gregoria). Kurze jedoch grundliche Nachricht von dem zu Kofen ad der Saale entdecten mineralischen Gesundbrunnen. Naumbourg, 1726, in-12.

1468. GORITZ (Johann Adam). Vermehrte Narichten von den bohmischen Bitter-Wasser, darinnen von dessen Ursprung, rerhten Gebrauch, purgierenden Krafft und nutzbaren Würckung in verschiedenen Kranckheitein gehandelt woid. 4e édition d'après la 3e de Hegenspurger. Leipzig, 1730, in-12.

1469. GRAEFE (CARL FERD.). Die Gasquellen Süd-Italiens und Deutschlands. Berlin, 1842, in-8°.

1470. GRÈVE (CARL GASPAR). Beschreibuug des gesund-brunnens zu Weilbach im herzogthum Nassau. Wiesbaden, 1810, in-8°.

1471. GRIENWALD (R.). Pierawart und seine mineral-quellen in Desterreich unter der Enns. Wien, 1844, in-8°.

1472. HLAWACZEK (E.). Geschichte von Karlsbad in medicinischer, topographischer und geselliger Beziehung. Prag, 1839, in-8°.

1473. HLAWACZEK (E.). Karlsbad. Prag, 1842, in-18.

1474. HECHT (Jos. AUG.). Kurze Darstellung der analysen, Wirkungen und anwendung. Mineralquellen zu Kaiser-Franzensbad bei Eger, geschopft aus den Werken der berühmtesten Arzte. Eger, 1824, in-8°.

1475. HEIDLER (CH. J.). Marienbad et ses différents moyens curatifs dans les maladies chroniques. 2° édition. Prague, 1841, in-8°, avec six planches.

1476. HERNER (J.). Das Wildbad im Konigreich Wurttemberg. Tubingen, 1839, in-12.

1477. HESSEN (JOHANN CHRISTIAN). Das wiederlebende Bebra in dem allda wieder hergestellten herlichen martialischen Gesundbrunnen, nebst kurzen doch hinlanglichen Bericht und Anweizungwie solcher sowohl innerlich als auserlich mit grossen Nutzen zu gebrauchen. 1766, in-12.

1478. HEYFELDER. Die Heilquellen des Grossherzogthums Baden, des Elsass und des Wasgau. Mit den ansichten von Ripoldsau und Petershal. Stuttgart, 1841, in-8°.

1479. HILLE (KARL CHRISTIAN). Die Heilquellen in allgemein wissenschaftlicher Beziehung und deren Zweckmassige Benutzung. Leipzig, 1837, in-12.

1480. HOFFMANN (CARL AUGUST). Taschenbuch für Aerzte, physiker und Brunnenfreunde zur bequemen Ubersicht der resultate aller in neuen Zeiten geschehenen genauern Untersuchungen, der gesundbrunnen und Bader Deutschlands, und der zunachst damit verbundnen staaten. Zweite umgearbeitete und vermehrte Auflage. Weimar, 1798, in-12.

1481. HORSTIO (JOHANNE DANIELE). Kurzer Bericht von Niederselterischen Sauer-Brunnen, aus 44 jahriger Erfahrung aufgesetzet von d. Johanne Daniele Horstio. 3° édition. Francfort, 1725, in-12.

1482. JUSTUS RADIUS. Bemerkungen uber Salzbrunn und Altwasser, nebst einem Anhange uber Charlottenbrunn. Leipzig, 1830, in-12.

1483. KAISER (J. A.). Die heilquelle Pfafers und hof Ragaz sammt Umgebungen historich-topographisch, physikalisch und medicinisch. Saint-Gallen, 1843, in-8°.

1484. KIENE (Jos.). Die Warmen quellen zu Gastein. Salzburg, 1844, in-8°.

1485. KOCH ANDREAS (JOHANN ERNST). Erfahrungen uber die Würkungs-

krafte des Gesundbrunnens und des Bades zu Lauchstadt in altern und
neuern Zeiten. Halle, 1802, in-8°.

1486. KOCH ANDREAS (Johann Ernst). Der Gesundbrunnen und das Bad
zu Lamhstadt; historisch physikalisch, chemisch und medicinisch
beschrieben. Leipzig, 1790, in-12.

1487. KOCH (E. J.). Die mineralquellen des gesammten osteirreichischen
Kaiserstaates in topographischer, historischer, physikalisch-chemischer
und therapeutischer Beziehung. Wien, 1845, in-8°.

1488. KOCH (E. J.). Abhandlung über mineralquellen in allgemein wissenschaftlicher Beziehung und Beschreibung aller in der Oesterreichis-
chen monarchie bekannten Bader und Gesundbrunnen in topographischer, historischer, physikalisch-chemischer und medicinischer beziehung. Wien, 1843, in-8°.

1489. KOLREUTER (W. L.). Die Mineralquellen im Grossherzogthum
Baden, deren Heilkrafte und Heilanstalten, in einer Sammlung medi-
zinich-theoretischer und praktischer Abhandlungen zur forderung für
Wissenschaft und Kunst in diezem theile der Leilkunde und zum Leit-
faden und Nutzen für Kranke, die an diesen quellen hülfe suchen.
Carlsruhe und Baden, 1820, in-8°.

1490. KORTUM (Carl Georg Theodor). Vollstandige physikalisch-medicinische Abhandlung uber die warmen Mineralquellen und Baden in
Aachen und Burdscheid. Dortmund, 1798, in-8°.

1491. KRAMER (Carl Ph.). Die Molken-und Bad-Anstalt-Kreuth in ihrer
medicinischen Bedeutung, mit besonderer Berücksichtigung der Wirkung der molken und des Alpen-Klima's in den chronischen Brust und
Halsleiden. Munchen, 1841, in-8°.

1492. KRETSCHMAR (F.). Tabellarische Uebersicht der Mineralwasser
Deutschlands nach ihren wirksamsten Bestandtheilen klassifizirt. Des-
sau, 1817, in-12.

1493. KUNTZEN (Jos. Georg). Grundliche Untersuchung des von 74.
Jahren her im Hertzogthum Braunschweig bei Oelber am weissen Wege
auf dem Alt-Felde belegenen so genannten Oelberschen Gesund-Brunnens und Bades, und so weiter. Hanovre, 1728, in-12.

1494. KUTTENBRUGG. Die thermal Bader zu Teplitz und Schonau vom
therapeutischen Standpunkte aus dargestellt. Prag, 1844, in-12.

1495. LUCKA (S. B.). Der Kreuzbrunnen und seine Heilwirkungen. Prag,
1844, in-8°.

1496. MATTHAEO (Cast). Thermae Teplicenses, das ist, enîe Kurze Beschreibung der Toplitzer neuen Bader, Ursprung, Gelengenheit und
deren vielfaltigen Tugenden, auch heilsamen und dienlichen Gebrauche. Dresde, 1701, in-12.

1497. MELCHIOREM SEBIZIUM. Beschreibung und widerlegung etlicher
Misbrauche und Ihrrthum, so bis anhero in dem Gebrauch der Saur-
brunnen, und andern warmen und kalten Badern bei uns fürgangen
Strasbourg, 1655, in-12.

1498. MINNICH (J. A.). Baden in der Schweiz und seine Warmen heil-quellen in medizinischer, naturhistorischer und geschichtlicher hin-sicht. Baden, 1844, in-8°.

1499. MORELL (C. F.). Chemische Untersuchung einiger der bekanntern und besuchtern Gesundbrunnen und Bader der Schweiz, insbesonders des Cantons Bern. Bern, 1788, in-12.

1500. MOSCH (Carl Friedrich). Die Bader und heilbrunnen Deuts-chlands und der Schweiz. Ein Taschenbuch für Brunnen-und Bade-Reisende. Leipzig, 1819, 2 vol. in-8°.

1501. MOSCH (Carl Friedrich). Même ouvrage. Leipzig, 1819.

1502. MULLER (F. R.). Die heiquellen des Konig Ottobades bei Wiesau. Regensburg, 1843, in-12.

1503. MURER (J. R.). Beschreibung des Habspurgerbads. 1787, in-12.

1504. NEHR (Johan Joseph). Beschreibung der mineralischen. Quellen zü Marienbad auf der Stiftsherrschaft Tepl nahe bei dem Dorfe Auscho-witz. 2ᵉ édition. Karlsbad, 1817, in-12.

1505. NEUHOF (T. B.). Kurzegefaste Beschreibung und Anweisung zum Gebrauche des Wiesenbades. Annaberg, 1808, in-12.

1506. NEUMANN (Karl Georg). Deutschlands heilquellen mit beson-derer Rücksicht auf die Wahl derselben für specielle Krankheitsfalle. Erlangen, 1845, in-8°.

1507. OSANN (Ludwig) und TROMMSDORFF (B.). Die Mineralquellen zu Kaiser-Franzensbad bei Eger. Historisch-medicinisch dargestellt von dʳ Osann und physikalisch-chemisch untersucht von dʳ Trommsdorff, Berlin, 1822, in-8°.

1508. OSANN (E.). Physikalisch-medicinische Darstellung der bekannten heilquellen der vorzüglichsten Lander Europa's. Berlin, 1843, 2 vol. in-8°.

1509. OSANN (E.). Physikalisch-medicinische Darstellung der bekannten heilquellen der vorzüglichsten Lander Europa's. Berlin, 1829-1841, 3 vol. in-8°.

1510. PAULI (Friedz Wilh.). Hombourg vor der Hohe und seine Heil-quellen. Francfort-sur-le-Mein, 1842, in-8°.

1511. PFAFF (C. H.). Das Kieler Seebad dargestellt und verglichen mit andern Seebadern an der Ostsee und Nordsee nebst einer bei Eroffnung desselben gehaltenen Rede. Kiel, 1822, in-8°.

1512. PFAFF (C. H.). Uber die Mineralquellen bei Bramstedt und uber einige andere Mineralquellen im Holsteinischen nebst einigen bemer-kungen uber Mineralquellen in Allgemeinen. Altona, 1810, in-8°.

1513. PREISS (F. J.). Der Sauerbrunn und die Schlackenbader in Karls-brunn oder Hinnewieder, bei Freudenthal im Oster. Antheile von Schlesien. Breslau, 1807, in-18.

1514. PREISS (B.). Die Krankheiten des Athmüngs-Apparates, welche für die alkalisch-salinischen Schwefel-Thermen zü Warmbrünn geeignet sind, nebst Beobachtungen, als Beitrage zür Pathologie und Balneotherapie, daselbst gesammelt wahrend der Brünnenzeit des jahres 1841, Breslau, 1842, in-8°.

1515. RETTENBACH. Ischl und seine Heilanstalten. Wien, 1842, in-12.

1516. REUSS (Franz Ambros). Das Saidschitrer Bitter-Wasser, physikalisch, chemisch, und medizinisch beschrieben. Prag, 1791, in-8°.

1517. REUSS (Franz Ambros). Naturgeschichte der Biliner Sauerbrunnen in Bohmen. Prag, 1794, in-8°.

1518. REUSS (Ambros). Anleitung zum Gebranche des Egerbrunnens, oder Franzensbades. Prague et Leipzig, 1794, in-12.

1519. REUSS (F. A.). Chemisch-medizinische Beschreibung der Kaiser Franzensbades oder des Egerbrunnens. 2e édition. Eger, 1816, in-8°.

1520. SCHMELKES (G.). Teplitz und seine mineralquellen mit besonderer Rucksicht auf ihren Werth als Heilmittel. Dresden und Leipzig, 1841, in-8°.

1521. SCHNEEGANS (E.). Kreuznach. Erinnerungen eines Kurgastes an die Mineralquellen und Bader Kreuznach's dessen Denk und Merckwürdikgeiten, Lustorte, schonste partien und Flora; nebst Localnotizen für Kurfremde. Wiesbaden, 1844, in-12.

1522. SCHREBERS (Daniel Gottfried), SCHWARZENS (Joann Gottlob). Reise nach Carlsbad. nebst. Untersüchüng der Frage : ob, und was für Vortheil in der natur ein Erdbeben verschaffen konne? Leipzig, 1771, in-12.

1523. SCHROTER (Hofrath in Rinteln). Beschreibung der Asphaltischen Kalten Schwefelquellen zu Neudorf, in der Graffschaft Chaumburg. Leipzig, 1790, in-8°.

1524. SCHROTER (Ludwig - Philipp). Neudorfs alphabetische Schwefelquellen in Graffschaft Schaumbourg ; historisch, phisikalisch, chemisch und medecinisch beschrieben. Rinteln, 1792, in-8°.

1525. SEIDLER (Carl). Kurze Beschreibung des Trentschines warmen und Gesundbades auf der Graflich Illeshazischen Herrschaft zu Tepliz im Konigreich Ungarn. Vienne, 1797, in-12.

1526. SELLE. Von Charlottenbrunn nebst einer chemischen Prüfung des dasigen mineralischen Wassers und Schreiben über dessen medicinischen werth. Berlin, 1790, in-12.

1527. SPORL (G. Heinrich). Nahere Beschreibung des Bades und der Mineral und Heilquelle zu Steben in des Konigreichs Baïern Obern Mainkreise und der vormaligen Provinz Beireuth. Steben, 1822, in-12.

1528. SPRINGSFELDS (Gottlob Carl). Abhandlung vom Carlsbade, nebst einem Versuch einer Carlsbader Frankengeschichte. Leipzig, 1749, in-8°.

1529. STERNFELD (Bitter von Korh). Das Gasteiner Thal mit seinen warmen Heilquellen in salzburgischen Gebirge. Salzbourg, 1810, in-12.

1530. STIERLING. Annalen des Seebades bei Travemunde im Sommer 1815. Lübeck, 1816, in-12.

1531. STURMER (Theod.). Die Mineralquellen in der Natur in Dr Struve's

Anstalten das gewohnliche Trinkwasser und mehrere Arzneistoffe. Leipzig, 1839, in-8°.

1532. SUERSEN (J. F.). Die Mineralquellen bei Bramsted im Holsteinischen. Hambourg, 1810, in-8°.

1533. Systematische Beschreibung aller Gesund-brunnen und Bader der bekannten Lander vorzuglich Deutsch-lands, so wohl nach ihrer phisisch chemischen Beschaffenheit als auch ihrem medicinischem Gebrauch. Iena et Leipzig, 1798, 2 vol. in-12.

1534. VETTER (A.). Handbuch der allgemeinen heilquellenlehre. Berlin, 1845, 2 vol. in-8°.

1535. VETTER (A.). Annalen der Struveschen Brunnenanstalten herausgeben. Berlin, 1841, 1842, 1843, 3 vol. in-18.

1536. VETTER (Aug.). Theoretisch-praktisches Handbuch der Heilquellenlehre. Berlin, 1838, 2 vol. in-8°.

1537. VOGEL (Sam. G.). Handburh zur richtigen Kenntiss und Benützung der Seebadenanstalt zu Doberan. Stendal, 1819, in-8°.

1538. WEIKARD (M. A.). Neuere Nachricht von dem bei Bruckenan im Fuldischen gelegenen Gesundbrunnen mitgetheilet durch M. A. Weikard. Fulda, 1767, in-12.

1539. WELZEL (C. J.). Die Molken, Brunnen-und Bade-Kur-Anstalt bei Reinnerz in der Preussisch-schlesischen Grafschaft Glatz. Breslau, 1841, in-8°.

1540. WENDT (Joh.). Die eisenhaltigen quellen zu Altewasser in Schlesien. Breslau, 1841, in-8°.

1541. WERBER (W. J. A.). Die Heilquellen und Molkenkur-Anstalt zu Rippoldsau im Grossherzogthüm Baden. Freibourg, 1842, in-8°.

1542. WETZLER (J.). Rissingen seine heilquellen und anstalten mit besonderer Rücksicht auf die Kurgaste. Wurzburg, 1845, in-12.

1543. WIESBADEN (Ferdinand). Kreuznach und seine Heilquellen. Mainz, 1843, in-8°.

1544. WIESBADEN (Ferdinand). Kreuznach et ses sources minérales, traduit de l'allemand par H. Herk. Francfort-sur-Mein, 1844, in-8°.

1545. WOLFFEN (Christian Siegmund). Aureus fons. Augusti Radebergensis, das ist : Gründliche Untersuchung und wahrhafte Entdeckung des in dem, bei der Stadt Radeberg entspringenden Angustus-Brunnens befindlichen, und demselben die heilsame und gesundmachende Krafft mittheilenden Voldes. Dresde, 1730, in-12.

1546. WURZER (Ferdinand). Das neueste über die Schwefelquellen zu Neudorf, in der Kurhessischen Graffschaft Schaumbourg. Leipzig, 1824, in-12.

1547. ZIMMERMANN (Matthaeo). Unda Jordanis fabariana Pfefferesserische Jordan, oder Piscina probatica fabariana. Eigentlichher Entwürf des heilreichen Weltberühmten Pfeffers Bads, in der Obern Schweitz, Wirckung und Gebrauchs durch flessige Pratic und unverdrossene Arbeit. Baden, 1689, in-18.

C. — MATIÈRE MÉDICALE. — HISTOIRE NATURELLE DES MÉDICAMENTS [26].

1548. ALIBERT (J. L.). Nouveaux éléments de thérapeutique et de matière médicale, suivis d'un nouvel essai sur l'art de formuler. Paris, 1804, 2 vol. in-8°.

1549. AMATUS LUSITANUS. In Dioscoridis Anazarbei de medica materia libros quinque enarrationes eruditissimæ doctoris Amati Lusitani. Cum triplici indice. Argentorati, 1554, in-4°.

1550. BARBIER (J. B. G.). Traité élémentaire de matière médicale. 4ᵉ édition. Paris, 1837, 3 vol. in-8°.

1551. BOINET (A. A.). Iodothérapie, ou de l'emploi médico-chirurgical de l'iode et de ses composés, et particulièrement des injections iodées. Paris, 1855, gros in-8°.

1552. BRIQUET (P.). Traité thérapeutique du quinquina et de ses préparations. Paris, 1853, in-8°.

1553. CAFFIN (J. F.). Éléments de matière médicale et de thérapeutique, précédés de notions physiologiques et pathologiques destinées à mettre au jour les lois générales de l'économie humaine en état de santé et de maladie, et à asseoir sur elles la thérapeutique. Paris, 1840, in-8°.

1554. CANDOLLE (Aug. Pyr. de). Essai sur les propriétés médicales des plantes, comparées avec leurs formes extérieures et leur classification naturelle. 2ᵉ édition. Paris, 1816, in-8°.

1555. CULLEN. Traité de matière médicale, traduit de l'anglais sur la seule édition donnée par l'auteur à Édimbourg, en 1789, par Bosquillon. Paris, 1790, 2 vol. in-8°.

1556. DESBOIS DE ROCHEFORT. Cours élémentaire de matière médicale, suivi d'un précis de l'art de formuler. Nouvelle édition, avec augmentations, corrections et les changements qu'exige l'état actuel des sciences physiques et médicales, par A. L. M. Lullier-Winslow. Paris, 1817, 2 vol. in-8°.

1557. GIACOMINI (G. A.). Traité philosophique et expérimental de matière médicale et de thérapeutique, traduit de l'italien par MM. Mojon et Rognetta. Paris, 1839, 1 vol. in-8°, faisant partie de l'encyclopédie des sciences médicales.

1558. HANIN (L.). Cours de matière médicale. Paris, 1819, 2 vol. in-8°.

1559. JUSSIEU (A. de). Cours élémentaire d'histoire naturelle. 5ᵉ édition, ouvrage accompagné de 812 figures. Paris, 1852, in-12.

1560. LACUNA (André). Annotationes in Dioscoridem Anazarbeum, per Andream Lacunam Segobiensem, medicum, juxta vetustissimorum codicum fidem elaboratæ. Lugduni, 1554, in-24.

1561. LUGOL (J. G. A.). Mémoire sur l'emploi de l'iode dans les maladies scrofuleuses, précédé du rapport fait à l'Académie par MM. Serres, Magendie et Duméril. Paris, 1829, in-8°.

1562. MATTIOLE (P. A.). Commentaires sur les six livres de Dioscoride,

mis en français sur la dernière édition latine de l'auteur, par Jean Desmoulins. Lyon, 1579, in-f° avec figures.

1563. MYREPSUS (Nicolas). Medicamentorum opus, in sectiones quadraginta octo digestum, a Leonharto Fuschio e græco in latinum conver-
sum ; cum indice. Basileæ, 1549, 1 vol. in-f°.

1564. PEYRILHE (B.). Tableau méthodique d'un cours d'histoire naturelle
médicale. Paris, 1804, 2 vol. in-8°.

1565. PHILIPPE (R.). Recueil des documents officiels et historiques relatifs à la fleur de kousso. Paris, 1851, in-8°.

1566. RICHARD (A.). Éléments d'histoire naturelle médicale, contenant :
des notions générales sur l'histoire naturelle, la description, l'histoire
et les propriétés de tous les aliments, médicaments ou poisons tirés
des trois règnes de la nature; avec un atlas représentant les formes
cristallines des minéraux, les espèces de sangsues officinales, les divers
insectes vésicants et les vers intestinaux de l'homme. 3e édition. Paris,
1838, 3 vol. in-8°.

1567. SCHWILGUÉ (C. J. A.). Traité de matière médicale. 2e édition.
Paris, 1809, 2 vol. in-8°.

1568. SNOW (John). On cloroform and other anæsthetics : their action
and administration. London, 1858, in-8°.

1569. TÉALLIER (P. J. S.). Du tartre stibié et de son emploi dans les maladies. Paris, 1832, in-8°.

1570. TOURTELLE (E.). Éléments de matière médicale. Ouvrage posthume. Paris, 1802, in-8°.

1571. VÉSALE (André). Paraphrasis in nonum librum Rhazæ medici
arabis, de affectuum singularum corporis partium curatione, Andrea
Vesalio Bruxellensi auctore. Lugduni, 1551, in-24 (relié avec 1560).

1572. VIREY (J. J.). Histoire naturelle des médicaments, des aliments et
des poisons tirés des trois règnes de la nature. Paris, 1820, in-8°.

1573. WEDDEL (H. A.). Histoire naturelle des quinquinas. Paris, 1849,
1 vol. in-f° avec 32 planches.

d — PHARMACIE. — CODEX. — FORMULAIRES [63].

1574. BAUDERON. La pharmacopée, avec les remarques de François
Verny, divisée en deux livres. Montpellier, 1662, in-4°.

1575. BAUHIN (Gaspard). De remediorum formulis græcis, arabibus et
latinis usitatis libri duo, in juniorum medicorum usum editi. Francofurti, 1619, in-12.

1576. BERTON (A.) et LEHUBY. Formulaire thérapeutique et matière
médicale concernant les maladies de l'enfance. Paris, 1846, in-12 (deux
exemplaires).

1577. BOUCHARDAT (A.). Éléments de matière médicale et de pharmacie, contenant la description botanique, zoologique et chimique, la préparation pharmaceutique, l'emploi médical et les doses des drogues
simples et des médicaments composés; avec des considérations étendues

sur l'art de formuler, et l'indication détaillée des recettes contenues dans le nouveau codex et les principales pharmacopées françaises et étrangères. Paris, 1839, in-8°.

1578. BOYROS (JEAN). Dissertatio inauguralis de pharmacologia Græcorum veterum in genere. Halis Saxonum, in-8°.

1579. BRICHETEAU, CHEVALLIER (A.) et COTTEREAU (P. L.). L'art de doser les médicaments tant anciens que nouveaux, selon les différents âges, ou Dictionnaire complet de posologie médicale en tableaux synoptiques. Paris, 1829, in-18.

1580. BRUGNATELLI (L. V.). Pharmacopée générale à l'usage des pharmaciens et des médecins modernes; traduit de l'italien avec des notes par L. A. Planche. Paris, 1811, 2 vol. in-8°.

1581. BUSSY (A.) et BOUTRON-CHARLARD (A. F.). Traité des moyens de reconnaître les falsifications des drogues simples et composées et d'en constater le degré de pureté. Paris, 1829, in-8°.

1582. CADET DE GASSICOURT (C. L.). Formulaire magistral et mémorial pharmaceutique. 7e édition, considérablement augmentée par F. Cadet de Gassicourt, P. L. Cottereau et L. Delamorlière. Paris, 1833, in-18.

1583. CARBONELL (F.). Pharmaciæ elementa chemiæ recentioris fundamentis innixa. Barcinone, 1796, in-8°.

1584. CAVENTOU (J. B.). Traité élémentaire de pharmacie théorique, d'après l'état actuel de la chimie. Paris, 1819, in-8°, avec gravures.

1585. CHESNEAU (N.). La pharmacie théorique. Paris, 1682, 1 vol. in-4°.

1586. CHEVALLIER (A.) et IDT (P.) de Lyon. Manuel du pharmacien, ou précis élémentaire de pharmacie. 2e édition. Paris, 1831, 2 vol. in-8°.

1587. Code pharmaceutique, ou pharmacopée française, rédigé en latin par MM. Leroux, Vauquelin, etc., et traduit par A. J. L. Jourdan. 2e édition, revue par A. L. A. Fée. Paris, 1826, in-8°.

1588. Codex medicamentarius, sive pharmacopæa gallica. Editus a facultate medica Parisiensi. Parisiis, 1818, in-4°.

1589. Codex, pharmacopée française rédigée par ordre du gouvernement par une commission composée de MM. les professeurs de la Faculté de Médecine et de l'École spéciale de pharmacie de Paris. Paris, 1837, in-4°.

1590. DESCHAMPS. Mémoire sur les extraits. Paris-Lyon, 1799, in-8°.

1591. DORVAULT. L'officine, ou répertoire général de pharmacie pratique. 3e édition. Paris, 1850, gros in-8°.

1592. EVONYMUS. Thesaurus de remediis secretis. Lugduni, 1555, in-32.

1593. FABRE (P. J.). Myrothecium spagyricum, sive pharmacopæa chymica. Tolosæ Tectosagum, 1628, in-12.

1594. FÉE (A. L. A.). Cours d'histoire naturelle pharmaceutique, ou histoire des substances usitées dans la thérapeutique, les arts et l'économie domestique. Paris, 1828, 2 vol. in-8°.

1595. Formulaire pharmaceutique à l'usage des hôpitaux militaires de la république française. Paris, 1793, in-8°.

1596. Formulaire du service de santé de l'armée belge, suivi d'une instruction pour les soins à donner dans les cas d'empoisonnement et d'asphyxie. Bruxelles, 1861, in-12.

1597. Formulaire pharmaceutique à l'usage des hôpitaux militaires français, rédigé par le conseil de santé des armées et approuvé par le ministre secrétaire d'État au département de la guerre. Paris, 1857, in-8°.

1598. Formulaire pharmaceutique à l'usage des hôpitaux militaires de la France; rédigé par le conseil de santé des armées. Paris, 1839, in-8° (deux exemplaires).

1599. Formulaire pharmaceutique à l'usage des hôpitaux militaires de la France; rédigé par le conseil de santé des armées. Paris, 1821, in-8°.

1600. Formules de médicaments usités dans les différents hôpitaux de Paris, avec leurs vertus, leurs usages et leurs doses. Paris, 1792, in-12.

1601. FOURCROY (A. F. DE). L'art de connaître et d'employer les médicaments dans les maladies qui attaquent le corps humain. Paris, 1785, 2 vol. in-12.

1602. FULLER (THOMAS). Pharmacopæia extemporanea, sive præscriptorum chilias. Editio decima et ultima. Amstelœdami et prostat Lausannæ, 1761, in-12.

1603. GILLE (F.). Monographie thérapeutique et pharmacologique de l'iodure de fer. Paris, 1856, in-8°.

1604. GUIBOURT (N. J. B. G.). Histoire abrégée des drogues simples. 3e édition. Paris, 1836, 2 vol. in-8°.

1605. GUIBOURT (N. J. B. G.). Histoire naturelle des drogues simples, ou cours d'histoire naturelle professé à l'école de pharmacie de Paris. 4° édition, corrigée et considérablement augmentée, accompagnée de plus de 600 figures intercalées dans le texte. Paris, 1849, 4 vol. in-8°.

1606. HENRY (N. E.) et GUIBOURT (G.). Pharmacopée raisonnée, ou traité de pharmacie pratique et théorique. 3e édition revue et considérablement augmentée par N. J. B. G. Guibourt. Paris, 1841, in-8°, accompagné de 22 planches gravées.

1607. HOFFMANN (FRÉDÉRIC). Thesaurus pharmaceuticus. Editio secunda. Halæ Saxonum, 1681, in-4°.

1608. HOFFMANN (GASP.). De medicamentis officinalibus, tam simplicibus quam compositis, libri duo. Lugd. Batavor., 1738, in-4°.

1609. JOURDAN (A. J. L.). Pharmacopée universelle, ou Conspectus des pharmacopées d'Amsterdam, Anvers, etc. 2e édition. Paris, 1840, 2 forts vol. in-8° à deux colonnes.

1610. LAUGIER (ADOLPHE) et DURUY (VICTOR). Pandectes pharmaceutiques. Paris, 1837, in-8°.

1611. LE CANU (L. R.). Cours complet de pharmacie. Paris, 1842, 2 vol. in-8°.

1612. LÉCLUSE (Charles). Antidotarium, sive de exacta componendorum miscendorumque medicamentorum ratione libri tres. Antverpiæ, 1561, in-12.

1613. LEMERY (N.). Pharmacopée universelle, avec remarques et raisonnements sur chaque opération. 1re édition. Paris, 1697, in-4º.

1614. LEMERY (N.). Même ouvrage. 5e édition, avec un lexicon pharmaceutique. Paris, 1761, in-4º.

1615. MAGENDIE (F.). Formulaire pour la préparation et l'emploi de plusieurs nouveaux médicaments. Paris, 1827, in-12.

1616. MELICHIUS (Georgius). Dispensatorium medicum, sive de recta medicamentorum, quorum hodie usus est, parandorum ratione. Traduit de l'italien en latin par Sam. Keller. Francofurti, 1624, in-12.

1617. MÈZE (M. P. de). Fastes de la pharmacie française, suivis d'un dictionnaire des résultats de l'analyse des substances végétales, ouvrage publié sous la direction de M. A. Chevallier. Paris, 1830, in-8º.

1618. MIZAUD (Ant.). Alexikerus, seu auxiliaris hortus, extemporanea morborum remedia ex singulorum viridariis facile comparanda paucis proponens. Lutetiæ, 1565, in-12.

1619. MORELOT (S.). Cours élémentaire théorique et pratique de pharmacie-chimique, ou manuel du pharmacien-chimiste. Paris, 1803, 3 vol. in-8º.

1620. NICOLAS. Dispensarium, cum indice. Parisiis, 1564, in-12.

1621. PARMENTIER (A. A.). Code pharmaceutique à l'usage des hospices civils, des secours à domicile, et des infirmeries des maisons d'arrêt. 4e édition. Paris, 1811, in-8º.

1622. Pharmacopée du Collége Royal des médecins de Londres. Paris, 1837, in-32. Latin et français.

1623. Pharmacopea wirtenbergica in duas partes divisa. Lausannæ, 1785, in-4º.

1624. POTIER (P.). Pharmacopæa spagirica. 3e édit. Bononiæ, 1635, in-4º.

1625. RICHARD (A.). Formulaire de poche, ou recueil des formules les plus usitées dans la pratique médicale. Paris, 1830, in-32.

1626. RONDELET (G.). De ponderibus, sive de justa quantitate et proportione medicamentorum. Antverpiæ, 1561, in-12. (Relié avec 1612.)

1627. SCHRODER (J.). Pharmacopeia medico-chymica, sive Thesaurus pharmacologicus. Lugduni, 1656, in-4º. (Relié avec 1624.)

1628. SOUBEIRAN (E.). Nouveau traité de pharmacie théorique et pratique. 2e édition. Paris, 1840, 2 vol. in-8º.

1629. SOUBEIRAN (E.). Traité de pharmacie théorique et pratique. 4e édition. Paris, 1853. 2 vol. in-8º, avec figures intercalées dans le texte.

1630. TADDEI (Gioacchino). Farmacopea generale sulle basi della chimica farmacologica, o elementi di farmacologia chimica. Firenze, 1826, 4 vol. in-8º.

1631. Thesaurus secretorum curiosiorum, in quo curiosa non solum ad omnes corporis humani cum internas tum externas morbos curandas, sed etiam ad cutis, faciei, aliarùmque partium ornatum, formam, nitorem et elegantiam conciliandos continentur secreta. Coloniæ Allobrogum, 1709, in-4°.

1632. VIREY (J.-J.). Traité de pharmacie théorique et pratique. 3° édition, augmentée de toutes les découvertes les plus modernes. Paris, 1823, 2 vol. in-8°.

1633. VUOLPHIUS (G.). Alphabetum empiricum, sive Dioscoridis et Stephani atheniensis philosophorum et medicorum de remediis expertis liber, juxta alphabeti ordinem digestus. Nunc primum a Casparo Vuolphio in latinam linguam conversus. Zurich, 1581, in-12. (Relié avec 1616.)

1634. WAHU (A.). Mémorial thérapeutique et pharmaceutique des officiers de santé de l'armée de terre. Paris, 1846, in-24.

1635. WECKER (J.-J.). Antidotarium generale et speciale. Basileæ, 1601, in-4°.

1636. WURTZ (G. C.). Conamen mappæ generalis medicamentorum simplicium secundum affinitates virium naturalium nova methodo geographica dispositorum, auctore G. C. Würtz. Argentorati, 1778, in-4°, cum tabula ænea.

c. — MÉLANGES [4].

1637. BAYLE (A. L. J.). Bibliothèque de thérapeutique, ou recueil de mémoires originaux et des travaux anciens et modernes sur le traitement des maladies et l'emploi des médicaments. Paris, 1828, 4 vol. in-8°.

1638. Mélanges de thérapeutique, par divers. Strasbourg-Paris, in-8°. (Voir la table en tête du volume.)

1639 - Mélanges de pharmacie, 1 vol. in-8°.

1640. Matière médicale, par divers. 2 vol. in-8°.

J. — HYGIÈNE [105].

a. — TRAITÉS COMPLETS [12].

1641. BARBIER (J. B. G.). Traité d'hygiène appliquée à la thérapeutique. Paris, 1811, 2 vol. in-8°.

1642. BECQUEREL (A.). Traité élémentaire d'hygiène privée et publique. Paris, 1851, in-12.

1643. FLEURY (L.). Cours d'hygiène. Paris, 1852, 9 livraisons in-8°.

1644. LÉVY (MICHEL). Traité d'hygiène publique et privée. 1re édition. Paris, 1844, 2 vol. in-8°.

1645. LÉVY (MICHEL). Même ouvrage. 3° édit. Paris, 1857, 2 vol. in-8°.

1646. LONDE (CH.). Nouveaux éléments d'hygiène. 2° édition. Paris 1838, 2 vol. in-8°.

1647. LE PRIEUR (J.). Traité complet d'hygiène et de médecine pratique, ou éléments de physique, de physiologie pathologique et de thérapeutique rationnelle. Paris, 1833, 2 vol. in-8°.

1648. MOTARD (L. C. A.). Essai d'hygiène générale. Paris, 1841, 2 vol. in-8°.

1649. RÉVEILLÉ-PARISE (J. H.). Etudes de l'homme dans l'état de santé et dans l'état de maladie. Paris, 1845, 2 vol. in-8°.

1650. ROSTAN (L.). Cours élémentaire d'hygiène. 2e édition. Paris, 1828, 2 vol. in-8°.

1651. SCHARANDEUS (Joan. Jacob.). De ratione conservandæ sanitatis liber. Amstelœdami, 1640, in-18.

1652. TOURTELLE (Etienne). Eléments d'hygiène, ou de l'influence des choses physiques et morales sur l'homme, et des moyens de conserver la santé. 3° édition. Paris, 1815, 2 vol. in-8°.

<h3 style="text-align:center">b. — HYGIÈNE PUBLIQUE [29].</h3>

1653. BOUCHUT (E.). Traité des signes de la mort et des moyens de prévenir les enterrements prématurés. Paris, 1849, in-12.

1654. BROUSSAIS (Casimir). Hygiène morale, ou application de la physiologie à la morale et à l'éducation. Paris, 1837, in-8°.

1655. CHERVIN (N.). Examen des principes de l'administration en matière sanitaire. Paris, 1827, in-8° (relié avec 539).

1656. DEMETZ et BLOUET (Abel). Rapports sur les pénitenciers des Etats-Unis. Paris, 1837, in-f°.

1657. DESESSARTZ. Traité de l'éducation corporelle des enfants en bas-âge, ou réflexions pratiques sur les moyens de procurer une meilleure constitution aux citoyens. 2e édition. Paris, 1798, in-8°.

1658. FRIEDLANDER. De l'éducation physique de l'homme. Paris, 1815, in-8°.

1659. FOURNIER (J. B.). Essai sur la préparation, la conservation, la désinfection des substances alimentaires, et sur la construction des fourneaux économiques, rédigé par L. Séb. Le Normand. Paris, 1818, in-8°.

1660. GANNAL (J. N.). Histoire des embaumements et de la préparation des pièces d'anatomie normale, d'anatomie pathologique et d'histoire naturelle; suivie de procédés nouveaux. Paris, 1838, in-8°.

1661. GARNIER (Jules) et HAREL (Ch.). Des falsifications des substances alimentaires et des moyens chimiques de les reconnaître. Paris, 1844, in-12.

1662. GEOFFROY SAINT-HILAIRE (Isidore). Lettres sur les substances alimentaires et particulièrement sur la viande de cheval. Paris, 1856, in-12.

1663. GUYTON-MORVEAU (L. B.). Traité des moyens de désinfecter l'air, de prévenir la contagion et d'en arrêter les progrès. 3e édition, avec des planches et des additions considérables, relatives surtout à la fièvre jaune. Paris, 1805, in-8° (deux exemplaires).

1664. HAMEL (H. C. F.). Traité sur les maladies des plantes alimentaires, leurs causes, leurs remèdes, et réflexions sur le déplorable état de l'agriculture en France et dans toutes les parties du monde. Paris, 1857, in-12.

1665. HEBENSTREIT (J. Ern.). Anthropologia forensis sistens medici circa rempublicam causasque dicendas officium, cum rerum anatomicarum ac physicarum quæ illud attinent expositionibus. Lipsiæ, 1753, in-8°, cum figuris.

1666. KERTHOMAS (Hyac. L. de). Dernières considérations morales, théoriques et pratiques, sur la coutume imprévoyante, anti-chrétienne et homicide des inhumations précipitées et sur la nécessité des maisons ou dépôts mortuaires. Lille, 1852, in-8°.

1667. LE GUERN (H.). Danger des inhumations précipitées, exemples tant anciens que récents de personnes enterrées ou disséquées en leur vivant. Paris, 1844, in-8°.

1668. LEUCHS (J. Ch.). L'art de conserver les substances alimentaires solides ou liquides. Traduit de l'allemand, par A. Bulos. Paris, 1825, in-12.

1669. LOIR (J. N.). De l'état civil des nouveau-nés au point de vue de l'histoire, de l'hygiène et de la loi; nécessité de constater les naissances à domicile. Paris. 1854, in-8°.

1670. LOUIS. Lettres sur la certitude des signes de la mort, où l'on rassure les citoyens de la crainte d'être enterrés vivants, avec des observations et des expériences sur les noyés. Paris, 1788, in-12.

1671. Mémoire sur les eaux de Paris, présenté à la commission municipale, par M. le préfet de la Seine. Paris, 1854, in-4°.

1672. 2° Mémoire sur les eaux de Paris, avec planches et tableaux. Paris, 1858, in-4°.

1673. MINISTÈRE DE LA GUERRE. Catalogue explicatif et raisonné de l'exposition permanente des produits de l'Algérie. Paris, 1855, in-8°.

1674. MONFALCON (J. B.) et POLINIÈRE (A. P. J. de). Traité de la salubrité dans les grandes villes, suivi de l'hygiène de Lyon. Paris, 1846, in-8°.

1675. PARENT-DUCHATELET (A. J. B.). De la prostitution dans la ville de Paris, considérée sous le rapport de l'hygiène publique, de la morale et de l'administration ; ou 3° édition, complétée par des documents nouveaux et des notes, par MM. A. Trébuchet et Poirat-Duval. Suivie d'un précis hygiénique, statistique et administratif sur la prostitution dans les principales villes de l'Europe, avec cartes et tableaux. Paris, 1857, 2 vol. in-8°.

1676. PAYEN (A.). Des substances alimentaires et des moyens de les améliorer, de les conserver et d'en reconnaître les altérations. 2° édit. Paris, 1854, in-12.

1677. PIETRA SANTA (PROSPER DE). Mazas; Études sur l'emprisonnement cellulaire. Paris, 1853, in-8°.

1678. Rapport général sur les travaux du conseil d'hygiène publique et de salubrité du département de la Seine, depuis 1849 jusqu'à 1858 inclusivement, rédigé par M. Adolphe Trébuchet; publié par ordre de M. le préfet de police. Paris, 1861, in-4°.

1679. THIÉRY. La vie de l'homme respectée et défendue dans ses derniers moments, ou instruction sur les soins qu'on doit aux morts et à ceux qui paraissent l'être, sur les funérailles et les sépultures. Paris, 1787, in-8°.

1680. VERNOIS (MAXIME). Traité pratique d'hygiène industrielle et administrative, comprenant l'étude des établissements insalubres, dangereux et incommodes. Paris, 1860, 2 vol. in-8°.

1681. VIGNÉ (J. B.). Traité de la mort apparente, des principales maladies qui peuvent donner lieu aux inhumations précipitées. Des signes de la mort. Paris, 1841, in-8°.

C. — HYGIÈNE PRIVÉE [32].

1682. ARMAND (ADOLPHE). L'Algérie médicale, topographie, climatologie, pathogénie, pathologie, prophylaxie, hygiène, acclimatement et colonisation; avec une carte de l'Algérie. Paris, 1854, in-8°.

1683. BARRAL (F. A.). Le climat de Madère et son influence thérapeutique sur la phthise pulmonaire, traduit du portugais par Garnier (P.). Paris, 1858, in-8°.

1684. BOUDIN (J. C. M.). Essai de géographie médicale. Paris, 1843, in-8°.

1685. BOUDIN (J. C. M.). Traité de géographie et de statistique médicales et des maladies endémiques. Paris, 1857, 2 vol. grand in-8°.

1686. CARRIÈRE (ED.). Le climat de l'Italie, sous le rapport hygiénique et médical. Paris, 1849, in-8°.

1687. CHEVALLIER (J. G. A.). Le conservateur de la vue. 2e édition. Paris, 1812, 3 vol. in-8°.

1688. CLARK (JAMES). The influence of climate in the prevention and cure of chronic diseases. London, 1830, in-8°.

1689. DESCOURTILZ (M. E.). Guide sanitaire des voyageurs aux colonies, ou conseils hygiéniques en faveur des Européens destinés à passer aux îles; suivis d'une liste des médicaments dont on doit munir la pharmacie domestique à établir sur chaque habitation. Paris, 1816, in-8°.

1690. DESLANDES (LÉOP.). De l'onanisme et des autres abus vénériens considérés dans leurs rapports avec la santé. Paris, 1835, in-8°.

1691. FOISSAC (P.). De l'influence des climats sur l'homme. Paris, 1837, in-8°.

1692. FOISSAC (P.). De la gymnastique des anciens, comparée à celle des modernes, sous le rapport de l'hygiène. Paris, 1838, in-8°.

1693. GEORGII (A.). Kinésithérapie, ou traitement des maladies par le mouvement, selon la méthode de Ling. Paris, 1847, in-8°. (Relié avec 1692.)

1694. HEISER (Ch.). Traité de gymnastique raisonnée, au point de vue orthopédique, hygiénique et médical, ou cours d'exercices appropriés à l'éducation physique des deux sexes et applicables à tous les âges; avec l'exposé des moyens propres à redresser les déviations et à guérir les paralysies et d'autres infirmités (deux exemplaires et un supplément). Paris, 1854 in-8°.

1695. HIPPOCRATE. Des airs, des eaux, et des lieux. Traduction française avec le texte grec en regard, in-12. (Le titre manque, et avec lui le lieu, la date et le nom du traducteur.)

1696. Indicateur topographique et médical de Hyères en Provence. Hyères, 1861, in-12.

1697. LACHAISE (C.). Topographie médicale de Paris. Paris, 1822, in-8°.

1698. LAISNÉ (Napoléon). Gymnastique des demoiselles; ouvrage destiné aux mères de famille et contenant la description des exercices avec la construction et le prix des instruments. Paris, 1854, in-12.

1699. LAISNÉ (Napoléon). Gymnastique pratique, contenant la description des exercices, la construction et le prix des machines, et des chants spéciaux inédits, avec une préface par Barthélemy Saint-Hilaire. Paris, 1850, in-8°.

1700. LEROY DUPRÉ (H.). Guide médical et hygiénique des familles. Paris, 1856, in-18.

1701. LOMBARD (H. C.). Les climats des montagnes considérés au point de vue médical. 2e édition. Genève-Paris, 1858, in-12.

1702. MARCHAL (L. J. A.). Essai de topographie médicale de l'hôpital civil de Strasbourg et de son annexe. Strasbourg, 1829, in-4°.

1703. MARQUES. Manual hygienico; tratamento da obesidade (gordura excessiva) segundo o systema do Dr Dancel, sem a menor alteraçao da sande. Paris, 1861, in-12.

1704. MUND (Henri). Operâ omnia medico-physica, tractatibus tribus comprehensa : De aere vitali; De esculentis; De potulentis. Lugd. Batav., 1685, in-12.

1705. Permanent temperance documents of the american Temperance Society. Boston, 1835, 2 vol. in-8°.

1706. PHILOSTRATE. Traité sur la gymnastique; texte grec accompagné d'une traduction en regard et de notes par Ch. Daremberg. Paris, 1858, in-8°.

1707. RANALD MARTIN (James). The influence of tropical climates on european constitutions. London, 1856, in-8°.

1708. RÉVEILLÉ - PARISE (J. H.). Traité de la vieillesse, hygiénique, médical et philosophique. Paris, 1853, in-8°.

1709. RÉVEILLÉ-PARISE (J. H.). Hygiène oculaire, ou conseils aux personnes dont les yeux sont faibles et d'une grande sensibilité ; avec de nouvelles considérations sur la cause de la myopie ou vue basse. 2ᵉ édition. Paris, 1823, in-12.

1710. ROZIÈRE. Traité sur le mode d'action du froid et du calorique appliqué à l'économie animale. Paris, 1806, in-8°. (Relié avec 1689.)

1711. SAINT-ANDRÉ (J. A.). Topographie médicale du département de la Haute-Garonne, contenant la description générale de toutes ses communes et la topographie plus particulière de celle de Toulouse. Toulouse, 1814, in-8°.

1712. SINCLAIR (John). The Code of health and longe vity, or concise view of the principles calculated for the preservation of health and the attainment of long life. The second edition. Edinburgh, 1807, 4 vol. in-8°.

1713. WADD. L'embonpoint considéré comme maladie, avec un examen critique des opinions anciennes et modernes relatives à ce sujet ; ses causes, sa guérison ; traduit de l'anglais par le docteur Léon, suivi de ses propres observations et de son traitement. 2ᵉ édition. Paris, 1839, in-12.

d. — HYGIÈNE PROFESSIONNELLE [29].

§ Iᵉʳ.

Hygiène des hommes livrés aux travaux de l'esprit [4].

1714. BRUNAUD (Etienne). De l'hygiène des gens de lettres, ou essai médico-philosophique sur les moyens les plus propres à développer ses talents et son aptitude naturelle pour les sciences, sans nuire à la santé et sans contracter de maladies. Paris, 1819, in-8°.

1715. DUPLANIL (J. D.). Médecine du voyageur. Paris, 1801, 3 vol. in-8°.

1716. RÉVEILLÉ-PARISE (J. H.). Physiologie et hygiène des hommes livrés aux travaux de l'esprit, ou recherches sur le physique et le moral, les habitudes, les maladies et le régime des gens de lettres, artistes, savants, hommes d'Etat, jurisconsultes, administrateurs, etc. 3ᵉ édition. Paris, 1839, 2 vol. in-8°.

1717. TISSOT. De la santé des gens de lettres. Lausanne-Lyon, 1775, in-12.

§ II.

Hygiène des hommes livrés aux travaux manuels [3].

1718. DUCHESNE (E. A.). Des chemins de fer et de leur influence sur la santé des mécaniciens et des chauffeurs. Paris, 1857, in-12.

1719. FONTERET (A. L.). Hygiène physique et morale de l'ouvrier dans les grandes villes en général, et dans la ville de Lyon en particulier, pour servir à l'extinction des préjugés et du charlatanisme. Paris, 1858, in-12.

1720. SAINT-ARROMAN (A.). Le médecin des travailleurs, enseignant les moyens de se préserver et de se guérir des maux qu'engendre l'exercice de chaque profession. Suivi d'une hygiène et médecine des familles. Paris, 1847, in-12.

§ III.

Hygiène militaire et navale [22].

1721. BOUDIN (Ch. M.). Hygiène militaire comparée, et statistique médicale des armées de terre et de mer. Paris, 1848, in-8°.

1722. CARON (N. L.). Essai sur les subsistances militaires en France. Paris-Nantes, 1854, in-8°.

1723. COLOMBIER. Préceptes sur la santé des gens de guerre, ou hygiène militaire. Paris, 1775, in-8° (deux exemplaires).

1724. DA-OLMI. Précis historico-physique d'hygiène navale, suivi d'un recueil analytique des meilleurs écrits publiés sur les quatre maladies les plus redoutables aux navigateurs européens en Amérique et aux Indes, le scorbut, le tétanos, le choléra-morbus, et la fièvre jaune. Paris, 1828, in-8°.

1725. De la santé des troupes à la Grande-Armée, par le premier médecin et le chirurgien en chef. Strasbourg, 1806, in-8°.

1726. DELIVET (J. B. C.). Principes d'hygiène navale. Gênes, 1808, in-8°.

1727. FONSSAGRIVES (J. B.). Traité d'hygiène navale, ou de l'influence des conditions physiques et morales dans lesquelles l'homme de mer est appelé à vivre, et des moyens de conserver sa santé. 57 planches intercalées dans le texte. Paris, 1856, in-8°.

1728. FORGET (C.). Médecine navale, ou nouveaux éléments d'hygiène, de pathologie et de thérapeutique médico-chirurgicales. Paris, 1832, 2 vol. in-8°.

1729. GARREAU. Leçons d'hygiène militaire. Saint-Cyr, 1859-1860, in-4° (lithographié).

1730. JOURDAN LE COINTE. La santé de Mars, ou moyens de conserver la santé des troupes en temps de paix et pendant la guerre. Paris, 1790, in-12.

1731. KIRCKHOFF (Rom. Louis de). Hygiène militaire à l'usage des armées de terre. 2e édition. Anvers, 1823, in-8°.

1732. LARREY (H.). Rapport sur l'état sanitaire du camp de Châlons, sur le service de santé de la garde impériale, et sur l'hygiène des camps. Paris, 1858, grand in-8°.

1733. MAUZANARES (J. R. R.). Informedado al ministro de la guerra sobre el estado del servicio de sanidad militar en varias naciones de Europa. Madrid, 1855, in-8°.

1734. MOREAU DE JONNÈS (Aléxandre). Essai sur l'hygiène militaire des Antilles. Paris, 1816, in-8°.

1735. MORICHEAU-BEAUPRÉ. Mémoire sur le choix des hommes propres au service militaire dans l'armée de terre, et sur leur visite devant les conseils de révision. Paris, 1820, in-8°.

1736. MORICHEAU-BEAUPRÉ. Des effets et des propriétés du froid, avec un aperçu historique et médical sur a campagne de Russie. Montpellier, 1817, in-8°.

1737 MORIN. Le camp de Châlons en 1858, au point de vue hygiénique et médical. Paris, 1858, grand in-8° (relié avec 1732).

1738. MUTEL (Ph.). Eléments d'hygiène militaire. Paris, 1843, in-12.

1739. PORTIUS (L. A.). La médecine militaire, ou l'art de conserver la santé des soldats dans les camps. Paris, 1744, 2 vol. in-18.

1740. REVOLAT (E. B.). Nouvelle hygiène militaire, ou préceptes sur la santé de l'homme de guerre considéré dans toutes ses positions, comme les garnisons, les cantonnements, les campements, les bivouacs, les ambulances, les hôpitaux, les embarquements, etc. Lyon, 1803, in-8° (deux exemplaires).

1741. SQUILLIER (J.). Des subsistances militaires, de leur qualité, de leur falsification, de leur manutention et de leur conservation. Anvers, 1858, gros in-8°.

1742. VOISIN (J. C.). Hygiène du soldat, en Espagne, en Portugal et en Afrique (nord), applicable au soldat dans les parties méridionales de la France ; suivie d'un essai sur la colique dite de Madrid considérée comme névralgie splanchnique. Paris, 1841, in-8°.

e. — MÉLANGES [3].

1743. ARCET (J. P. J. d'). Collection de mémoires relatifs à l'assainissement des ateliers, des édifices publics et des habitations particulières ; revus par l'auteur et mis en ordre par Ph. Grouvelle. Paris, 1843, 1 vol. et 1 atlas in-4°.

1744. Essais et notices sur l'hygiène publique, par divers. 2 vol. in-8°.

1745. Hygiène publique et privée. Recueil de travaux divers. 1 vol. in-8°.

K. — MÉDECINE LÉGALE [26].

a. — TRAITÉS COMPLETS [10].

1746. BAYARD (H.). Manuel pratique de médecine légale. Paris, 1843, in-12.

1747. BELLOC (J.-J.). Cours de médecine légale, judiciaire, théorique et pratique. Paris, 1801, in-12.

1748. BRIAND (J.) et CHAUDÉ (Ernest). Manuel complet de médecine légale, contenant un traité élémentaire de chimie légale par H. Gaultier de Claubry. 5e édition. Paris, 1852, in-8°.

1749. DEVERGIE (Alph.). Médecine légale théorique et pratique, avec le texte et l'interprétation des lois relatives à la médecine légale, revus et annotés par J. B. F. Dehaussy de Robecourt. 2ᵉ édition. Paris, 1840, 3 vol. in-8°.

1750. DEVERGIE (Alph.). Médecine légale, théorique et pratique, avec le texte et l'interprétation des lois relatives à la médecine légale, revus et annotés par J. B. F. Dehaussy de Robecourt. 3ᵉ édition. Paris, 1852, 3 vol. in-8°.

1751. FODÉRÉ (F. E.). Traité de médecine légale et d'hygiène publique, ou de police de santé, adapté aux codes de l'Empire français et aux connaissances actuelles. Paris, 1813, 6 vol. in-8°.

1752. MAHON (P. A. O.). Médecine légale, avec quelques notes par Fautrel. Rouen, 1801, 3 vol. in-8°.

1753. METZGER (J. Dan.). Principes de médecine légale ou judiciaire, traduits de l'allemand et augmentés de notes par J. J. Ballard. Paris, 1813, in-8°.

1754. ORFILA. Traité de médecine légale. 3ᵉ édition, suivie de plusieurs mémoires sur deux questions importantes de médecine légale, la suspension et l'empoisonnement par l'acide arsénieux. Paris, 1836, 4 vol. in-8°.

1755. SÉDILLOT (C.). Manuel complet de médecine légale, considérée dans ses rapports avec la législation actuelle. 2ᵉ édition. Paris, 1836, in-18.

b. — TRAITÉS SPÉCIAUX. — CONSULTATIONS ET RAPPORTS [6].

1756. CHAUSSIER (M. F.). Médecine légale ; recueil de mémoires, consultations et rapports. Paris, 1838, in-8° avec six planches.

1757. MAILLOT (F. C.) et PUEL (J. A. A.). Aide-mémoire médico-légal de l'officier de santé de l'armée de terre. Paris, 1842, in-8° (deux exemp.).

1758. MALLE (P.). Histoire médico-légale de l'aliénation mentale. Paris-Strabourg, 1836, in-4°.

1759. MARC (C. C. H.). De la folie, considérée dans ses rapports avec les questions médico-judiciaires. Paris, 1840, 2 vol. in-8°.

1760. Médecine légale, par divers. 2 vol. in-8°.

1761. RISTELHUEBER (J.). Rapports et consultations de médecine légale. Paris, 1821, in-8° deux exemplaires).

c. — TOXICOLOGIE [10].

1762. BARSE (J.) de Riom. Manuel de la Cour d'assises dans les questions d'empoisonnement, à l'usage des magistrats, des avocats, des experts, des jurés et des témoins, ou recueil des principes de la toxicologie ramenés à des formalités judiciaires constantes et invariables, depuis le commencement de l'instruction d'une affaire jusqu'à sa décision en Cour d'assises; contenant des travaux inédits sur plusieurs points de la science, par M. Orfila. Paris, 1845, in-12.

1763. CHEVALLIER (A.) et BARSE (J.). Manuel pratique de l'appareil de Marsh, ou guide de l'expert toxicologiste dans la recherche de l'antimoine et de l'arsenic; contenant un exposé de la nouvelle méthode Reinsch applicable à la recherche médico-légale de ces poisons. Paris, 1843, in-8°.

1764. DANGER et FLANDIN. De l'arsenic, suivi d'une instruction propre à servir de guide aux experts dans les cas d'empoisonnement. Paris, 1841, avec planches et gravures sur bois, in-8°.

1765. FLANDIN (Ch.). Traité des poisons, ou toxicologie appliquée à la médecine légale, à la physiologie et à la thérapeutique. Paris, 1846, 3 vol. in-8°.

1766. FRICK (Melchior). Tractatus de virtute venenorum medica. Ulmæ, 1701, in-12.

1767. GUÉRIN de Mamers. Nouvelle toxicologie, ou traité des poisons et de l'empoisonnement sous le rapport de la chimie, de la physiologie, de la pathologie et de la thérapeutique. Paris, 1826, in-8°.

1768. MUTEL (D. Ph.). Des poisons considérés sous le rapport de la médecine pratique et de la médecine légale. Paris, 1830, in-8°.

1769. ORFILA. Traité des poisons tirés des règnes minéral, végétal et animal, ou toxicologie générale considérée sous les rapports de la physiologie, de la pathologie et de la médecine légale. 3e édition. Paris, 1826, 2 vol. in-8°.

1770. ORFILA. Traité de toxicologie. 4e édition. Paris, 1843, 2 vol. in-8°.

1771. PELIKAN (E.). Beitrage zur gerichtlichen medizin, toxicologie und pharmakodynamik. Würzburg, 1858, in-8°.

L. — SCIENCES NATURELLES APPLIQUÉES A LA MÉDECINE.

a. — PHYSIQUE. — TRAITÉS GÉNÉRAUX [11].

1772. ARAGO (F.). Œuvres complètes, publiées d'après son ordre sous la direction de J. A. Barral. Paris-Leipzig, 16 vol. in-8°.

1773. BEUDANT (F. S.). Traité élémentaire de physique. 6e édition. Paris, 1838, in-8°.

1774. BIOT (J. B.). Précis élémentaire de physique expérimentale. Paris, 1817, 2 vol. in-8°.

1775. BRISSON (M. J.). Traité élémentaire, ou principes de physique fondés sur les connaissances les plus certaines, tant anciennes que modernes, et confirmés par l'expérience. 3e édition. Paris, 1800, 3 vol. in-8°.

1776. DAGUIN (P. A.). Traité élémentaire de physique théorique et expérimentale. Paris-Toulouse, 1856, 3 vol. in-8°, avec figures dans le texte.

1777. DUMÉRIL (A. M. C.). Éléments des sciences naturelles. 4e édition, avec 33 planches qui représentent plus de 700 objets. Paris, 1830, 2 vol. in-8°.

1778. GUYOT (J.). Éléments de physique générale. Paris, 1832, in-8°.

1779. HAUY. Traité élémentaire de physique. 2° édition. Paris, 1806, 2 vol. in-8°.

1780. JAMIN (J.). Cours de physique de l'École polytechnique. Paris, 1858, 2 vol. in-8°, illustrés de 270 figures dans le texte et d'une planche sur acier.

1781. PÉCLET (E.). Traité élémentaire de physique. 3° édition. Paris, 1838, 2 vol. et 1 atlas in-4°.

1782. PELLETAN. Traité élémentaire de physique générale et médicale. 3° édition, revue, corrigée et augmentée, avec des planches en taille-douce. Paris, 1838, 2 vol. in-8°.

1783. BECQUEREL (A.). Traité expérimental de l'électricité et du magnétisme, et de leurs rapports avec les phénomènes naturels. Paris, 1834, 8 vol. in-8° et un atlas in-f°.

1784. BECQUEREL (A.). Traité de physique considérée dans ses rapports avec la chimie et les sciences naturelles. Paris, 1842. 2 vol. et 1 atlas in-8°.

1785. BECQUEREL (A.). Traité des applications de l'électricité à la thérapeutique médicale et chirurgicale. Paris, 1857, in-8°, avec 6 figures intercalées dans le texte.

1786. BEER (A.). Introduction à la haute optique. Traduit de l'allemand par Forthomme. Paris-Nancy, 1858, in-8°.

1787. BILLET (F.). Traité d'optique physique. Paris, 1858, 2 vol. in-8°.

1788. BLANCHÈRE (H. DE LA). L'art du photographe, comprenant les procédés complets sur papier et sur glace. 2° édition. Paris, 1860, in-8°.

1789. BLANQUART-ÉVRARD. Traité de photographie sur papier, avec une introduction de G. Ville. Paris, 1851, in-8°.

1790. BOUTIGNY (P. H.). Base d'une nouvelle physique, ou découverte d'un quatrième état des corps, l'état sphéroïdal, précédée d'une lettre à M. Arago et d'un rapport fait à l'académie des sciences par Arago, Pelouze et Robiquet. Paris-Rouen-Evreux, 1842, in-8°.

1791. BREBISSON (A. DE). Traité complet de photographie sur collodion; répertoire de la plupart des procédés connus. Paris, 1855, in-8°.

1792. BREWSTER. Manuel d'optique, ou traité complet et simplifié de cette science; traduit par P. Vergnaud, ouvrage orné d'un grand nombre de figures. Paris, 1833, 2 vol. in-18. (Roret.)

1793. CHEVALIER (Ch.). Méthodes photographiques perfectionnées; optique et stéréoscope. Paris, 1859, gr. in-8°.

1794. COULIER. Description générale des phares et fanaux, et des principales remarques existant sur le littoral, maritime du globe à l'usage des navigateurs. 9e édition. Paris, 1850, in-12.

1795. COUPPIER (J.). Traité pratique de photographie sur verre, d'après les derniers perfectionnements. Paris, 1852. in-8°.

1796. CZERMAK (J. M.). Du laryngoscope et de son emploi en physiologie et en médecine. Paris, 1860, in-8°, avec deux planches gravées et 31 figures dans le texte.

1797. DAVID. Dissertation sur la cause de la pesanteur, et de l'uniformité des phénomènes qu'elle nous présente. Amsterdam-Rouen, 1767, in-8°.

1798. DELAUNAY (Ch.). Traité de mécanique rationnelle. 2e édition. Paris, 1857, in-8°.

1799. DELAUNAY (Ch.). Cours élémentaire de mécanique. 4e édition. Paris, 1857, grand in-18, avec 548 figures dans le texte.

1800. DEUSINGIUS (Ant.). Considerationes circa experimenta physicomechanica illustris equitis Roberti Boylei : De vi aeris elastica, et ejusdem effectibus. Groningæ, 1662, in-24.

1801. DU MONCEL (Th.). Notice de l'appareil d'induction électrique de Ruhmkorff, suivie d'un mémoire sur les courants induits. 4e édition. Paris, 1859, in-8°.

1802. DUTROCHET. Recherches physiques sur la force épipolique. Paris, 1842, in-8°.

1803. GAVARRET. Traité d'électricité. Paris, 1857-1858, 2 vol. in-18 avec 448 figures.

1804. GAVARRET (J.). Télégraphie électrique, avec figures dans le texte. Paris (sans date), in-12.

1805. GEOFFRAY (Stéph.). Traité pratique pour l'emploi des papiers du commerce en photographie; nouveaux procédés améliorateurs. Première partie. Paris, 1855, in-8°.

1806. GROVE (W. R.). Corrélation des forces physiques; ouvrage traduit en français par l'abbé Moigno, sur la 3e édition anglaise, avec des notes par Séguin. Paris, 1856, in-8°.

1807. JULIEN (F.). Courants et révolutions de l'atmosphère et de la mer, comprenant une théorie nouvelle sur les déluges périodiques. Paris, 1860, in-8°.

1808. KLEFFEL (L. G.). Manuel de photographie pratique, guide complet pour l'exercice de cet art, accompagné de rapports spéciaux sur les dernières expériences et améliorations et d'un traité détaillé de la stéréoscopie, à l'usage des photographes et des amateurs. Paris-Bruxelles, 1861, in-8°.

1809. LATREILLE (E.). Répertoire général de photographie, ou formulaire complet de cet art d'après les meilleurs auteurs. Paris, 1858, in-18 (Roret).

1810. MAISSIAT (J.). Lois générales de l'optique; analyse et discussion des principaux phénomènes physiologiques et pathologiques qui s'y rapportent. Paris, 1843, in-4°.

1811. MARAT (Paul). Recherches physiques sur l'électricité. Paris, 1782, 1 vol. in-8°.

1812. MARION (A.). Pratique de la photographie sur papier. Paris, 1860, in-8°.

1813. NIEPCE DE SAINT-VICTOR. Traité pratique de gravure héliographique sur acier et sur verre. Paris, 1855, in-4°, avec un portrait de l'auteur gravé d'après ses procédés.

1814. PÉCLET (E.). Traité de la chaleur considérée dans ses applications. 2e édition. Paris, 1843, 2 vol. in-4° et 1 atlas in-f° de 122 planches.

1815. PÉCLET (E.). Traité de la chaleur considérée dans ses applications. 3e édition, entièrement refondue et accompagnée de 650 figures dans le texte. Paris, 1860, 3 vol. gr. in-8°.

1816. RIVE (A. DE LA). Traité d'électricité théorique et appliquée. Paris, 1854, 3 vol. in-8°, avec figures intercalées dans le texte.

1817. SELLA (V. J.). Guide théorique et pratique du photographe, ou art de dessiner sur verre, papier, métal, etc., au moyen de l'action de la lumière. Traduit de l'italien et annoté par E. de Valicourt. Paris, 1857, in-18 (Roret).

1818. TURCK (L.). Méthode pratique de laryngoscopie. Edition française. Paris, 1861, in-8° de 120 pages, accompagné d'une planche lithograph. et de 29 figures intercalées dans le texte.

1819. VALICOURT (E. DE). Nouveau manuel simplifié de photographie sur verre, albumine et collodion, suivi d'un traité sommaire de photographie sur papier. Paris, 1861, in-18.

1820. VAN MONCKHOVEN. Répertoire général de photographie théorique et pratique, contenant les procédés sur plaque, sur papier, sur collodion sec et humide, sur albumine, etc. 3e édition, avec atlas de 10 planches. Paris, 1859, in-8°.

c. — MÉTÉOROLOGIE [7].

1821. FOISSAC (P.). De la météorologie dans ses rapports avec la science de l'homme et principalement avec la médecine et l'hygiène publique. Paris, 1854, 2 vol. in-8°.

1822. FUSTER. Des changements dans le climat de la France, histoire de ses révolutions météorologiques. Paris, 1845, in-8°.

1823. GANOT (A.). Traité élémentaire de physique expérimentale et appliquée et de météorologie, illustré de 454 belles gravures sur bois intercalées dans le texte. 3e édition, augmentée de 25 gravures nouvelles et d'un recueil nombreux de sujets de compositions de physique, avec solutions. Paris, 1854, in-12.

1824. KAEMTZ (L. F. DE). Cours complet de météorologie, traduit et annoté par Ch. Martins; avec un appendice par L. Lalanne. Paris, 1843, in-12.

1825. POUILLET. Éléments de physique expérimentale et de météorologie. 2e édition, revue, corrigée et augmentée. Paris, 1832, 4 vol. in-8°.

1826. POUILLET. Éléments de physique expérimentale et de météorologie. 6e édition. Paris, 1853, 3 vol. in-8°.

1827. SCOUTETTEN (H.). L'ozone, ou recherches chimiques, météorologiques, physiologiques et médicales sur l'oxygène électrisé. Paris-Metz, 1856, in-12 (deux exemplaires).

d. — MICROGRAPHIE [9].

1828. BEALE (Lionel). The microscope in its applications to practical medicine; with 270 woodcuts and a coloured plate. 2e édition. London, 1858, in-8°.

1829. CARPENTER (William). The microscope and its revelations. 2e édition, avec 370 figures intercalées dans le texte. London, 1857, in-12.

1830. COULIER (P.). Manuel pratique de microscopie appliquée à la médecine. Paris, 1859, in-12, avec 12 planches dessinées et gravées par l'auteur.

1831. DUJARDIN (F.). Nouveau manuel complet de l'observateur au microscope, accompagné d'un atlas renfermant 30 planches sur acier. Paris, 1843, in-18.

1832. HANNOVER (A). De la construction et de l'emploi du microscope. Traduction approuvée par l'auteur, illustrée de vingt figures intercalées dans le texte, de deux planches gravées, et augmentée d'un tableau micrométrique, publiée par Ch. Chevallier. Paris, 1855, in-8°.

1833. LEREBOURS (N. P.). Instruction pratique sur les microscopies, contenant la description des microscopes achromatiques simplifiés. 3e édition. Paris, 1846, in-8°.

1834. LEREBOURS (N. P.). Galerie Microscopique (traduction du Microscopic Cabinet de M. Pritchard). Paris, 1843, in-8°, avec 12 planches gravées et coloriées.

1835. MANDL (L.). Traité pratique du microscope, et de son emploi dans l'étude des corps organisés, suivi de recherches sur l'organisation des animaux infusoires, par D. C. G. Ehrenberg. Paris, 1839, in-8°, accompagné de 14 planches.

1836. QUEKETT (John). A practical treatise on the use of the miscroscope, including the different methods of preparing and examining animal, vegetable and mineral structures. 3e édition. London, 1855, in-8°.

e. — SCIENCE HERMÉTIQUE. — ALCHIMIE [15].

1837. BECKHER (Daniel). Medicus microcosmus, seu spagiria microcosmi. Londini, 1660, petit in-18, cum indice.

1838. BECKHER (Daniel). Même ouvrage. Lugduni Batavor., 1633, in-4°.

1839. Fasciculus Paracelsicæ medicinæ veteris et non novæ, per flosculos chimicos et medicos tanquam in compendiosum promptuarium collectus, Gerardo Dorneo interprete. Francofurti, 1581, in-4°.

1840. FIGUIER (L.). L'alchimie et les alchimistes, essai historique et critique sur la philosophie hermétique. 2e édition. Paris, 1856, in-12.

1841. GEBER. Alchemiæ Gebri, arabis philosophi solertissimi, libri. De investigatione perfectionis metallorum liber 1. Summæ perfectionis metallorum, sive perfecti magisterii, liber 2. Ejusdem, de inventione veritatis, seu perfectionis metallorum, liber 1. De fornacibus construendis liber 1, etc. Berne, 1545, petit in-4°.

1842. HADRIEN. Thesaurus et armamentarium medico-chymicum. Cui in fine adjunctum est testamentum Hadrianeum de aureo philosophorum lapide. Rothomagi, 1651, in-12.

1843. JOHNSON (G.). Lexicon chymicum, cum obscuriorum verborum et rerum hermeticarum, tum phrasium Paracelsicarum, in scriptis ejus et aliorum chymicorum. Londini, 1657, in-18.

1844. LIBAVIUS (André). Syntagmatis selectorum undiquaque et perspicue traditorum alchymiæ arcanorum. Francofurti, 1615, t. 1 et 2, in-f°.

1845. PORTA (J. B.). Magiæ naturalis libri viginti. Lugd. Batav., 1650, in-24.

1846. QUERCETANUS (Duchesne J.). Ars medica dogmatico-hermetica. Francfort, 1648, in-4°.

1847. RAYMOND-LULLE. Opera eaquæ ad inventam ab ipso artem universalem, scientiarum artiumque omnium brevi compendio, firmaque memoria apprehendendarum, locupletissimaque vel oratione ex tempore pertractandarum pertinent. Argentinæ, 1598, in-8°.

1848. RAYMOND-LULLE. Testamentum duobus libris universam artem chymicam complectens. Item, ejusdem compendium animæ transmutationis artis metallorum. 2e édition. Coloniæ Agrippinæ, 1573, in-12.

1849. Theatrum chemicum, præcipuos selectorum auctorum tractatus de chemiæ et lapidis philosophici antiquitate, veritate, jure, præstantia et operationibus, continens. Argentorati, 1659, 10 vol. in-8°.

1850. VALENTIN (F. Bazile). Révélation des mystères des teintures essentielles des sept métaux, et de leurs vertus médicinales. Traduit de l'allemand par le sieur J. J., médecin allemand. Paris, 1645, in-4°.

1851. ZOBEL (F.). Tartarologia spagirica. 2e édition. Ienæ, 1708, in-32.

f. — CHIMIE ANCIENNE [17].

1852. BOERHAAVE (H.). Elementa chemiæ. Parisiis, 1733, 2 vol. in-4°.

1853. BOERHAAVE (H.). Éléments de chimie, traduits du latin. Paris, 1754, 6 vol. in-12.

1854. CANEPARIO (P. M.). De atramentis cujuscunque generis. Londini, 1660, petit in-4°.

1855. CROLLIUS (Oswald). Basilica chymica, a Joanne Hartmanno aucta. Genevæ, 1635, in-8°.

1856. JUNCKER (J.). Conspectus chemiæ theoretico-practicæ. Halæ-Magdeb., 1744, 2 vol. in-4°.

1857. LANCILOTTI (Carlo). Guida alla chimica. In Modona, 1679, in-24.

1858. LE FÈVRE (N.). Cours de chimie, pour servir d'introduction à cette science. 5e édition, revue corrigée et augmentée d'un grand nombre d'observations, et enrichie de figures par Dumoustier. Paris, 1751, 5 vol. in-12.

1859. LIÉBAUT (Jean). Quatre livres secrets de médecine, et de la philosophie chimique. Rouen, 1628, in-12.

1860. MACHY (de). Instituts de chimie, ou principes élémentaires de cette science présentés sous un nouveau jour. Paris, 1766, in-12.

1861. MACHY (de). Éléments de chimie, suivant les principes de Becker et de Stahl, traduits du latin sur la 2e édition de Juncker. Paris, 1757, 6 vol. in-12.

1862. MORTIUS (J. le). Chymiæ veræ nobilitas et utilitas. Lugduni Batavorum, 1696, petit in-4°.

1863. MULLER (Philippe). Miracula chymica et mysteria medica. Rothomagi, 1651, in-24.

1864. P. T. Chemia rationalis rationibus philosóphicis, observationibus medicis, debitis dosibus, etc., illustrata. Ludg. Batav., 1687, petit in-4°.

1865. SALA (Ange). Opera medico-chymica quæ exstant omnia. Rothomagi, 1650, in-4°.

1866. SPIELMANN (J.-R.). Institutiones chemiæ prælectionibus academicis adcommodatæ. Argentorati, 1766, in-8°.

1867. SPIELMANN (J.-R.). Instituts de chimie. Traduits du latin, sur la 2e édition, par Cadet. Paris, 1770, 2 vol. in-12.

1868. TACHENIUS (Otton). Antiquissimæ hippocraticæ medicinæ clavis. Hippocrates chymicus, qui novissimi viperini salis, antiquissima fundamenta ostendit. Editio tertia. Lugd. Batav., 1771-1772, in-12.

g. — CHIMIE DEPUIS LAVOISIER [41].

1869. BARRESWIL (C.) et SOBRERO (A.). Appendice à tous les traités d'analyse chimique ; recueil des observations publiées depuis dix ans sur l'analyse qualitative et quantitative. Paris, 1843, in-8°.

1870. BAUDRIMONT (A.). Introduction à l'étude de la chimie par la théorie atomique. Paris, 1833, in-8°.

1871. BECQUEREL. Éléments d'électro-chimie, appliqués aux sciences naturelles et aux arts. Paris, 1843, in-8°.

1872. BERTHOLLET (C. L.). Essai de statistique chimique. Paris, 1803, 2 vol. in-8°.

1873. BERZÉLIUS (J. J.). Théorie des proportions chimiques, et table synoptique des poids atomiques des corps simples et de leurs combinaisons les plus importantes. 2ᵉ édition. Paris, 1835, in-8°.

1874. BERZÉLIUS (J. J.). Traité de chimie minérale, végétale et animale. 2ᵉ édition française, traduite avec l'assentiment de l'auteur, par Esslinger et Hoefer, sur la 5ᵉ édition que publie M. Berzélius à Dresde et à Leipzig. Paris, 1845, 6 vol. in-8°.

1875. BERZÉLIUS (J. J.). Traité de chimie minérale, végétale et animale. Traduit par A. J. L. Jourdan, sur les manuscrits de l'auteur. Paris, 1829, 8 vol. in-8°.

1876. BOSWELD REID (David). Academical examinations on the principles of chemistry. Edinburgh, 1825, 2 vol. in-12.

1877. BOUILLON-LAGRANGE (E. J. B.). Manuel d'un cours de chimie, ou principes élémentaires théoriques et pratiques de cette science. 4ᵉ édition, avec 25 planches et des tableaux. Paris, 1808, 3 vol. in-8°.

1878. BRIZÉ-FRADIN (C. A.). La chimie pneumatique appliquée aux travaux sous l'eau, dans les puits, les mines, les fosses, etc. Moyens de se préserver de l'acide carbonique, de l'azote, et de pénétrer au milieu des gaz irrespirables. Secours divers. Paris, 1808, in-8°.

1879. BUNSEN (R.). Méthodes gazométriques. Traduction faite sous les yeux de l'auteur, par Th. Schneider. 2ᵉ édition. Paris, 1858, in-8° avec figures.

1880. CAHOURS (A.). Leçons de chimie générale élémentaire, professées à l'école centrale des arts et manufactures. Paris, 1856, 2 vol. in-12, illustrés de 126 figures sur bois intercalées dans le texte et de 5 planches.

1881. CERESOLI (F.). Principi elementari di chimica. Milano, 1855, in-8°.

1882. DAVY (H.). Éléments de philosophie chimique. Traduit de l'anglais, avec des additions, par J. B. van Mons. Paris, 1826, 2 vol. in-8°.

1883. DUMAS. Leçons sur la philosophie chimique professées au collége de France, recueillies par Bineau. Paris, 1836, in-8°.

1884. FOURCROY (A. F.). Philosophie chimique, ou vérités fondamentales de la chimie moderne, destinées à servir d'éléments pour l'étude de cette science. 3ᵉ édition. Paris, 1806, in-8°.

1885. FRÉSENIUS (C. R.). Précis d'analyse chimique qualitative, ou traité des opérations chimiques, des réactifs et de leur action sur les corps les plus répandus; suivi d'un procédé systématique d'analyse appliquée aux corps le plus fréquemment employés en pharmacie et dans les arts. Édition française, publiée sur la 3ᵉ édition allemande, par le docteur Sacc. Paris, 1845, in-18.

1886. GERHARDT (Ch.) et CHANCEL (G.). Précis d'analyse chimique qualitative. Paris, 1853, in-12, avec 48 figures dans le texte.

1887. HENRY (William). Éléments de chimie expérimentale. Traduit de l'anglais sur la 6e édition, dédiée à M. Dalton, par H. F. Gaultier de Claubry. Paris, 1812, 2 vol. in-8°.

1888. HILL HASSAL (A.). Adulterations detected, or plain instructions for the discovery of frauds in food and medicine. London, 1857, in-8°.

1889. HOEFER (Ferd.). Éléments de chimie minérale, précédés d'un abrégé de l'histoire de la science et suivis d'un exposé des éléments de chimie organique, ouvrage dans lequel les corps sont classés par familles naturelles. Paris, 1841, in-8°.

1890. LAURENT (A.). Méthode de chimie. Paris, 1854, in-8°.

1891. LAVOISIER (L.). Traité élémentaire de chimie, présenté dans un ordre nouveau et d'après les découvertes modernes, avec figures. 2e édition. Paris, 1793, 2 vol. in-8°.

1892. LAVOISIER (L.). Même ouvrage. 3e édition, corrigée et augmentée de plusieurs mémoires nouveaux. Paris, 1801, 2 vol. in-8°.

1893. LONGCHAMP. Bibliothèque du chimiste. Paris, 1834, 1 vol. in-8°.

1894. MALAGUTI (F.). Leçons élémentaires de chimie. 2e édition. Paris, 1859, 4 vol. in-18, avec fig. dans le texte.

1895. MALAGUTI (J.). Leçons élémentaires de chimie. Paris, 1853, 2 vol. in-18.

1896. MOHR (F.). Traité d'analyse chimique à l'aide de liqueurs titrées. Traduit de l'allemand par C. Forthomme. Paris-Nancy, 1857, in-8°.

1897. MURRAY (John). A system of chemistry. Third edition. Edinburgh, 1812, 4 vol. in-8°.

1898. NICOLAS. Cours de chimie théorico-pratique à l'usage des étudiants et des amateurs. Nancy, 1787, in-12.

1899. ORFILA (M. J. B.). Éléments de chimie appliquée à la médecine et aux arts. 6e édition. Paris, 1835, 3 vol. in-8°.

1900. PAYEN (A.) et CHEVALLIER (A.). Traité élémentaire des réactifs, leurs préparations, leurs emplois spéciaux et leur application à l'analyse. 3e édition, avec 5 planches gravées sur cuivre et représentant 60 figures, et avec 19 figures gravées sur bois et intercalées dans le texte. Paris, 1841, 2 vol. in-8°.

1901. PERSOZ (J.). Introduction à l'étude de la chimie moléculaire. Paris-Strasbourg, 1839, in-8°.

1902. POGGIALE (A. B.). Traité d'analyse chimique par la méthode des volumes, comprenant l'analyse des gaz et des métaux, la chlorométrie, la sulfhydrométrie, l'alcidimétrie, l'alcalimétrie, la saccharimétrie, etc. Paris, 1858, in-8°, avec 171 figures intercalées dans le texte.

1903. REGNAULT (M. V.). Cours élémentaire de chimie à l'usage des facultés, des établissements d'enseignement secondaire, des écoles normales et des écoles industrielles. 2e édition. Paris, 1851, 4 vol. in-12.

1904. ROSE (H.). Traité pratique d'analyse chimique, suivi de tables servant, dans les analyses, à calculer la quantité d'une substance d'après celle qui a été trouvée d'une autre substance. Traduit de l'allemand sur la 2e édition par A. J. L. Jourdan. Paris, 1832, 2 vol. in-8°.

1905 ROSE (H.). Traité pratique d'analyse chimique, suivi de tables, servant dans les analyses, à calculer la quantité d'une substance d'après celle qui a été trouvée d'une autre substance. Traduit de l'allemand sur la 4e édition, par A. J. L. Jourdan, accompagné de notes et additions par E. Péligot. Paris, 1843, 2 vol. in-8°.

1906. ROSE (H.). Traité complet de chimie analytique. Paris, 1858-1859, in-8°. T. 1er : Analyse qualitative, 1re partie. Analyse quantitative, 1er fascicule, in-8°. Paris, 1861. (En cours de publication.)

1907. THENARD (L. J.). Traité de chimie élémentaire, théorique et pratique, suivi d'un essai sur la philosophie chimique et d'un précis sur l'analyse. Paris, 1834, 5 vol. et un atlas in-8°.

1908. THOMSON (Th.). Système de chimie. Traduit de l'anglais sur la 5e édition (de 1817), par J. Riffault. Paris, 1818, 5 vol. in-8°.

1909. WILL (H.). Guide pour l'analyse chimique, à l'usage des médecins, des pharmaciens et des étudiants en chimie et en minéralogie. Traduit d'après la 3e édition allemande, par J. Risler. Paris, 1857, in-8°.

h. — CHIMIE ORGANIQUE [20].

1910. BECQUEREL (Alf.) et RODIER (A.). Traité de chimie pathologique appliquée à la médecine pratique. Paris, 1854, in-8°.

1911. BERTHELOT (M.). Chimie organique fondée sur la synthèse. Paris, 1860, 2 vol. in-8°.

1912. CHEVREUL (M. E.). Considérations générales sur l'analyse organique et sur ses applications. Paris, 1824, in-8°.

1913. CHEVREUL (M. E.). Recherches chimiques sur les corps gras d'origine animale. Paris, 1823, in-8°.

1914. DENIS (P. S.) de Commercy. Nouvelles études chimiques, physiologiques et médicales sur les substances albuminoïdes qui entrent comme principes immédiats dans la composition des solides et des fluides organiques, tant animaux que végétaux. Paris, 1856, in-8°. (deux exemplaires).

1915. DONNÉ (Al.). Tableau des différents dépôts de matières salines et de substances organisées qui se font dans les urines. Paris, 1832, in-f°.

1916. GAY-LUSSAC. Cours de chimie, comprenant l'histoire des sels, la chimie végétale et animale. Paris, 1828, 2 vol. in-8°.

1917. GERHARDT (Ch.). Traité de chimie organique. Paris, 1853-1856, 4 vol. in-8°.

1918. GERHARDT (Ch.). Précis de chimie organique. Paris, 1844, 2 vol. in-8°.

1919. GOLDING BIRD. De l'urine et des dépôts urinaires considérés sous le rapport de l'analyse chimique, de la physiologie, de la pathologie et des indications thérapeutiques. Traduit et annoté par le docteur O'Rorke. Paris, 1861, in-8°.

1920. GRAHAM. Traité de chimie organique. Paris, 1843, in-8°, figures.

1921. LEHMANN (C. G.). Précis de chimie physiologique animale. Traduit de l'allemand par Ch. Drion. Paris, 1855, 1 vol. in-18, avec 26 figures dans le texte.

1922. L'HÉRITIER (S. D.). Traité de chimie pathologique, ou recherches chimiques sur les solides et les liquides du corps humain dans leurs rapports avec la physiologie et la pathologie. Paris, 1842, 2 vol. in-8°.

1923. LIEBIG (Justus). Chimie organique appliquée à la physiologie animale et à la pathologie. Traduction faite sur les manuscrits de l'auteur, par Ch. Gerhardt. Paris, 1842, in-8°.

1924. LIEBIG (Justus). Traité de chimie organique. Paris, 1840, 3 vol. in-8°.

1925. LIEBIG (Justus). Manuel pour l'analyse des substances organiques. Traduit de l'allemand par A. J. L. Jourdan; suivi de l'examen critique des procédés et des résultats de l'analyse des corps organisés, par F. V. Raspail. Paris, 1838, in-8°, avec deux planches gravées.

1926. MIALHE. Chimie appliquée à la physiologie et à la thérapeutique. Paris, 1856, in-8°.

1927. MILLON (E.). Éléments de chimie organique, comprenant les applications de cette science à la physiologie animale. Paris, 1845, 2 vol. in-8°.

1928. RASPAIL (F. V.). Nouveau système de chimie organique fondé sur de nouvelles méthodes d'observation, et précédé d'un traité complet de l'art d'observer et de manipuler, en grand et en petit, dans le laboratoire et sur le porte-objet du microscope. 2e édition, accompagnée d'un atlas in-4° de vingt planches de figures dessinées d'après nature et gravées avec le plus grand soin. Paris, 1838, 3 vol. in-8e.

1929. ROBIN (Ch.) et VERDEIL (L.). Traité de chimie anatomique et physiologique, normale et pathologique, ou des principes immédiats, normaux et morbides, qui constituent le corps de l'homme et des mammifères. Paris, 1853, 3 vol. et 1 atlas in-8° de 45 planches gravées et en partie coloriées.

1. — CHIMIE APPLIQUÉE [33].

1930. BASSET (N.). Traité théorique et pratique de la fermentation considérée dans ses rapports généraux avec les sciences naturelles et l'industrie. Paris, 1858, in-12.

1931. BATILLAT (P.). Traité sur les vins de la France. Paris-Lyon, 1846, in-8°, avec planches.

1932. BAUDRIMONT (A.). Traité de chimie générale et expérimentale, avec les applications aux arts, à la médecine et à la pharmacie. Paris, 1844, 2 vol. in-8°, avec 190 figures dans le texte.

1933. BENOIT et JULIA DE FONTENELLE. Nouveau manuel complet du boulanger, du négociant en grains, du meunier et du constructeur de moulins. Paris, 1856, 2 vol. in-18, avec figures. (Roret.)

1934. COMMISSION DES MONNAIES. Documents officiels relatifs à la rectification en France du mode d'essai des matières d'or et d'argent généralement suivi en Europe. Paris, 1829, in-4°.

1935. DESORMEAUX (P.). Nouveau manuel complet du fabricant d'objets en caoutchouc, en gutta-percha et en gomme factice ; suivi de documents étendus sur la fabrication des tissus imperméables, des toiles cirées et des cuirs vernis. Paris, 1855, in-18, orné de figures. (Roret.)

1936. DUBIEF (L. F.). Manuel théorique et pratique du fabricant de cidre et de poiré, avec les moyens d'imiter avec le suc des pommes ou des poires le vin de raisin, l'eau-de-vie et le vinaigre de vin. Paris, 1834, in-18, avec figures. (Roret.)

1937. DUMAS. Traité de chimie appliquée aux arts. Paris-Bruxelles, 1828, 8 vol. in-8° et un atlas in-4°.

1938. FOURCROY (A. F.). Système des connaissances chimiques et de leurs applications aux phénomènes de la nature et de l'art. Paris, 1801, 11 vol. in-8°.

1939. GAY-LUSSAC. Instruction sur l'essai des matières d'argent par la voie humide; publiée par la Commission des monnaies et médailles. Paris, 1832, in-4°.

1940. GAY-LUSSAC. Instruction pour l'usage de l'alcoomètre centésimal et des tables qui l'accompagnent. Paris, 1824, in-32.

1941. GIRARDIN (J.). Leçons de chimie élémentaire appliquées aux arts industriels, et faites le dimanche à l'école municipale de Rouen. 3ᵉ édition, revue, corrigée et augmentée, avec 200 figures et échantillons d'indienne intercalés dans le texte. Paris, 1846, 2 vol. in-8°.

1942. GIRARDIN (J.). Leçons de chimie élémentaire appliquées aux arts industriels. 4ᵉ édition. Paris, 1860-1861, tome 1ᵉʳ (Chimie inorganique), in-8°, et 1ᵉʳ fascicule du tome 2 (Chimie organique).

1943. JULIA DE FONTENELLE. Nouveau manuel du tanneur, du hongroyeur et du boyaudier. Nouvelle édition augmentée, mise dans un ordre nouveau, et enrichie d'un grand nombre de planches, par F. Malepeyre. Paris, 1851, in-18. (Roret.)

1944. JULLIEN (A.). Nouveau manuel complet du sommelier, ou instruction pratique sur la manière de soigner les vins. 6ᵉ édition. Ouvrage revu, corrigé et augmenté, par C. E. Jullien. Paris, 1845, in-18. (Roret.)

1945. KULHMANN (Frép.). Expériences chimiques et agronomiques. Paris, 1847, in-8°.

1946. LAUDIER. Nouveau manuel complet des marchands de vins, des débitants de boissons et du jaugeage. Nouvelle édition très-augmentée par F. Malepeyre et Vassero. Paris, 1852, in-18 avec figures (Roret).

1947. LIEBIG (J.). Lettres sur la chimie considérée dans ses rapports avec l'industrie, l'agriculture et la physiologie. Traduites de l'allemand sur la 2e édition par F. Bertet-Dupinez et E. Dubreuil-Hélion. Paris, 1845, in-12.

1948. LIEBIG. Question des engrais. Principes de chimie agricole et critique des essais d'application de quelques praticiens anglais et allemands. Traduit sous les yeux de l'auteur sur la 2e édition allemande, par P. Picard. Paris, 1856, in-12.

1949. MALAGUTI (J.). Analyse du cours de chimie agricole professé en 1851 à la Faculté des sciences de Rennes ; rédigée sur les notes de M. A. Marteville. Rennes, 1852, in-18.

1950. MALEPEYRE (F.). Nouveau manuel complet de la fabrication des vins de fruits. Traduit de l'anglais de Accum, par MM. G*** et Ol***. Paris, 1851, in-18, avec figures (Roret).

1951. MODEL. Récréations physiques, économiques et chimiques. Traduit de l'allemand, avec des observations et des additions par Parmentier. Paris, 1774, 2 vol. in-8°.

1952. OSSIAN (H.) père et fils. Traité pratique d'analyse chimique des eaux minérales, potables et économiques, avec leurs principales applications à l'hygiène et à l'industrie. Considérations générales sur leur formation, leur thermalité, leur aménagement, etc. Fabrication des eaux minérales artificielles. Paris, 1858, in-8°, avec 131 figures intercalées dans le texte.

1953. PARMENTIER. Instruction sur les moyens de suppléer le sucre dans les principaux usages qu'on en fait pour la médecine et l'économie domestique. Paris, 1808, 4 vol. in-8°.

1954. PAYEN (A.). Précis de chimie industrielle. Paris, 1851, 1 vol. et un atlas, in-8°.

1955. PELOUZE (J.) et FREMY (E.). Traité de chimie générale, comprenant les applications de cette science à l'analyse chimique, à l'industrie, à l'agriculture et à l'histoire naturelle. 2e édition. Paris, 1854, 6 vol. avec 3 atlas, in-8°.

1956. PELOUZE (J.) et FREMY (E.). Même ouvrage. 3e édition. Paris 1860, tomes 1 et 4 (en cours de publication).

1957. PERSOZ (J.). Traité théorique et pratique de l'impression des tissus. Paris, 1846, 4 vol. in-8° et 1 atlas in-4°.

1958. RIFFAULT VERGNAUD et MALEPEYRE. Nouveau manuel complet du brasseur, ou l'art de faire toutes sortes de bières. Paris, 1853, in-18 (Roret).

1959. SALVETAT (A.). Leçons de céramique professées à l'école centrale des arts et manufactures, ou technologie céramique, comprenant les notions de chimie, de technologie et de pyrotechnie applicables à la fabrication, à la synthèse, à l'analyse, à la décoration des poteries.

Paris, 1857, 2 vol. in-12, illustrés de 66 figures dans le texte du 1er vol. et de 413 dans le 2e.

1960. THIBIERGE (Ad.) et REMILLY. De l'amidon du marron d'Inde, ou des fécules amylacées des végétaux non alimentaires au point de vue économique, chimique, agricole et technique. 2e édition. Paris, 1857, in-12.

1961. THIÉBAUT DE BERNEAUD (A.). Nouveau manuel de la laiterie, traité analytique et critique. Paris, 1842, in-18, orné de figures. (Roret.)

1962. THIÉBAUT DE BERNEAUD. Nouveau manuel complet du vigneron français, ou l'art de cultiver la vigne, de faire les vins, eaux-de-vie et vinaigres. 5e édition, revue et augmentée par M. F. Malepeyre, et ornée d'un atlas renfermant 14 planches. Paris, 1851, in-18. (Roret.)

j. — MÉLANGES DE CHIMIE ET DE PHYSIQUE [9].

1963. ARAGO (F.). Mémoires scientifiques. Paris, 1858, 2 vol. in-8º.

1964. ARAGO (F.). Notices scientifiques. Paris-Leipzig, 1854, 5 vol. in-8º.

1965. BERZÉLIUS (J.). Rapport annuel sur les progrès des sciences physiques et chimiques, présenté le 31 mars 1840 à l'Académie des sciences de Stockholm. Traduit du suédois, sous les yeux de l'auteur, par Plantamour. Paris, 1841, in-8º.

1966. BOUSSINGAULT (J. B.). Économie rurale considérée dans ses rapports avec la chimie, la physique et la météorologie. 2e édition. Paris, 1851, 2 vol. in-8º.

1967. Chimie médicale. — Mélanges, par divers. 2 vol. in-8º.

1968. CHOULETTE (S.). Observations pratiques de chimie, de pharmacie et de médecine légale. Paris-Strasbourg, 1860. 1er fascicule (deux exemplaires).

1969. GAY-LUSSAC et THENARD. Recherches physico-chimiques. Paris, 1811, 2 vol. in-8º.

1970. LAVOISIER (L.). Opuscules physiques et chimiques. 2e édition. Paris, 1801, in-8º.

1971. MACHY (de). Recueil de dissertations physico-chimiques, présentées à différentes académies. Amsterdam, 1774, in-8º.

M. — HISTOIRE NATURELLE.

a. — TRAITÉS GÉNÉRAUX [15].

1972. BLUMENBACH (J. Fr.). Manuel d'histoire naturelle, traduit de l'allemand par Soulange Artaud. Paris-Metz, 1803, 2 vol. in-8º avec figures.

1973. CHAISNEAU (Ch.). Atlas d'histoire naturelle, ou collection de tableaux relatifs aux trois règnes de la nature. Paris, 1803, in-f°.

1974. D****. Manuel du naturaliste. 2ᵉ édition, revue, corrigée et considérablement augmentée, avec 8 figures. Paris, 1797, 4 vol. in-8°.

1975. FLEMING (John). The philosophy of zoology, or a general view of the structure, functions and classification of animals. Edinburgh, 1822, 2 vol. avec gravures.

1976. GEOFFROY-SAINT-HILAIRE (Isidore). Histoire naturelle générale des règnes organiques. Paris, 1854-1856, 1 vol. grand in-8° et 1ʳᵉ partie du tome 2.

1977. HOLLARD. De l'homme et des races humaines. Paris, 1853, in-12.

1978. HUMBOLDT (A. de). Cosmos, essai d'une description physique du monde. Traduit par H. Faye. Paris, 1855, 4 vol. in-8°.

1979. JONSTON (J.). Historiæ naturalis libri, cum æneis figuris. Amstelœdami, 1657, 4 tomes réunis en 2 vol. in-f°.

1980. L'ÉCLUSE (Ch. de). Exoticorum libri decem : quibus animalium, plantarum, aromatum, aliorumque peregrinorum fructuum historiæ describuntur. Item Petri Bellonii observationes, eodem Carolo Clusio interprete. Leyde, 1605, in-f°.

1981. LEMPRIERE (William). Popular lectures on the study of natural history and the sciences, vegetable physiology, zoology, the animal and vegetable poisons, and on the human faculties, mental and corporeal. London, 1827, in-8°.

1982. PISON (G.). De Indiæ utriusque re naturali et medica libri quatuordecim. Amstelœdami, 1658, apud L. et D. Elzevirios, in-f°, avec figures dans le texte. Ce volume comprend en outre : 1° Georgii margravii de Liebstad, tractatus topographicus et meteorologicus Brasiliæ, cum eclipsi solari (sans date); 2° Jacobi Bontii historiæ naturalis et medicæ Indiæ orientalis libri sex; a G. Pisone, in ordinem redacti et illustrati, atque annotationibus et additionibus rerum et iconum necessariis adaucti (sans date), avec figures dans le texte; 3° G. Pisonis mantissa aromatica, sive de aromatum cardinalibus quatuor, et plantis aliquot indicis in medicinam receptis, relatio nova. (Comme ci-dessus, sans indication de lieu ni date.)

1983. PLINE (C.). C. Plynii secvndi naturæ historiarum libri xxxvii. Additus est, ad majorem studiosorum commoditatem, index Joannis Camertis. Venetiis, 1519, in-4°, sumptibus Ant. de Giunta.

1984. PLINE (C.). L'histoire du monde de C. Pline second; à quoy a esté adjousté un traitté des poids et mesures des antiques, réduittes à la façon des François; avec deux tables, l'une fort ample des noms et matières contenues en ceste histoire, l'autre servant au susdit traitté des poids et mesures. Le tout mis en françois par Ant. du Pinet. 5° édition. Paris, 1615, 2 vol. in-f° reliés ensemble.

1985. PRICHARD (J. C.). Histoire naturelle de l'homme; recherches sur les différentes races humaines. Traduit de l'anglais par F. Roulin. Paris, 1843, 2 vol. in-8°.

1986. QUATREFAGES (A. DE). Souvenirs d'un naturaliste. Paris, 1854, 2 vol. in-12.

b. — MINÉRALOGIE [9].

1987. BERZELIUS (J. J.). Nouveau système de minéralogie. Traduit du suédois sous les yeux de l'auteur, et publié par lui-même. Paris, 1819, in-8°.

1988. BEUDANT (F. S.). Traité élémentaire de minéralogie. 2ᵉ édition. Paris, 1830, 2 vol. in-8°.

1989. BEUDANT (F. S.). Cours élémentaire d'histoire naturelle à l'usage des lycées, colléges, séminaires et maisons d'éducation. Minéralogie. 7ᵉ édition. Paris, 1857, in-12.

1990. BOETIUS DE BOOT, ADRIANUS TOLL. Gemmarum et lapidum historia. Lugduni Batavorum, 1636, in-8°.

1991. DELAFOSSE. Nouveau cours de minéralogie, contenant la description de toutes les espèces minérales, avec leurs applications directes aux arts. Paris, 1858-1860, 2 vol. in-8° et 3 1ʳᵉˢ livraisons de planches.

1992. DUFRÉNOY. Traité de minéralogie. Paris, 1844, 3 vol. in-8° et 1 atlas in-8°. (Le tome 3 a paru en 1847, et le tome 4, qui forme l'atlas, en 1845.) (Deux exemplaires des tomes 1 et 2.)

1993. HAUY. Traité de minéralogie. 2ᵉ édition. Paris, 1822, 4 vol. et 1 atlas in-4°.

1994. KONIG (EMMAN.). Regnum minerale generale et speciale. Basileæ, 1703, in-4°.

1995. SAGE. Description méthodique du cabinet de l'Ecole royale des Mines. Paris, 1784, in-8°.

c. — GÉOLOGIE [17].

1996. AGASSIZ (L.). Nouvelles études et expériences sur les glaciers actuels, leur structure, leur progression et leur action physique sur le sol. Paris, 1847, grand in-8°, avec un atlas in-f° de 3 cartes et 9 planches.

1997. ARCHIAC (D'). Histoire des progrès de la géologie de 1834 à 1845. Publiée par la société géologique de France, sous les auspices de M. le comte de Salvandy. Paris, 1847, 7 vol. in-8°.

1998. BRONGNIART (A.). Histoire des végétaux fossiles, ou recherches botaniques et géologiques Paris, 1828-1839, 2 vol. in-4°, texte et atlas, plus 13ᵉ, 14ᵉ, 15ᵉ livraisons.

1999. CUVIER (G.). Recherches sur les ossements fossiles, où l'on rétablit les caractères de plusieurs animaux dont les révolutions ont détruit les espèces. 4ᵉ édition. Paris, 1834, 10 vol. in-8°, avec 2 atlas in-4°.

2000. DUFRÉNOY et ELIE DE BEAUMONT. Explication de la carte géologique de la France, rédigée sous la direction de M. Brochant de Villiers, et publiée en 1841 par ordre de M. Teste, ministre des travaux publics. Paris, 1841, 2 vol. in-4°.

2001. GESNER (Conrad). De omni rerum fossilium genere, gemmis, lapidibus, metallis, et hujusmodi, libri aliquot, plerique nunc editi. Tiguri, 1565, in-12.

2002. HUMBOLDT (A. de). Asie centrale; recherches sur les chaînes de montagnes et la climatologie comparée. Paris, 1843, 3 vol. in-8°.

2003. HUOT (J. J. N.). Nouveau cours élémentaire de géologie. Paris, 1837, 2 vol. avec planches et 1 atlas.

2004. KLÉE (F.). Le déluge ; considérations géologiques et historiques sur les derniers cataclysmes du globe. Edition française. Paris, 1857, in-12.

2005. LECOQ (H.). Eléments de géologie et d'hydrographie, ou résumé des notions acquises sur les grandes lois de la nature, faisant suite et servant de complément aux éléments de géographie physique et de météorologie. Paris, 1838, 2 vol. in-8°, avec 8 planches gravées.

2006. LYELL (Ch.). Manuel de géologie élémentaire, ou changements anciens de la terre et de ses habitants, tels qu'ils sont représentés par les monuments géologiques. Traduit de l'anglais sur la 5° édition, avec le consentement et le concours de l'auteur. 5e édition, considérablement augmentée, et illustrée de 750 gravures sur bois. Paris, 1857, 2 vol. grand in-8°, et un supplément traduit et revu par Hugard. Paris, 1857, in-8°, 60 pages.

2007. OMALIUS D'HALLOY (J. J.). Introduction à la géologie, ou première partie des éléments d'histoire naturelle inorganique, contenant des notions d'astronomie, de météorologie et de minéralogie, avec un atlas de 3 tableaux et 17 planches. Paris, 1833, in-8°.

2008. ORBIGNY (Alcide d'). Cours élémentaire de paléontologie et de géologie stratigraphiques. Paris, 1852, 2 vol. in-12, avec vignettes gravées en relief et sur cuivre.

2009. ORBIGNY (Alcide d'). Prodrome de paléontologie stratigraphique universelle des animaux mollusques et rayonnés, faisant suite au cours élémentaire de paléontologie et de géologie stratigraphiques. Paris, 1850, 3 vol. in-12.

2010. PICTET (F. J.). Traité de paléontologie, ou histoire naturelle des animaux fossiles considérés dans leurs rapports zoologiques et géologiques. 2e édition, revue, corrigée, considérablement augmentée, accompagnée d'un atlas de 110 planches grand in-4°. Paris, 1853, 4 vol. in-8°.

2011. PLAYFAIR. Explication sur la théorie de la terre par Hutton, et examen comparatif des systèmes géologiques fondés sur le feu et sur l'eau, par Mourray, en réponse à l'explication de Playfair. Traduits de l'anglais, et accompagnés de notes et de planches par C. A. Basset. Paris, 1815, in-8°.

2012. ROMÉ DE L'ISLE. Le feu central banni de la surface du globe, et le soleil rétabli dans ses droits, contre les assertions de MM. de Buffon, Bailly, de Mairan, etc. Stockholm-Paris, 1779, in-8°.

d. — BOTANIQUE [57].

2013. ADANSON. Familles des plantes. Paris, 1763 in-8°.

2014. AUBIN (L. C. P.). Eléments succincts de la langue et des principes de botanique. Paris, 1803, in-8°, avec 16 planches.

2015. BULLIARD. Histoire des plantes vénéneuses et suspectes de la France. 2e édition. Paris, 1798, in-8°.

2016. BOREAU (A.). Flore du centre de la France, ou description des plantes qui croissent spontanément dans la région centrale de la France, et de celles qui y sont cultivées en grand, avec l'analyse des genres et des espèces. Paris, 1840, 2 vol. in-8°.

2017. CANDOLLE (A. P. DE). Prodromus systematis naturalis regni vegetabilis, sive enumeratio contracta ordinum generum specierumque plantarum. Parisiis, 1824, 14 vol. in-8°.

2018 CANDOLLE (AUG. PYR. DE). Théorie élémentaire de la botanique, ou exposition des principes de la classification naturelle et de l'art de décrire et d'étudier les végétaux. 3e édition, publiée par Alph. de Candolle, d'après les notes et les manuscrits de l'auteur. Paris, 1844, in-8°.

2019. CANDOLLE (AUG. PYR. DE). Organographie végétale, ou description raisonnée des organes des plantes. Paris, 1827, 2 vol. in-8°.

2020. CANDOLLE (A. P. DE). Physiologie végétale, ou exposition des forces et des fonctions vitales des végétaux, pour servir de suite à l'organographie végétale et d'introduction à la botanique géographique et agricole. Paris, 1832, 3 vol. in-8°.

2021. CANDOLLE (A. DE). Géographie botanique raisonnée. Paris, 1855, 1 tome grand in-8° de 1300 pages, divisé en 2 vol. compactes, avec 2 cartes coloriées.

2022. CHATIN (G. A.). Anatomie comparée des végétaux, comprenant 1° les plantes aquatiques; 2° les plantes aériennes; 3° les plantes parasites; 4° les plantes terrestres. Paris, 1856. Se publie par livraisons de 3 feuilles de texte et 10 planches dessinées d'après nature, gravées sur papier fin, grand in-8° jésus (12 livraisons jusqu'à ce jour) (deux exemplaires).

2023. CHOMEL (J. B.). Abrégé de l'histoire des plantes usuelles, dans lequel on donne leurs noms différents, tant français que latins. 5e édition. Paris, 1839, 3 vol. in-12.

2024. CHOULETTE (S.). Synopsis de la flore de Lorraine et d'Alsace, ou description succincte et tableau analytique des plantes phanérogames qui croissent spontanément ou qui sont le plus généralement cultivées dans l'est de la France. Strasbourg-Paris, 1845, in-32.

2025. COSSON (E.), GERMAIN (E.) et WEDDELL (A.). Introduction à une flore analytique des environs de Paris, suivie d'un catalogue raisonné des plantes vasculaires de cette région. Paris, 1842, in-12.

2026. COSSON (E.) et GERMAIN (E.). Flore descriptive et analytique des environs de Paris, ou description des plantes qui croissent spontanément dans cette région et de celles qui y sont généralement cultivées, accompagnée de tableaux analytiques des familles, des genres et des espèces, et d'une carte des environs de Paris, ouvrage faisant suite à la partie botanique du cours d'histoire naturelle de Jussieu, Milne-Edwards et Beudant. Paris 1845, 2 vol. et 1 atlas in-12.

2027. DALECHAMP (Jacques). Histoire générale des plantes, contenant XVIII livres également départis en 2 tomes. Tirée de l'exemplaire latin, puis faite française par Jean Desmoulins. Lyon, 1653, 2 vol. in-f°.

2028. DESFONTAINE (Réné). Flora atlantica, sive historia plantarum quæ in Atlante agrò Tunetano et Algeriensi crescunt. Parisiis, 1798, 2 vol. in-4°, avec 263 planches gravées d'après les dessins de Redouté et formant un atlas in-4°.

2029. DODOENS (Rembert). Histoire des plantes, en laquelle est contenue la description entière des herbes, c'est-à-dire leurs espèces, formes, noms, tempérament, vertus et opérations, non-seulement de celles qui croissent en ce pays, mais aussi des autres étrangères qui viennent en usage de médecine. Anvers, 1557, in-4°. Traduit du bas allemand par Ch. de l'Écluse.

2030. DUBY (J. E.). Botanicon gallicum, seu synopsis plantarum in flora gallica descriptarum. Editio secunda. Paris, 1828, 2 vol. in-8°.

2031. FÉBURIER. Essai sur les phénomènes de la végétation expliqués par les mouvements des sèves ascendante et descendante; ouvrage principalement destiné aux cultivateurs. Paris-Versailles, 1812, in-8°.

2032. FÉE (A. L. A.). Essai sur les cryptogames des écorces exotiques officinales, précédé d'une méthode lichénographique et d'un *genera*, avec des considérations sur la reproduction des agames; orné de 33 planches coloriées donnant plus de 130 figures de plantes cryptogames nouvelles. Paris, 1824, 2 vol. in-4.

2033. FÉE (A. L. A.). Commentaires sur la botanique et la matière médicale de Pline, composés pour le Pline de la collection Panckoucke. Paris, 1833, 3 vol. in-8°.

2034. FÉE (A. L. A.). Mémoires sur la famille des fougères. 1er mémoire : Examen des bases adoptées dans la classification des fougères, et en particulier de la nervation. 2 planches. 2e mémoire : Histoire des acrostichées. 64 planches. Les deux mémoires réunis en un vol. in-f°. Strasbourg, 1844.

2035. FÉE (A. L. A.). 3e mémoire : Histoire des vittariées et des pleurogrammées. 4e mémoire : Histoire des antrophiées. Paris, 1851-1852, in-f°, avec 5 planches.

2036. FÉE (A. L. A.). Genera filicum. Exposition des genres de la famille des polypodiacées (classe des fougères, 5e mémoire). Strasbourg, 1852, in-4° avec 30 planches.

2037. FÉE (A. L. A.). 6e, 7e et 8e mémoires sur la famille des fougères. Iconographie des espèces nouvelles décrites ou énumérées dans le *Genera filicum*, et révision des publications antérieures relatives à la famille des fougères. Paris, 1854-1857, in-4°, avec 27 planches.

2038. FÉE (A. L. A.). 9e mémoire : Catalogue méthodique des fougères et des lycopodiacées du Mexique. Strasbourg, 1857, in-4°, lithographié.

2039. GAUDICHAUD (Ch.). Recherches générales sur l'organographie, la physiologie et l'organogénie des végétaux. Paris, 1841, in-4°, avec 18 planches gravées et coloriées.

2040. GILIBERT. Démonstrations élémentaires de botanique, suivant la méthode de M. de Tournefort et celle du chevalier de Linné. Lyon, 1787, 3 vol. in-8°.

2041. KONIG (Emman.). Regnum vegetabile quadripartitum, continens sect. IV. Basileæ, 1708, in-4°.

2042. LASÈGUE (A.). Musée botanique de M. Benjamin Delessert. Notices sur les collections de plantes et la bibliothèque qui le composent; contenant en outre des documents sur les principaux herbiers d'Europe et l'exposé des voyages entrepris dans l'intérêt de la botanique. Paris, 1845, in-8°.

2043. LE MAOUT (E.) et DECAISNE (J.). Flore élémentaire des jardins et des champs, accompagnée de clefs analytiques conduisant promptement à la détermination des familles et des genres, et d'un vocabulaire des termes techniques. Paris, 1855, 2 vol. in-12.

2044. LINNÉ (Ch.). Systema vegetabilium secundum classes, ordines, genera, species, cum characteribus, differentiis et synonymiis. Editio nova, curantibus J. J. Roemer et J. A. Schultes. Stuttgardiæ, 1817, 11 vol. in-8°.

2045. LINNÉ (Ch.). Système sexuel des végétaux, suivant les classes, les ordres, les genres et les espèces, avec les caractères et les différences. 2e édition. 1re interprétation française, par N. Jolyclerc. Paris, 1810, 2 vol. in-8°.

2046. LINNÉ (Ch.). Species plantarum exhibentes plantas rite cognitas. Editio quarta, curante C. L. Wildenow. Berolini, 1797-1830, 12 vol. in-8°.

2047. LOISELEUR-DESLONGCHAMPS (J. L. A.). Manuel des plantes usuelles indigènes, ou histoire abrégée des plantes de France, distribuées d'après une nouvelle méthode; contenant leurs propriétés et leurs usages en médecine, dans la pharmacie et dans l'économie domestique. Paris, 1819, 2 vol. in-8°.

2048. MÉRAT (F. V.). Nouvelle flore des environs de Paris, suivant la méthode naturelle, avec l'indication des vertus des plantes usitées en médecine. 4e édition. Paris, 1836, 2 vol. in-18.

2049. NEUMANN. Art de construire et de gouverner les serres. 2ᵉ édition, revue et augmentée de plusieurs articles et de deux planches gravées. Paris, 1846, in-4°.

2050. PARMENTIER. Traité de la châtaigne. Bastia-Paris, 1780, in-8°.

2051. PAYER (J. B.). Éléments de botanique. 1ʳᵉ partie : Organographie, avec 664 figures intercalées dans le texte. Paris, 1857, in-18.

2052. PAYER (J. B.). Botanique cryptogamique, ou histoire des familles naturelles des plantes inférieures. Avec 1105 figures représentant les principaux caractères des genres. Paris, 1850, in-4°.

2053. PAYER (J. B.). Leçons sur les familles naturelles des plantes, faites à la faculté des sciences de Paris. Livraisons 1 à 4. Paris, 1860, in-18.

2054. PERSOON (C. H.). Traité sur les champignons comestibles, contenant l'indication des espèces nuisibles; précédé d'une introduction à l'histoire des champignons. Paris, 1819, in-8°, avec 4 planches coloriées.

2055. PLÉE (F.). Types de chaque famille et des principaux genres des plantes croissant spontanément en France; exposition détaillée et complète de leurs caractères et de l'embryogénie. Paris, 1844-1861, ouvrage publié par livraisons, chacune d'une planche in-4°, gravée et coloriée, avec un texte descriptif. 128 livraisons jusqu'à ce jour.

2056. RASPAIL (F. V.). Nouveau système de physiologie végétale et de botanique, fondé sur les méthodes d'observation qui ont été développées dans le nouveau système de chimie organique, accompagné d'un atlas de 60 planches d'analyses, dessinées d'après nature et gravées en taille-douce. Paris, 1837, 2 vol. in-8°.

2057. REMY. Flore de la Champagne, description succincte de toutes les plantes cryptogames et phanérogames des départements de la Marne, des Ardennes, de l'Aube et de la Haute-Marne, leurs propriétés médicales, usages économiques, industriels, et intérêt agricole. Reims, 1858, in-18.

2058. RICHARD (A.). Nouveaux éléments de botanique et de physiologie végétale. 6ᵉ édition, revue, corrigée et augmentée des caractères des familles naturelles du règne végétal; ornée de 5 planches nouvelles gravées sur acier, et de 163 gravures intercalées dans le texte, gravées sur bois par Andrew, Best et Leloir. Paris, 1838, in-8°.

2059. RICHARD (A.). Nouveaux éléments de botanique et de physiologie végétale. 6ᵉ édition, revue, corrigée, et augmentée des caractères des familles naturelles du règne végétal; ornée de 5 planches nouvelles gravées sur acier, et de 163 gravures intercalées dans le texte, gravées sur bois par Andrew, Best et Leloir. Paris, 1838, in-8°.

2060. ROBIN (Ch.). Histoire naturelle des végétaux parasites qui croissent sur l'homme et sur les animaux vivants, avec un atlas de 15 planches gravées, en partie coloriées. Paris, 1853, in-8°.

2061. ROQUES (J.). Histoire des champignons comestibles et vénéneux, ornée de figures coloriées représentant les principales espèces dans leurs dimensions naturelles ; où l'on expose leurs caractères distinctifs, leurs propriétés alimentaires et économiques, leurs effets nuisibles, et les moyens de s'en garantir ou d'y remédier. Paris, 1832, in-4°.

2062. ROQUES (Joseph). Phytographie médicale, ornée de figures coloriées de grandeur naturelle, où l'on expose l'histoire des poisons tirés du règne végétal, et les moyens de remédier à leurs effets délétères, avec des observations sur les propriétés et les usages des plantes héroïques. Paris, 1821, texte et atlas, 2 vol. in-4°.

2063. SACHS (P. J.). Αμπελογραφία, sive vitis viniferæ ejusque partium consideratio physico-philologico-historico-medico-chymica. Lipsiæ, 1661, in-12.

2064. SAINT-HILAIRE (A. de). Leçons de botanique, comprenant principalement la morphologie végétale, la terminologie, la botanique comparée, l'examen de la valeur des caractères dans les diverses familles naturelles, etc. Paris, 1840, in-8°.

2065. SMITH (J. E.). An introduction to physiological and systematical botany. 3e édition. London, 1814, in-8°.

2066. SPACH (E.). Histoire naturelle des végétaux. Paris, 1834-1848, 14 vol. in-8°, avec un atlas.

2067. VILLE (Georges). Recherches expérimentales sur la végétation. Paris, 1854, 1 vol. grand in-4°, avec figures dans le texte et deux planches gravées en taille-douce par Wormser.

2068. VILLE (Georges). Recherches expérimentales sur la végétation. Paris, 1857, in-8°, avec 4 planches.

2069. WEPFER (J. J.). Historia cicutæ aquaticæ. Adjectæ sunt ad calcem dissertationes De theo helvetico ac cymbalaria. Curante Theod. Zuingero, cum figuris æneis. Lugduni Batavorum, 1733, in-8°.

c. — ZOOLOGIE [32].

§ 1er.

Traités généraux [13].

2070. ARISTOTE. Histoire des animaux, avec la traduction française, par Camus. Paris, 1783, 2 vol. in-4°.

2071 BLANCHARD (E.). L'organisation du règne animal. Ouvrage publié par livraisons, contenant chacune 2 planches grand in-4° gravées et coloriées avec texte. 29 livraisons jusqu'à ce jour. Paris, 1852-1853.

2072. COMTE (A.). Règne animal disposé en tableaux méthodiques. Paris, 1840, grand in-f°.

2073. CUVIER (G.). Le règne animal distribué d'après son organisation, pour servir de base à l'histoire naturelle des animaux et d'introduction à l'anatomie comparée. Paris, 1829, 5 vol. in-8°, avec figures dessinées d'après nature.

2074. DUMERIL (C.). Zoologie analytique, ou méthode naturelle de classification des animaux, rendue plus facile à l'aide de tableaux synoptiques. Paris, 1806, in-8°.

2075. GERVAIS (P.) et BENEDEN (P. J. van). Zoologie médicale; Exposé méthodique du règne animal, basé sur l'anatomie, l'embryogénie et la paléontologie, comprenant la description des espèces employées en médecine, de celles qui sont venimeuses et de celles qui sont parasites de l'homme et des animaux. Paris, 1859, 2 vol. in-8°, accompagnés de figures intercalées dans le texte.

2076. LAMARCK (J. B. P. A. de). Philosophie zoologique, ou exposition des considérations relatives à l'histoire naturelle des animaux, etc. Nouvelle édition. Paris, 1830, 2 vol. in-8°.

2077. MILNE-EDWARDS (H.). Introduction à la zoologie générale, où considérations sur les tendances de la nature dans la constitution du règne animal. Paris, 1853, in-12, 1re partie.

2078. MILNE-EDWARDS (H.). Éléments de zoologie, ou leçons sur l'anatomie, la physiologie, la classification et les mœurs des animaux. 2e édition. Paris, 1840, 3 tomes reliés en 1 vol. in-8°.

2079. MILNE EDWARDS (H.). Cours élémentaire d'histoire naturelle. Zoologie. 7e édition, avec 473 figures. Paris, 1855, in-18.

2080. RAY (P. A. F.). Zoologie universelle et portative, ou histoire naturelle de tous les quadrupèdes, cétacés, oiseaux et reptiles connus, de tous les poissons, insectes et vers, ou nommés ou anonymes, mais indigènes, et d'un très-grand nombre de poissons, d'insectes et de vers anonymes et exotiques. Paris, 1788, 1 vol. in-4°.

2081. RUYSCH (Henri). Theatrum universale omnium animalium, CCLX tabulis ornatum. Amstelœdami, 1718, 2 vol. in-f°.

2082. VIREY (J. J.). Histoire des mœurs et de l'instinct des animaux, avec les distributions méthodiques et naturelles de toutes leurs classes. Paris, 1822, 2 vol. in-8°.

§ 2.

Traités spéciaux [19].

2083. ANONYME. Histoire abrégée des insectes qui se trouvent aux environs de Paris, dans laquelle ces animaux sont rangés suivant un ordre méthodique. Paris, 1762, 2 vol. in-4° avec planches gravées.

2084. BREMSER. Traité zoologique et physiologique sur les vers intestinaux de l'homme. Traduit de l'allemand par Grundler, revu et augmenté de notes par de Blainville, et enrichi d'un nouvel atlas composé de 15 planches in-4°, avec un texte explicatif renfermant plusieurs observations inédites, par Ch. Lebbond. Paris, 1837, in-8°.

2085. CHENU (J. C.). Bibliothèque conchyliologique. Paris, 1845-1846, 5 vol. grand in-8°, avec 150 planches.

2086. CHENU (J. C.). Illustrations conchyliologiques, ou description et figures de toutes les coquilles connues vivantes et fossiles, classées suivant le système de Lamarck, modifié d'après les progrès de la science, et comprenant les genres nouveaux et les espèces récemment découvertes. Paris, 3 vol. in-f°.

2087. DAVAINE (C.). Traité des entozoaires et des maladies vermineuses de l'homme et des animaux domestiques. Accompagné de 88 figures intercalées dans le texte. Paris, 1860, in-8° (deux exemplaires).

2088. DERHEIMS (J. L.). Histoire naturelle et médicale des sangsues. Paris, 1825, in-8°, avec 6 planches.

2089. DESHAYES (G. P.). Description des animaux sans vertèbres découverts dans le bassin de Paris, pour servir de supplément à la description des coquilles fossiles des environs de Paris ; comprenant toutes les espèces actuellement connues. Paris, 1857-1859, 26 livraisons in-4°. (L'ouvrage formera environ 40 livraisons in-4°, composées chacune de 5 feuilles de texte et 5 planches.) (Deux exemplaires.)

2090. DUJARDIN (Félix). Histoire naturelle des helminthes ou vers intestinaux. Paris, 1845, in-8°, avec un atlas in-8° de 12 planches.

2091. DUMÉRIL (A. M. C.). Ichthyologie analytique, ou essai d'une classification naturelle des poissons à l'aide de tableaux synoptiques. Paris, 1856, 1 vol. in-4°.

2092. KELAART (E. F.). Prodromus faunæ zeylanicæ; being contributions to the zoology of Ceylon. Ceylon, 1852, in-8°.

2093. LAMARK (J. B. P. A. de). Histoire naturelle des animaux sans vertèbres. 2° édition, revue et augmentée de notes présentant les faits nouveaux dont la science s'est enrichie jusqu'à ce jour, par MM. Deshayes et Milne-Edwards. Paris, 1835-1845, 11 vol. in-8°.

2094. MACQUART (J.). Histoire naturelle. — Diptères exotiques nouveaux ou peu connus. Paris, 1837, in-8°, avec 14 planches gravées.

2095. MOQUIN-TANDON (A.). Éléments de zoologie médicale, contenant la description détaillée des animaux utiles à la médecine et des espèces nuisibles à l'homme, particulièrement des venimeuses et des parasites. Paris, 1860, 1 vol. in-12, avec 122 figures intercalées dans le texte.

2096. MOQUIN-TANDON (Alf.). Monographie de la famille des hirudinées. Paris, 1827, in-4°.

2097. PRITCHARD (Andrew). A history of infusoria, including the desmidiaceæ and diatomaceæ, british and foreign. Fourth edition, illustrated by forty plates. London, 1861, fort in-8°.

2098. SCHROCKIUS (Lucas). Historia moschi, ad normam Academiæ naturæ curiosorum. Augustæ Vindelicorum, 1682, in-4°.

2099. VAN BENEDEN (P. J.). Mémoires sur les vers intestinaux. Paris, 1858, in-4°, avec 27 planches.

2100. VAYSON (L.). Guide pratique des éleveurs de sangsues. 2° édition. Paris-Bordeaux, 1855, in-8°, avec 7 planches.

2101. WERNER (P. C. F.). Vermium intestinalium præsertim tœniæ humanæ brevis expositio. Lipsiæ, 1782, in-8°, cum tabulis VII.

2102. DUTROCHET (H.). Mémoires pour servir à l'histoire anatomique et physiologique des végétaux et des animaux. Paris, 1837, 2 vol. in-8°, avec un atlas de 30 planches gravées.

2103. Histoire naturelle, par divers. 4 vol. in-8°.

2104. JOBLOT. Observations d'hstoire naturelle faites avec le microscope. Paris, 1754, 2 tomes reliés en 1 vol. in-4°, avec figures.

N. — ART VÉTÉRINAIRE [4].

2105. DESPEAUX (B. P.). Instruction sur la vaccine, suivie de quelques observations sur la clavelée des moutons. Paris, 1808, in-8°. (Relié avec 449.)

2106. DELAFOND (O.). Traité de pathologie générale comparée des animaux domestiques. 2ᵉ édition. Paris, 1855, in-8°.

2107. RENAULT. Typhus contagieux des bêtes bovines, au point de vue de la police sanitaire internationale. Paris, 1860, in-8°.

2108. RIGOT et LAVOCAT. Traité complet de l'anatomie des animaux domestiques. Paris, 1841-1847, 3 vol. in-8°.

O. — POLYGRAPHIE MÉDICALE. — COLLECTIONS D'AUTEURS. — ENCYCLOPÉDIES. — RECUEILS, ETC. [251].

2109. AETIUS. Opera, seu de re medica libri **xvi.** Traduction latine par Cornarius et Montanus. Basileæ, 1535, 3 tomes reliés en 1 vol. in-f°.

2110. Alexandri Tralliani medici absolutissimi libri duodecim. Razæ de pestilentia libellus. Omnes nunc primum de græco accuratissime conversi, multisque in locis restituti et emendati, per J. Guinterium. Argentorati, 1549, in-8°.

2111. CELSE (A. C.). De re medica libri octo, cum adnotationibus et correctionibus R. Constantini. Lvgdvni, 1556, in-12.

2112. CELSE (A. C.). Traduction des ouvrages d'Aur. Corn. Celse, par M. Ninnin, docteur-régent de la Faculté de médecine de Reims, et médecin ordinaire de S. A. S. Mgr le comte de Clermont, prince du sang. Paris, 1754, 2 vol. in-12.

2113. CELSE (A. C.). Traité de la médecine, en huit livres; traduction nouvelle, par le docteur Des Étangs, accompagnée du texte latin constitué par Léonard Targa. Paris, 1846, grand in-8°.

2114. GALIEN (Cl.). Opera omnia, ex secunda Juntarum editione. Venetiis, 1550, 7 vol. in-f°, cum Antonii Musæ Brasavoli indice, Venetiis, apud Juntas, 1551, 1 vol. in-f°.

2115. HIPPOCRATE. Traduction des œuvres médicales d'Hippocrate, sur le texte grec, d'après l'édition de Foës, par Gardeil. Toulouse, 1801, 4 vol. in-8°.

2116. HIPPOCRATE. Œuvres complètes d'Hippocrate, traduction nouvelle avec le texte grec en regard, par E. Littré. Paris, 1839-1861, 10 vol. in-8°.

2117. Medicæ artis principes post Hippocratem et Galenum. Græci latinitate donati : Aretæus, Ruffus, Ephesius, Oribasius, Paulus Ægineta, Aetius, Alexander Trallianus, Actuarius, Nicol. Myrepsus. — Latini : C. Celsus, Scribonius Largus, Marcellus empiricus, aliique præterea quorum unius nomen ignoratur. Index non solum copiosus, sed etiam ordine artificioso omnia digesta habens, Hippocratis aliquot loci cum C. Celsi interpretatione. Parisiis, 1567, in-f° (Henric. Stephanus).

2118. Medicorum græcorum opera quæ exstant. — Editioném curavit D. Carolus-Gottlob Kühn (grec-latin). Claudii Galeni opera omnia. Lipsiæ, 1821-1833, 20 vol. in-8°.

2119. ORIBASE. Œuvres d'Oribase, texte grec, en grande partie inédit, collationné sur les manuscrits, traduit pour la première fois en français, avec une introduction, des notes, des tables et des planches par les docteurs Bussemacker et Daremberg. Paris, 1851-1859, 4 vol. grand in-8° (deux exemplaires).

2120. PAUL (D'ÉGINE). Chirurgie. Texte grec, avec traduction française en regard, précédé d'une introduction par le docteur René Briau. Paris, 1855, in-8° (deux exemplaires).

2121. VIDUS VIDIUS. Chirurgia e græco in latinum conversa, Vido Vidio Florentino interprete, cum nonnullis ejusdem Vidii commentariis. Lutetiæ Parisiorum, 1554, in-f°. Index auctorum et operum : 1° *Hippocratis* : De ulceribus, de fistulis, de vulneribus capitis, de fracturis, de articulis, de officina medici, cum Vidii in singulos libros commentario, cumque Galeni commentariis ; 2° *Galeni* : de fasciis ; 3° *Oribasii* : de laqueis, de machinamentis.

2122. Ars chirurgica. Chirurgia Guidonis de Cauliaco. Chirurgia Bruni, Theodorici, Rolandi, Rogerii, Lanfranci, Bertapaliæ, Jesu Hali de oculis, etc. Venetiis, 1513, in-f° (Goth).

2123. AVERRHOES et AVENZOHAR. 1° Colliget Averroys ; 2° Theisir, Abumeron-Avenzohar. Venise, 1490, petit in-f°.

2124. AVICENNE. Opera ex Gerardi Cremonensis versione, et Andreæ Alpagi Belunensis castigatione. Venetiis, 1608, 2 vol. in-f°. Apud Juntas.

2125. Chirurgia : De chirurgia scriptores optimi quique veteres et recentiores, plerique in Germania ante hac non editi, nunc primum in unum conjuncti volumen. Tiguri, 1555, in-f°. (Voir la table des auteurs, en tête du volume.)

2126. GADDESDEN (J.). Rosa anglica, practica medicinæ a capite ad pedes noviter impressa et perquam diligentissime emendata. Venise, 1516, petit in-f°.

2127. GORDONIUS (B.). Practica dicta *lilium*. Tractatus ejusdem de urinis. Venise, 1498, petit in-f°.

2128. MESUÉ (Jean). Opera de medicamentorum purgantium delectu, castigatione et usu, libri duo; quorum priorem Canones universales, posteriorem De Simplicibus vocant; cum Mundini, Honesti, Manardi et Sylvii in tres priores libros observationibus, quæ vulgo cum his prodire consueverunt. Venetiis, apud Juntas, 1623, 2 vol. in-f° (Nota : cet exemplaire porte la signature de Tournefort).

2129. RHAZÈS (Abou-Beckr). Opera exquisitiora, per Gerardum Toletanum, Andream Vesalium Bruxellensem, Albanum Torinum Vitoduranum, latinitate donata, ac jam primum quam castigatissime ad vetustum codicem summo studio collata et restaurata, sic ut a medicinæ candidatis intelligi possint. Basileæ, 1544, petit in-f°.

C. — POLYGRAPHES MODERNES. — COLLECTIONS D'AUTEURS [34].

2130. ALBINI (B. S.). Academicarum annotationum libri VIII (anatomie, physiologie, zoographie, phytographie). Leidæ, 1754, 2 vol. in-4°.

2131. BAGLIVI (G.). Opera omnia medico-practica et anatomica. Editionem curavit C. Gottl. Kühn. Lipsiæ, 1827, 2 vol. in-12.

2132. BAILLOU (Guill.). Opera omnia in quatuor tomos divisa, studio et opera Jacobi Thevart digesta, denuo in lucem edita. Cum præfatione Theodori Tronchin. Genevæ, 1762, 4 vol. in-4°.

2133. BICHAT (M. F. X.). OEuvres complètes. Paris, 1829, 11 vol. in-8°.

2134. BORDEU (Th.). OEuvres complètes, précédées d'une notice sur sa vie et ses ouvrages, par M. Richerand. Paris, 1848, 2 vol. in-8°.

2135. CABANIS (F. J. G.). OEuvres complètes, accompagnées d'une notice sur sa vie et ses ouvrages. Paris, 1823, 4 vol. in-8°.

2136. ENCYCLOPÉDIE ANATOMIQUE, comprenant l'anatomie descriptive, l'anatomie générale, l'anatomie pathologique, l'histoire du développement de l'homme et des mammifères, l'histoire des races humaines, par G. T. Bischoff, J. Henle, E. Huschke, S. T. Sœmmerring, F. G. Theile, G. Valentin, J. Vogel, G. et E. Weber. Traduit de l'allemand par A. J. L. Jourdan. Paris, 1843-1847, 8 vol. in-8° et 2 atlas in-4°.

2137. FERNEL (J.). Universa medicina, cum notis, observationibus Johannis et Othonis Heurnii. Utrecht, 1656, in-4°, en deux parties.

2138. FORESTUS (P.). Opera omnia quatuor tomis digesta. Rothomagi, 1653, 4 tomes reliés en 2 vol. in-f°.

2139. FRACASTOR (Hierom.). Opera omnia, in unum proxime post illius mortem collecta. Accessit index locupletissimus. 2e édition. Venetiis, 1574, in-4°.

2140. FRAMBOISIÈRE (N. A. de la). Ses œuvres, où sont méthodiquement descrites l'histoire du monde, la médecine, la chirurgie et la pharmacie, avec les arts libéraux. Dernière édition. Lyon, 1669, in-f°.

2141. GILBERT L'ANGLAIS. Compendium medicinæ tam morborum universalium, quam particularium. Lyon, 1510, in-4°.

2142. HARVEY (Guill.). Opera omnia, a collegio medicorum Londinensi edita. London, 1766, in-4°.

2143. JOEL (F.). Opera medica, cum additionibus et figuris. Amsterdam, 1701, in-4°.

2144. LANCISI (J. M.). Opera omnia. Genevæ, 1718, 3 tomes reliés en 1 vol. in-4°.

2145. MALPIGHI (M.). Opera omnia, figuris elegantissimis in æs incisis illustrata, tomis duobus comprehensa. Londini, 1686, in-f°.

2146. MALPIGHI (M.). Opera posthuma, figuris æneis illustrata, quibus præfixa est ejusdem vita a seipso scripta. Londini, 1687. (Œuvres complètes réunies en 1 vol. in-f°.)

2147. MAYOW (J.). Opera omnia medico-physica, tractatibus quinque comprehensa, cum figuris æneis. Hagæ-Comitum, 1681, in-8°.

2148. MEAD (R.). Recueil des œuvres physiques et médicinales, publiées en anglais et en latin; traduction française par M. Coste. Bouillon, 1774, 2 vol. in-8° avec 8 planches.

2149. PERDULCIS (B.). Universa medicina, ex medicorum principum sententiis, consiliisque collecta. Lugduni, 1649, in-4°.

2150. PROCHASKA (G.). Operum minorum anatomici, physiologici et pathologici argumenti, pars I et II. Viennæ, 1800, in-8° avec 22 planches.

2151. RAMAZZINI (B.). Opera omnia, medica et physiologica. Accessit vita auctoris a Barthol. Ramazzino, cum figuris et indicibus. Genevæ, 1716, in-4°.

2152. RIVIÈRE (Lazare). Opera medica universa. Genevæ, 1737, in-f°.

2153. ROBERT. Traité des principaux objets de médecine, avec un sommaire de la plupart des thèses soutenues aux écoles de Paris, depuis 1752 jusqu'en 1764. Paris, 1766, 2 vol. in-12.

2154. RONDELET (Guill.). Opera omnia medica. Genève, 1628, in-12.

2155. RUYSCH (Fréd.). Opera omnia anatomico-medico-chirurgica, cum figuris æneis. Amsterdam, 1721, 4 vol. in-4°.

2156. SENNERT (Daniel). Opera medica. Vittemberg, 1654, 7 vol. in-4°.

2157. UFFEMBACH (P.). Thesaurus chirurgiæ, continens præstantissimorum autorum, utpote : Ambrosii Parei, J. Tagaultii, J. Hollerii, Mariani sancti, Angeli Bolognini, Michaelis Angeli Blondi, A. Ferrii, Jacobi Dondi et G. Fabritii Hildani, Opera chirurgica, ante hac quidem disjunctim edita, nunc vero in unum collecta. Francofurti, 1610, in-f°.

2158. The works of Wil. Cullen, containing his physiology, nosology, and first lines of the practice of physic. Edited by John Thomson. Edinburgh, 1827, 2 vol. in-8°.

2159. VAN HELMONT (J. B.). Ortus medicinæ, id est initia physicæ inaudita, editio quarta. Lugduni, 1667, in-f°.

2160. VAN HELMONT (J. B.). Opera omnia, cum indice rerum ac verborum. Hafniæ, 1707, in-4°.

2161. VÉSALE (André). Opera omnia anatomica et chirurgica, cura H. Boerhaave et B. S. Albini. Ludg. Batav., 1725, 2 vol. in-f°, cum figuris.

2162. VICQ-D'AZYR. Œuvres recueillies et publiées par Moreau. Paris, 1805, 6 vol. in-8°, et atlas in-4°.

2163. WILLIS (Thom.). Opera medica et physica, in varios tractatus distributa, cum multis figuris. Amstelœdami, 1682, 2 vol. in-4°.

d. — DICTIONNAIRES. — ENCYCLOPÉDIES [34].

2164. AILHAUD (Jean Gaspard). Dictionnaire des maladies, avec leur traitement. Carpentras, 1776, in-12. Nota : Voir la table à la fin de ce volume, qui comprend notamment un mémoire de Mesmer sur la découverte du magnétisme animal.

2165. AULAGNIER (A. F.). Dictionnaire des substances alimentaires indigènes et exotiques, et de leurs propriétés. Paris, 1830, 2 tomes reliés en 1 vol. in-8°.

2166. BOULEY et REYNAL. Nouveau dictionnaire pratique de médecine, de chirurgie et d'hygiène vétérinaires. Paris, 1851-1860, 6 vol. in-8° (en cours de publication).

2167. BUC'HOZ. Histoire universelle du règne végétal, ou nouveau dictionnaire physique et économique de toutes les plantes qui croissent sur la surface du globe. Ouvrage accompagné de 1,200 planches gravées en taille-douce. Paris, 1775, in-f°, 4 vol. de texte et 4 de planches.

2168. BURNET (Thomas). Thesaurus medicinæ practicæ, ex præstantissimorum medicorum observationibus collectus. Genevæ, 1698, 2 vol. in-12 (Traité général de médecine pratique, par ordre alphabétique (deux exemplaires).

2169. CHEVALLIER (A.). Dictionnaire des altérations et falsifications des substances alimentaires, médicamenteuses et commerciales, avec l'indication des moyens de les reconnaître. Paris, 1850-1852, 2 vol. in-8°.

2170. CHEVALLIER (A.). Même ouvrage. 3° édition. Paris, 1857, 2 vol. in-8°.

2171. COWPER (Samuel). Dictionnaire de chirurgie pratique, contenant l'exposé des progrès de la chirurgie depuis son origine jusqu'à nos jours. Traduit sur la 5e édition. Paris, 1826, 2 vol. in-8°.

2172. DE LA BERGE (L.), MONNERET (E.) et FLEURY (L.). Compendium de médecine pratique, ou exposé analytique et raisonné des travaux contenus dans les principaux traités de pathologie interne. Paris, 1836, 8 vol. grand in-8° (deux exemplaires).

2173. DE LA ROCHE et PETIT-RADEL. Dictionnaire de chirurgie (encyclopédie méthodique). Paris, 1790, 2 vol. in-4°, avec un atlas de 113 planches gravées in-4°.

2174. DEZEIMERIS, OLLIVIER d'Angers et RAIGE-DELORME. Dictionnaire historique de la médecine ancienne et moderne, ou précis de l'histoire générale, technologique et littéraire de la médecine, suivi de la bibliographie médicale du xixe siècle et d'un répertoire bibliographique par ordre de matières. Paris, 1828-1837, 4 vol. in-8°, en 7 parties.

2175. Dictionnaire des sciences médicales, par MM. Alard, Alibert, Boyer, Chaussier, Cuvier, Gardien, Hallé, Marjolin, Mérat, Nysten, Pinel, Roux, Royer-Collard, Virey, etc. Paris, 1812-1822, 60 vol. avec figures.

2176. Dictionnaire des sciences médicales, Biographie médicale, par MM. Jourdan, Bégin, Boisseau, Castel, Coutanceau, Desgenettes, etc. Paris, 1820-1825, 7 vol. in-8°.

2177. Dictionnaire abrégé des sciences médicales, par une partie des collaborateurs du grand dictionnaire. Paris, 1824, 15 vol. in-8°.

2178. Dictionnaire de médecine, ou répertoire général des sciences médicales, par MM. Adelon, Béclard, P. Bérard, A. Bérard, Breschet, Calmeil, Chomel, H. et J. Cloquet, Dance, P. Dubois, Ferrus, Georget, Guersant, Itard, Lagneau, Littré, Marc, Orfila, Pravaz, Raige-Delorme, Rostan, Trousseau, Velpeau, etc. 2e édition. Paris, 1832-1846, 30 vol. in-8°.

2179. Dictionnaire de médecine et de chirurgie pratiques, par MM. Andral, Bégin, Bouillaud, Bouvier, Cruveilhier, Dupuytren, Foville, Londe, Magendie, Rayer, etc. Paris, 1829-1836, 15 vol. in-8°.

2180. Dictionnaire minéralogique et hydrologique de la France. Paris, 1772, 2 vol. in-12.

2181. Dictionnaire général des eaux minérales et hydrologie médicale, comprenant la géographie et les stations thermales, la pathologie thérapeutique, la chimie analytique, l'histoire naturelle, l'aménagement des sources, l'administration thermale, etc., par MM. Durand-Fardel, Le Bret, Lefort et J. François. Paris, 1860, 2 vol. in-8°.

2182. Encyclopédie méthodique. Médecine contenant : 1° l'hygiène ; 2° la pathologie ; 3° la séméiologie et la nosologie ; 4° la thérapeutique, ou matière médicale ; 5° la médecine militaire ; 6° la médecine vétérinaire ; 7° la médecine légale ; 8° la jurisprudence de la médecine et de la pharmacie ; 9° la biographie médicale. Par une société de médecins,

Mise en ordre et publiée par Vicq-d'Azyr, continuée et terminée par Petit-Radel, Moreau de la Sarthe et Thillaye. Paris, 1787-1830, 13 vol. in-4°.

2183. FABRE. Dictionnaire des dictionnaires de médecine français et étrangers, ou traité complet de médecine et de chirurgie pratiques, par une société de médecins, sous la direction du docteur Fabre, avec un volume supplémentaire, rédigé sous la direction du docteur A. Tardieu. Paris, 1840-1851, 9 vol. in-8°.

2184. FABRE. Bibliothèque du médecin-praticien, ou résumé général de tous les ouvrages de clinique médicale et chirurgicale. Paris, 1843, 15 vol. in-8°.

2185. HURTREL D'ARBOVAL. Dictionnaire de médecine, de chirurgie et d'hygiène vétérinaires. 2e édition. Paris, 1838-1839, 6 vol. in-8°.

2186. JOURDAN (A. J. L.). Dictionnaire raisonné, étymologique, synonymique et polyglotte des termes usités dans les sciences naturelles, comprenant l'anatomie, l'histoire naturelle et la physiologie générales, l'astronomie, la botanique, la chimie, la géographie physique, la géologie, la minéralogie, la physique et la zoologie. Paris, 1834, 2 forts vol. in-8°, petit texte à deux colonnes.

2187. JULIA DE FONTENELLE et BARTHEZ. Nouveau dictionnaire de botanique médicale et pharmaceutique. 3e édition, entièrement refondue. Paris, 1836, 2 vol. in-8°, avec 17 planches gravées.

2188. LASSAIGNE (J. L.). Dictionnaire des réactifs chimiques employés dans toutes les expériences faites dans les cours publics et particuliers, les recherches médico-légales, les expertises, les essais, les analyses qualitatives et quantitatives des corps simples et de leurs composés utiles, soit dans les arts, soit en médecine. Paris, 1839, in-8°.

2189. M. D. T. Dictionnaire des pronostics. Paris, 1770, in-12.

2190. MACQUER. Dictionnaire de chimie, contenant la théorie et la pratique de cette science. 2e édition. Paris, 1778, 4 vol. in-12.

2191. MÉRAT (F. V.) et DE LENS (A. J.). Dictionnaire universel de matière médicale et de thérapeutique générale. Paris, 1829-1846, 7 vol. in-8°.

2192. NYSTEN (P. H.). Dictionnaire de médecine, de chirurgie, de pharmacie, des sciences accessoires et de l'art vétérinaire. 7e édition, augmentée de plus d'un quart et ornée d'un grand nombre de figures, par MM. Bricheteau, O. Henry et J. Briand. Paris, 1839, 1 fort vol. in-8°.

2193. NYSTEN (P. H.). Dictionnaire des termes de médecine, de chirurgie, de pharmacie, des sciences accessoires et de l'art vétérinaire. 10e et 11e éditions, revues et considérablement augmentées, par E. Littré et Ch. Robin, avec la synonymie latine, grecque, allemande, anglaise, italienne et espagnole, suivi d'un vocabulaire de ces diverses langues. Illustré de plus de 500 figures intercalées dans le texte. Paris, 1855-1858, 1 très-fort vol. grand in-8° de 1672 pages à deux colonnes (deux exemplaires de la 10e édition).

2194. ORBIGNY (Ch. d'). Dictionnaire universel d'histoire naturelle, résumant et complétant tous les faits présentés par les encyclopédies, les anciens dictionnaires scientifiques, les œuvres complètes de Buffon, et les meilleurs traités spéciaux sur les diverses branches des sciences naturelles, par MM. Arago, Audoin, Bazin, Bécquerel, etc , etc. Dirigé par Ch. d'Orbigny, et enrichi d'un magnifique atlas de planches gravées sur acier, représentant plus de 1,200 sujets. Paris, 1843, 13 vol. in-8°, et 3 vol. pour l'atlas.

2195. PLANQUE. Bibliothèque choisie de médecine. Paris, 1748, 7 vol. in-4°.

2196. TARDIEU (A.). Dictionnaire d'hygiène publique et de salubrité, ou répertoire de toutes les questions relatives à la santé publique. Paris, 1853, 3 forts vol. grand in-8°.

2197. VIOLETTE (J. H. M.) et ARCHAMBAULT (P. J.). Dictionnaire des analyses chimiques, ou répertoire alphabétique des analyses de tous les corps naturels et artificiels, depuis l'origine de la chimie jusqu'à nos jours, avec l'indication du nom des auteurs et des recueils où elles ont été insérées. Paris, 1851, 2 vol. in-8°.

C. — RÉPERTOIRES GÉNÉRAUX DES SCIENCES MÉDICALES. — JOURNAUX ET REVUES [80].

2198. Annales d'hygiène publique et de médecine légale, par MM. Andral, Adelon, Brierre de Boismont, Boudin, Chevalier, Devergie, Gaulthier de Claubry, Guérard, Michel Lévy, Tardieu, Trébuchet, Villermé, etc. 1re série. Paris, 1829-1853, 50 vol. in-8°, avec figures, plus 1 vol. in-8° contenant la table générale de la 1re série.

2199. Annales d'hygiène. Deuxième série, commençant en janvier 1854, paraissant tous les trois mois par cahiers de 250 pages in-8°, avec figures. Paris, 1854-1860, 15 vol. in-8°.

2200. Annales de chimie, ou recueil des mémoires concernant la chimie et les arts qui en dépendent. Par de Morveau, Lavoisier, Monge, Berthollet, Dietrich, Hassenfratz et Adet. Paris, 1789-1815, 96 vol. in-8°, avec figures et 3 vol. de tables. (Cette première série est devenue très-rare.)

2201. Annales de chimie et de physique, par Gay-Lussac et Arago. 2e série, Paris, 1816-1840. 25 années, formant avec les tables 78 vol in-8°, accompagnés d'un grand nombre de planches gravées. — Table générale raisonnée des matières comprises dans les tomes 1 à 75 (1816 à 1840), 3 vol. in-8°.

2202. Annales de chimie et de physique, 3e série, commencée en 1841, rédigée par MM. Chevreul, Dumas, Pelouse, Boussingault, Regnault et de Sénarmont, avec une revue des travaux de chimie et de physique publiés à l'étranger, par MM. Wurtz et Verdet. Paris, 1841-1861, 61 vol. in-8°. Table raisonnée des matières contenues dans les tomes 1 à 30 de la 3e série. Paris, 1851, 1 vol. in-8°.

2203. Annales des sciences naturelles. 1re série, 1824 à 1833, publiée par MM. Audoin, Ad. Brongniart et Dumas. 30 vol. in-8°, 600 planches environ. — Table de cette 1re série. Paris, 1841, in-8°.

2204. Annales des sciences naturelles, comprenant la zoologie, la botanique, l'anatomie et la physiologie comparées des deux règnes, et l'histoire des corps organisés fossiles. — 2e série (1834 à 1843), rédigée, pour la zoologie, par MM. Audoin et Milne-Edwards; pour la botanique, par MM. Ad. Brongniart, Guillemin et Decaisne.

2205. Annales des sciences naturelles. 3e série (1844 à 1853), rédigée, pour la zoologie, par M. Milne-Edwards; et pour la botanique, par MM. Ad. Brongniart et Decaisne. La 2e et la 3e série forment deux parties avec une pagination distincte, et comprennent chacune, avec les tables générales des matières et celle des auteurs, 40 volumes, format in-8° sur raisin, accompagnés d'environ 700 planches gravées en taille-douce et souvent coloriées.

2206. Annales des sciences naturelles. 4e série, commençant le 1er janvier 1854, comprenant la zoologie, la botanique, l'anatomie et la physiologie comparées des deux règnes, et l'histoire des corps organisés fossiles; rédigées, pour la zoologie, par M. Milne-Edwards; pour la botanique, par MM. Ad. Brongniart et Decaisne. Paris, 1854 à 1860, 26 vol. in-8°. Les deux parties ont une pagination distincte, et forment, chaque année, deux volumes de botanique et deux volumes de zoologie; elles sont accompagnées chacune de 35 planches gravées et coloriées toutes les fois que le sujet l'exige. — La collection complète, 1824 à 1859 inclusivement, s'élève à 135 volumes in-8°, y compris les tables.

2207. Annales d'oculistique, fondées par le docteur F. Cunier, continuées par MM. Fallot, Rosch, Hairion, Van-Roosbrœck et Warlomont; paraissent par livraisons mensuelles formant chaque année 2 vol. in-8° d'environ 300 pages. Bruxelles, 1858 (21e année), 6 vol. in-8°.

2208. Annales de thérapeutique médicale et chirurgicale et de toxicologie, publiées par le docteur Rognetta. Paris, 1843-1849, 6 vol. gr. in-8°.

2209. Annales médico-psycologiques, journal destiné à recueillir tous les documents relatifs à l'aliénation mentale, aux névroses et à la médecine légale des aliénés, par MM. Baillarger, Brierre de Boismont et Cerise. Paris, 1850 à 1853, 4 vol. in-8° (à compléter).

2210. Annales de la chirurgie française et étrangère, publiées par MM. Bégin, Marchal (de Calvi), Velpeau et Vidal (de Cassis). Paris, 1841-1845, 15 vol. in-8°.

2211. Annales des maladies de la peau et de la syphilis, par Cazenave et Chausit. Paris, 1844-1852, 4 vol. gr. in-8°.

2212. Annales de la médecine physiologique, publiées par F. J. V. Broussais. Paris, 1822-1834, 26 vol. in-8°.

2213. Archives générales de médecine, par une société de médecins, sous la direction de M. Raige-Delorme. 1re série. Paris, 1823 à 1832, 30 vol. in-8°.

2214. Archives générales. 2ᵉ série. Paris, 1833 à 1837, 15 vol. in-8°. Tables générales des matières pour les 1ʳᵉ et 2ᵉ séries. Paris, 1823 à 1837, 1 vol. in-8°.

2215. Archives générales. 3ᵉ série. Paris, 1838 à 1842, 15 vol. in-8°.

2216. Archives générales. 4ᵉ série. Paris, 1843 à 1852, 30 vol. in-8°. Tables générales des matières pour les 3ᵉ et 4ᵉ séries, 1838 à 1852, 1 vol. in-8°.

2217. Archives générales de médecine, dirigées par MM. E. Follin et Ch. Lasègue. 5° série, 1853 à 1860, 16 vol. in-8°.

2218. Archives belges de médecine militaire, journal des sciences médicales, pharmaceutiques et vétérinaires. Bruxelles, 1848-1861, 27 vol. in-8°.

2219. Archives de physiologie, de thérapeutique et d'hygiène, sous la direction de M. Bouchardat. Paris, 1854, 2 mémoires réunis en 1 fort vol. in-8°.

2220. Archives de botanique, ou recueil mensuel de mémoires originaux, d'extraits et analyses bibliographiques, d'annonces et d'avis divers concernant cette science ; dirigées par A. J. Guillemin. Paris, 1833, 2 vol. grand in-8°.

2221. Archives d'anatomie générale et de physiologie. Paris, 1846, grand in-8°. (Ces archives ne comprennent qu'une seule année.)

2222. Bulletin de pharmacie, rédigé par MM. Parmentier, C. L. Cadet, L. A. Planche, P. F. G. Boullay, J. P. Boudet, P. R. Destouches. Paris, 1809-1814, 6 vol. in-8°. (1ʳᵒ série du journal de Pharmacie et des sciences accessoires.)

2223. Bulletin général de thérapeutique médicale et chirurgicale, Recueil pratique publié par J. E. M. Miquel de 1831 à 1848, et continué par le docteur Debout. 2ᵉ édition. Paris, 1832-1860, 59 vol. — Table générale et alphabétique des matières contenues dans les vol. 36 à 48 inclusivement. Paris, 1856, in-8°.

2224. Gazette de santé, journal de médecine et des sciences accessoires, par une société de médecins, dirigée par Miquel. Paris, 1826-1829, 4 vol. in-4°. — N. B. Le 2 janvier 1830, 57ᵉ année de son existence, la Gazette de santé s'est réunie à la Gazette médicale, publiée par M. J. Guérin.

2225. Gazette médicale de Paris, journal de médecine et des sciences accessoires, paraissant tous les samedis, sous la direction du docteur J. Guérin. 1830-1860, 30 vol. in-4°.

2226. Gazette des hôpitaux civils et militaires (Lancette française), fondée par Fabre et dirigée par les docteurs Brochin et Jamain. Paris, 1843-1860, 17 vol. in-f°.

2227. Gazette hebdomadaire de médecine et de chirurgie, bulletin de l'enseignement médical, publié sous les auspices du ministère de l'instruction publique. Rédacteur en chef, le docteur Dechambre. 1853-1860, 7 vol. in-4°.

2228. Gazette médicale de Strasbourg, fondée par une société de médecins et de pharmaciens. Rédacteur en chef, le docteur E. Eissen. Strasbourg, 1857-1860, 4 vol. in-4° (deux exemplaires).

2229. Journal de pharmacie et des sciences accessoires, contenant le bulletin de la pharmacie de Paris, rédigé par MM. Bouillon-Lagrange, Planche, Boullay, Boudet, Virey, Pelletier, Bussy, Soubeiran, O. Henry. 2e série. Paris, 1815-1841, 28 vol. in-8°, y compris la table analytique du bulletin et du journal de pharmacie.

2230. Journal de pharmacie et de chimie, contenant une revue de tous les travaux publiés en France et à l'étranger sur les sciences physiques, naturelles, médicales et industrielles, ainsi que le bulletin des travaux de la société de pharmacie de Paris. 3e série, 1842-1860, 38 vol. in-8°.

2231. Journal de la physiologie de l'homme et des animaux, publié sous la direction du docteur E. Brown-Séquard. Paraît tous les trois mois par cahiers de 10 feuilles. Paris, 1858-1861, 3 vol. et 2 cahiers grand in-8°, avec planches et figures intercalées dans le texte.

2232. Journal de chirurgie, publié par Desault. Paris, 1791, 3 vol in-8°.

2233. Journal de chirurgie, publié par J. F. Malgaigne. Paris, 1847-1855, 4 vol. in-8°.

2234. Journal des connaissances médico-chirurgicales, publié par MM. Trousseau, Lebaudy, Gouraud, Martin-Lauzer. Paris, 1833-1852, 20 vol. grand in-8°.

2235. Journal de médecine et de chirurgie pratiques, à l'usage des médecins praticiens, dirigé par Lucas-Championnière. 2e édition. Paris, 20 vol. 1830-1838, 9 vol. in-8°.

2236. Journal clinique des hôpitaux de Lyon et recueil de médecine et de chirurgie pratiques, publié par J. Gensoul et A. Dupasquier. Lyon, 1830, 2 vol in-8°.

2237. Journal analytique de médecine et de sciences accessoires, par une société de médecins et de savants. Paris, 1827-1829, 9 vol. grand in-8°.

2238. Journal de la société des pharmaciens de Paris, ou recueil d'observations de chimie et de pharmacie, publié pendant les années VI, VII et VIII de la république, par Fourcroy, Vauquelin, Parmentier, Deyeux et Bouillon-Lagrange, destiné à servir de suite aux Annales de chimie. Paris, 1800, in-4°.

2239. Journal complémentaire du dictionnaire des sciences médicales, par une société de médecins et de chirurgiens. Paris, 1818-1832, 44 vol. in-8°, fig.

2240. Journal universel des sciences médicales, par Regnault, Alibert, Biet, Breschet, Coutanceau, Chaussier, Desfontaines, Marjolin, Pinel, Vauquelin, etc. Paris, 1816-1830, 58 vol. in-8°.

2241. Journal de médecine militaire publié par ordre du roi, fait et rédigé par M. Dehorne. Paris, 1782-1788, 7 vol. in-8°. — *N. B.* Ce journal fait suite au Recueil d'observations de médecine des hôpitaux militaires, par Richard de Hautesierck.

2242. Journal des progrès des sciences et institutions médicales en Europe, en Amérique, etc., par une association de médecins. Première série. Paris, 1827-1829, 18 vol. in-8°.

2243. — Deuxième série. 1830, 3 vol. in-8°. (Réuni au journal hebdomadaire.)

2244. Journal universel et hebdomadaire de médecine et de chirurgi pratiques et des institutions médicales, par MM. Bégin, Bérard, Boisseau, Bouillaud, Calmeil, Londe, Roche, Sanson, Trousseau, Velpeau. Première série. Paris, 1830-1833, 13 vol. in-8°.

2245. — Deuxième série, ayant pour titre : Journal hebdomadaire des progrès des sciences et institutions médicales, par Bouillaud, Dubois (d'Amiens), Forget, Vidal (de Cassis). Paris, 1834-1836, 12 vol. in-8°.

2246. Journal de chimie médicale, de pharmacie et de toxicologie, et revue des nouvelles scientifiques nationales et étrangères, publié sous la direction de M. A. Chevallier.

2247. Paris, 1re série, 1825-1834, 10 vol. in-8°.

2248. Paris, 2e série, 1835-1844, 10 vol. in-8°.

2249. Paris, 3e série, 1845-1854, 10 vol. in-8°.

2250. Paris, 4e série, 1855-1860, 6 vol. in-8°.

2251. Journal de médecine et de chirurgie réunis. Paris, 1847-1855, 10 tomes réunis en 9 vol. grand in-8°.

2252. La Clinique des hôpitaux et de la ville, par une société de médecins. Paris, 1827-1829, 4 vol. in-4°.

2253. La Clinique, annales de médecine universelle. Paris, 1829-1830, 2 vol. in-4° (sans table).

2254. La France médicale et pharmaceutique. Rédacteur en chef, le docteur F. Roubaud. Paris, 1857-1859, 3 vol. in-4°.

2255. La médecine éclairée par les sciences physiques, ou journal des découvertes relatives aux différentes parties de l'art de guérir; rédigé par Fourcroy. Paris, 1791-1792, 4 vol. in-8°.

2256. LARTIGUE (A.) Encyclographie médicale, ou résumé analytique complet de tous les journaux de médecine et de pharmacie publiés en France. Paris, 1842-1845, 8 vol. in-8°.

2257. Le Moniteur des hôpitaux, journal des progrès de la médecine et de la chirurgie pratiques, rédigé par H. de Castelnau. Paris, 1853 à 1859, 7 tomes in-4°.

2258. Le Moniteur des sciences médicales et pharmaceutiques. Paris, 1859 à 1860, 1 vol. in-4°.

2259. Le Progrès, journal des sciences et de la profession médicales. Annales de l'hydrothérapie rationnelle; rédacteur en chef : le docteur L. Fleury. Paris, 1858-1859, 4 vol. gr. in-8°.

2260. L'Indicateur médical, ou recueil encyclopédique de médecine, de chirurgie et de pharmacie, pour la France et l'étranger, sous la direction d'Aimé Grimaud. Paris, 1824-1825, 4 vol. in-8°. Le tome 3 a pour titre : le Propagateur des sciences médicales.

2261. L'Observateur provençal des sciences médicales. P. M. Roux, rédacteur général. Marseille, 1821-1826, 10 vol. in-8°.

2262. L'Union médicale, journal des intérêts scientifiques et pratiques, moraux et professionnels du corps médical. Fondateurs : MM. Richelot et Aubert Roche; rédacteur en chef : M. A. Latour. 1re série, 1847 à 1858, 12 vol. in-f°.

2263. — 2e série, 1859 à 1861, 18 vol. gr. in-8°.

2264. Nouveau journal de médecine, chirurgie, pharmacie etc., par Adelon, Béclard, Chomei, H. Cloquet et J. Cloquet, etc.; faisant suite au journal de Corvisart, Leroux et Boyer. Paris, 1818-1822, 15 vol. in-8°.

2265. Recueil d'observations de médecine des hôpitaux militaires, publié par Richard de Hautesierck. Paris, 1766-1772, 2 vol. in-4°.

2266. Recueil de mémoires de médecine, de chirurgie et de pharmacie militaires, rédigé sous la surveillance du Conseil de santé. Paris, 1re série, 1815 à 1846, 61 vol. in-8°, dont 3 de Tables générales.

2267. — 2e série, 1847 à 1858, 23 vol. in-8°, dont 1 de Tables générales.

2268. — 3e série, 1859 à 1861, 6 vol. in-8°.

2269. Recueil périodique de la société de santé de Paris. 2e édition. Paris, 1797, tome 1er.

2270. Recueil périodique de la société de médecine de Paris, dirigé par Sédillot jeune. Paris, 1797 à 1802, 14 vol. in-8°.

2271. Journal général de médecine, de chirurgie et de pharmacie, rédigé par Sédillot jeune. Paris, 1803 à 1830, 97 vol. in-8°. Total 111 vol., plus 5 vol. de Tables.

2272. Recueil périodique d'observations de médecine, de chirurgie et de pharmacie (Vandermonde, Leroux et Bacher). Paris, 1754-1793, 95 vol. in-12, y compris la table des 30 premiers vol., plus une table in-4° pour les 65 derniers, rédigée par J. J. Leroux des Tillets.

2273. Répertoire de chimie pure et appliquée. Compte rendu des applications de la chimie en France et à l'étranger; par A. Wurtz et Ch. Barreswil. Paris, 1858 (1re année) à 1861, 6 vol. in-8°. (Le répertoire est divisé en deux parties, dont l'une paraît du 1er au 15, et l'autre à la fin de chaque mois.)

2274. Revue médicale historique et philosophique, par Bally, Bellanger, Bousquet, etc. Paris, 1820-1823, 12 vol. in-8° ; en 1824, nouveau titre.

2275. Revue médicale française et étrangère, publiée par Cayol, continuée par le docteur Sales Girons. De 1824 jusqu'à ce jour (1861), 118 vol. in-8°.

2276. Schmidt's Jahrbücher der inund auslandischen gesammten medicin; redigirt von H. E. Richter und A. Winter. Leipzig, 1860, 12 livraisons par an, soit, jusqu'au 1er avril 1861, 5 vol. gr. in-8°.

2277. The british and foreign medico-chirurgical review, or quaterly journal of practical medicine and surgery. London, 1859-1861, nos XLV à LV, 6 vol. in-8°. (Paraît tous les trois mois.)

f'. — COMPTES-RENDUS, BULLETINS ET MÉMOIRES DES SOCIÉTÉS SAVANTES [42].

2278. Acta Societatis medicæ Havniensis. Havniæ, 1777-1779, tom. 1 et 2 reliés en 1 vol. in-8°.

2279. Actes de la Société médicale des hôpitaux de Paris. 1850-1855, 3 fascicules réunis en 1 vol. in-8°.

2280. Bulletin de la société de chirurgie de Paris pendant les années 1848, 1849, 1850. Paris, 1851, 9 vol. in-8°.

2281. Bulletins de la Faculté de médecine de Paris et de la société établie dans son sein. Paris, 1812-1821, 7 vol. in-8° (deux exemplaires).

2282. Bulletins de la Société anatomique de Paris. 2e édition. 1re série, 1826 à 1855, 30 vol. in-8°. Table analytique générale des matières pour ces 30 vol. Paris, 1857, 1 vol. in-8°.

2283. — 2e série, 1856-1860, 5 vol.

2284. Bulletin de l'Académie impériale de médecine, publié par les soins de la commission de publication. Paris, 1836-1860, 26 vol. in-8°.

2285. Bulletin des sciences médicales. Troisième section du Bulletin universel des sciences et de l'industrie, publié par de Férussac. Paris, 1824-1831, 27 vol. in-8°.

2286. Collection académique, composée de mémoires, actes ou journaux des académies et sociétés étrangères concernant l'histoire naturelle et la botanique, la physique expérimentale et la chimie, la médecine et l'anatomie. Traduits en français par une société de gens de lettres. Dijon-Auxerre, 1755, 33 vol. in-4°.

2287. Collection des bulletins sur la vaccine, publiés par le comité central. Paris, 1804-1805, 1 vol. in-8°.

2288. Comptes-rendus hebdomadaires des séances de l'Académie des sciences, par MM. les secrétaires perpétuels. 1853 à 1861, 17 vol. in-4°.

2289. Comptes rendus des séances et mémoires de la Société de biologie, 1re série, 1849 à 1853, 5 vol. in-8°.

2290. — 2e série, 1855 à 1858, 5 vol. in-8°.

2291. — 3e série, 1859 à 1861, 3 vol. in-8°.

2292. Decad. II. Actorum medicorum Berolinensium, in incrementum artis et scientiarum collectorum. Berolini, 1723-1730, 1 fort vol. in-8°.

2293. Dissertationes academicæ Upsaliæ Habitæ sub præsidio C. P. Thunberg. Gottingæ, 1799-1800, 2 vol. in-12.

2294. Essais et observations de médecine de la Société d'Edimbourg, traduits de l'anglais avec des observations du traducteur, P. Demours. Paris, 1740-1759, 8 vol. in-12.

2295. Histoire et mémoires de la Société royale de médecine. Paris, 1776-1789, 10 vol. in-4° (deux exemplaires).

2296. Institut de France. Travaux divers réunis en 1 vol. in-4°.

2297. Mémoires de la Société de médecine de Paris, séante à l'Hôtel-de-Ville, et prix de la Société de médecine de Paris. Paris, 1817, 1 fort vol. in-8°.

2298. Mémoires de la Société médicale d'observation. Paris, 1837-1839, 3 vol. in-8°.

2299. Mémoires de la Société de chirurgie de Paris. Paris, 1847-1860, 4 vol. in-4°, plus 3 livraisons du tome 5.

2300. Mémoires de l'Académie royale de médecine. Paris, 1828, 24 vol. in-4° avec planches.

2301. Mémoires de l'Académie royale de chirurgie. Paris, 1787, 5 vol. in-4°, avec figures.

2302. Mémoires de l'Académie royale de chirurgie. Nouvelle édition avec notes. Paris, 1819, 5 vol. in-8°, avec figures.

2303. Mémoires sur les sujets proposés pour les prix de l'Académie royale de chirurgie. Nouvelle édition avec notes. Paris, 1819, 5 vol. in-8°.

2304. Mémoires de la Société médicale d'émulation, séante à l'Ecole de médecine de Paris. Paris, 1798-1826, 9 vol. in-8° avec planches.

2305. Mémoires de la Société linnéenne de Paris, précédés de son histoire depuis 1788, époque de sa fondation, jusques et compris l'année 1822. Paris, 1822, 1 vol. in-8°.

2306. Rapport sur les travaux de la Société des sciences, agriculture et arts du Bas-Rhin, depuis juillet 1821 jusqu'à sa séance publique du 18 avril 1833. Strasbourg, 1833, in-8°.

2307. — Nouveaux mémoires de la Société. Tome 2 (2e partie), 1836, et t. 3 (3e partie), 1838.

2308. Rapports sur les vaccinations pratiquées en France. Paris, 1806 à 1824, 2 vol. in-8°.

2309. Rapports sur les vaccinations de 1838 à 1846, 3 vol. in-8°.

2310. Rapports sur les vaccinations en 1849, 1855, 1856, in-8°.

2311. Rapport du comité central de vaccine. Paris, 1803, in-8°.

2312. Rapports généraux des travaux du conseil de salubrité, pendant les années 1840 à 1845 inclusivement. Paris, 1847, in-4°.

2313. Recueil des actes de la Société de santé de Lyon, depuis l'an Ier jusqu'à l'an V de la République, ou mémoires et observations sur divers objets de chirurgie, de médecine et d'histoire naturelle. Lyon, 1798-1801, 2 vol. in-8°.

2314. Recueil des travaux de la société médicale d'observation de Paris. Paris, 1857-1859, 1 vol. et 3 fascicules in-8°.

2315. Recueil périodique de littérature médicale étrangère, ou supplément au recueil périodique de la Société de médecine de Paris. Paris, 1799, 2 vol. in-8°.

2316. Recueil de pièces qui ont concouru pour le prix de l'Académie royale de chirurgie. Paris, 1770, 5 vol. in-4°.

2317. Recueil de mémoires et observations sur l'hygiène et la médecine vétérinaires militaires; rédigé sous la surveillance de la commission d'hygiène. Paris, 1847-1858, 9 vol. in-8°.

2318. Transactions médicales; journal de médecine pratique et de littérature médicale, dans lequel sont publiés les actes de la Société de médecine de Paris; rédigé par A. N. Gendrin. Paris, 1830 à 1833, 14 vol. in-8°.

2319. Transactions philosophiques de la Société royale de Londres (Abrégé), traduit de l'anglais par Gibelin. Paris, 1789, 2 vol. in-8°.

g. — THÈSES [10].

2320. Thèses soutenues à la Faculté de médecine de Paris (collection Hatin). Paris, 1827 à 1836, 95 vol. in-4°. Tables générales de 1816 à 1831, et de 1835 à 1855, 2 vol. in-4°.

2321. Thèses soutenues à la Faculté de médecine de Paris de 1857 à 1861, 75 vol. in 4°.

2322. Thèses de concours soutenues à la Faculté de Paris (médecine et chirurgie). 1857 et 1860, 4 vol. in-4°.

2323. Thèses de concours (chirurgie) réunies en 1 vol. in-8° (voir la table en tête du volume).

2324. Thèse pour la chaire de pathologie externe à la Faculté de Paris, par Jules Cloquet. Paris, 1831, in-4°.

2325. Thèses soutenues à la Faculté de Montpellier en l'an V et VI, in-4°.

2326. Thèses de la Faculté de Montpellier de 1802 à 1860. 173 vol. in-4°. Nota : l'année 1810 manque à toutes les bibliothèques médicales et ne se trouve pas en librairie. L'année 1807 n'est représentée que par un très-petit nombre de thèses reliées avec celles de 1808.

2327. Thèses de concours (médecine et chirurgie).—Faculté de médecine de Montpellier, 1835 à 1860 (inclus), 9 vol. in-4°.

2328. Thèses soutenues à la Faculté de Strasbourg, depuis le 19 vendémiaire an VIII (1800) jusqu'à 1860 inclus. 57 vol. in-4°. Tables générales (la première, chronologique, et les autres, alphabétiques), depuis le 19 vendémiaire an VIII (1800) jusqu'au 31 décembre 1837.

2329. Thèses de concours (médecine et chirurgie). Strasbourg, 1804 à 1837, 2 vol. in-4°.

h. — ANNUAIRES MÉDICAUX ET AUTRES [12].

2330. Annuaire médico-chirurgical des hôpitaux et hospices civils de Paris, ou recueil de mémoires et observations, par les médecins et chirurgiens de ces établissements. Paris, 1819, 1 vol. in-4°, avec un atlas grand in-f°.

2331. Annuaire de chimie, comprenant les applications de cette science à la médecine et à la pharmacie, ou répertoire des découvertes et des nouveaux travaux en chimie faits dans les diverses parties de l'Europe, rédigé par Millon, Hœfer et Reiset. Paris, 1845-1851, 7 vol. in-8°.

2332. Annuaire de thérapeutique, de matière médicale, de pharmacie et de toxicologie, publié par A. Bouchardat. Paris, 1841 à 1860, 22 vol. grand in-32, et 2 vol. de supplément.

2333. Annuaire médical et pharmaceutique de la France, par F. Roubaud. Paris, 1849 à 1861, 5 vol. in-12.

2334. Annuaire général des sciences médicales, publié par le docteur A. Cavasse. 2e année, 1858. Paris, 1859, in-12.

2335. Annuaire de littérature médicale étrangère, pour 1857, publié par L. Noirot. 1858, 1859, 1860. Paris, 1861, in-12.

2336. Annuaire des eaux minérales de la France, publié par Lonchamp. Paris, 1830, in-18.

2337. Annuaire des eaux minérales de la France, publié par Lonchamp. Paris, 1832, in-18.

2338. Annuaire des eaux de la France pour 1851-1854. Paris, 2 vol. in-4°.

2339. Annuaire pour les années 1851, 52, 53, 60. 4 vol. in-18. Publié par le bureau des longitudes.

2340. Annuaire des eaux minérales. 2e année. Paris, 1860, in-18.

2341. Annuaire militaire, historique, topographique, artistique et anecdotique, sous la direction du capitaine Sicard. Paris, 1839, in-8°.

i. — MÉLANGES SCIENTIFIQUES [18].

2342. Actes du Congrès médical de France, session de 1845, publiés par les soins de MM. Serres, Bouillaud, Soubeiran, A. Lafour, etc., etc. Section de médecine, section de pharmacie, section de médecine vétérinaire. Paris, 1846, in-8°.

2343. ARAGO (F.). Mélanges scientifiques. Paris-Leipzig, 1859, in-8°.

2344. BARTHOLIN (Thomas). Cista medica hafniensis, variis consiliis, curationibus, casibus rarioribus, vitis medicorum hafniensium, aliisque ad rem medicam, anatomicam et chimicam spectantibus, referta; accedit ejusdem Domus anatomica brevissime descripta. Hafniæ, 1662, in-8°.

2345. BARTHOLIN (Th.). Dissertatio anatomica de hepate defuncto, novis bilsianorum observationibus opposita. Hafniæ, 1661, in-8°. (Relié avec 2344.)

2346. De balneis : omnia quæ extant apud Græcos, Latinos et Arabas, tam medicos quam quoscunque cæterarum artium probatos scriptores;

qui vel integris libris, vel quoquo alio modo hanc materiam tractave-
runt; nuper hinc inde accurate conquisita et excerpta, atque in unum
tandem hoc volumen redacta. Venetiis, apud Juntas, 1553, in-4°.

2347. BLANE (Gilbert). Select dissertations on several subjects of medical
science. London, 1833, in-8°.

2348. HORST (J.). De aureo dente maxillari pueri Silesii. Leipsick, 1595,
in-24.

2349. HORST (J.). De naturà, differentiis et causis eorum qui dormientes
ambulant. Leipsick, in-24 (relié avec 2348).

2350. LEMNIUS (L.). De habitu et constitutione corporis libri duo. Antverpiæ, 1561, petit in-8°.

2351. LUDWIG (Daniel). Opera omnia, et quidem : 1° De pharmacia mo-
derno sæculo applicanda dissertationes III ; 2° De volatilitate salis tar-
tari dissertatio ; 3° De morbis castrensibus et dysenteria tractatus duo ;
4° Observationes physico-chimico-medicæ curiosæ xlviii. Francofurti,
1712, in-4°.

2352. MEDING (Henri). Paris médical : Vade-mecum des médecins étrangers ; renseignements historiques, statistiques, administratifs et scientifiques. Paris, 1852, in-12.

2353. Miscellanea medico-physica academiæ naturæ curiosorum Germa-
niæ. Cum figuris æneis. Parisiis, 1672, 1 vol. in-4°.

2354. OEuvres diverses sur les accouchements, la médecine opératoire et
l'histoire naturelle. 4 vol. in-8° en langue chinoise, avec planches.
(Transmis au Conseil de santé par le docteur Giuliano, dit Castano, médecin en chef de l'expédition en Chine.)

2355. RIBES (F.). Mémoires et observations d'anatomie, de physiologie
et de chirurgie ; avec neuf planches. Paris, 1841-1845, 3 vol. in-8°
(deux exemplaires).

2356. SANDIFORT (E.). Thesaurus dissertationum, programmatum, aliorumque opusculorum selectissimorum ; ad omnem medicinæ ambi-
tum pertinentium. Lugduni Batavorum, 1778, 3 vol. in-4°, cum figuris æneis.

2357. Sciences et lettres, par divers. 1 vol. in-8°.

2358. SCOTT (P. Gaspard). Physica curiosa, sive mirabilia naturæ et artis
libris xii comprehensa, quibus pleraque, quæ de angelis, dæmonibus,
hominibus, spectris, energumenis, monstris, portentis, animalibus,
meteoris, etc., rara, arcana, curiosaque circumferuntur. Editio tertia.
Herbipoli, 1697, 2 vol. in-4°, cum figuris.

2359. WORM (Olaus). Museum Wormianum, seu historia rerum rario-
rum, tam naturalium quam artificialium, tam domesticarum quam
Hafniæ Danorum, in ædibus Authoris servantur ; variis et accuratis
iconibus illustrata. Lugduni Batavorum, 1655, in-f° (Elzevier).

P. — HISTOIRE DE L'ART MÉDICAL ET DES SCIENCES APPLIQUÉES A LA MÉDECINE [79].

u. — HISTOIRE DE LA MÉDECINE ET DE SES DIVERSES BRANCHES [17].

2360. ALPINO (Prosper). De medicina Ægyptiorum libri quatuor. Parisiis, 1646, in-4°.

2361. BONTIUS (J.). De medicina Indorum libri iv. Parisiis, 1645, in-4°. (Relié avec 2360.)

2362. BRIOT. Histoire de l'état et des progrès de la chirurgie militaire en France pendant les guerres de la révolution. Besançon, 1817, in-8°.

2363. DUJARDIN et PEYRILHE. Histoire de la chirurgie, depuis son origine jusqu'à nos jours. Paris, 1774, 1780, 2 vol. in-4° (deux exemplaires).

2364. FREIND (J.). Histoire de la médecine, depuis Galien jusqu'au xvi⁰ siècle. Paris, 1728, in-4°.

2365. GASTÉ (L. F.). Abrégé de l'histoire de la médecine, considérée comme science et comme art dans ses progrès et son exercice, depuis son origine jusqu'au xix⁰ siècle. Paris, 1835, in-8°.

2366. LAFONT-GOUZI (G. G.). Matériaux pour servir à l'histoire de la médecine militaire en France. Paris, 1809, in-8°.

2367. LAUTH (Th.). Histoire de l'anatomie. Strasbourg, 1815, in-4°.

2368. LE CLERC (Daniel). Histoire de la médecine, où l'on voit l'origine et les progrès de cet art de siècle en siècle. La Haye, 1729, in-4°.

2369. MAHON (P. A. O.). Histoire de la médecine clinique, depuis son origine jusqu'à nos jours, et recherches sur les maladies syphilitiques chez les femmes enceintes, les enfants nouveau-nés et les nourrices, avec le traitement de ces maladies par L. Lamauve. Paris, 1804, in-8°.

2370. MOREAU de la Sarthe (L. J.). Mémoires sur l'histoire de l'École de médecine de Paris. Páris, 1824, in-4°.

2371. PORTAL (A.). Histoire de l'anatomie et de la chirurgie. Paris, 1770-1773, 7 vol. in-12.

2372. QUESNAY (F.). Recherches critiques et historiques sur l'origine, sur les divers états et sur les vrais progrès de la chirurgie en France. Paris, 1744, in-4°.

2373. SABATIER d'Orléans (J. E.). Recherches historiques sur la Faculté de médecine de Paris, depuis son origine jusqu'à nos jours. Paris, 1837, in-8°.

2374. SCHULZE (J. H.). Compendium historiæ medicæ, a rerum initio ad excessum Hadriani Augusti. Halæ. 1742, in-12.

2375. SPRENGEL (Kurt). Essai d'une histoire pragmatique de la médecine, traduit sur la 2⁰ édition, par Ch.-Fréd. Geiger. Paris, 1809-1810, 2 vol. in-8°.

2376. SPRENGEL (Kurt). Histoire de la médecine, depuis son origine jusqu'au xix⁰ siècle, traduite de l'allemand sur la 2e édition, par A. J. L. Jourdan, et revue par Bosquillon. Paris, 1815-1820, 9 vol. in-8°.

b. — HISTOIRE DES SCIÉNCES NATURELLES [6].

2377. CUVIER (G.). Histoire des progrès des sciences naturelles, depuis 1789 jusqu'à ce jour (1831). Paris, 1834, 5 vol. in-8°.

2378. CUVIER (G.). Histoire des sciences naturelles, depuis leur origine jusqu'à nos jours, chez tous les peuples connus, complétée, rédigée et publiée par Magdeleine de Saint-Agy. Paris, 1841, 5 vol. in-8°.

2379. DU. HAMEL (J. B.). Regiæ scientiarum academiæ historia. Parisiis, 1698, 1 vol. in-4°.

2380. FIGUIER (L.). Exposition et histoire des principales découvertes scientifiques modernes. 4e édition. Paris, 1855, 4 vol. in-12.

2381. HOEFER (Ferd.). Histoire de la chimie, depuis les temps les plus reculés jusqu'à notre époque. Paris, 1842-1843, 2 vol. in-8°.

2382. POUCHET (F. A.). Histoire des sciences naturelles au moyen âge, ou Albert le Grand et son époque considérés comme point de départ de l'école expérimentale. Paris, 1853, in-8°.

c. — BIOGRAPHIE MÉDICALE [17].

2383. Biographies médicales, par divers. Paris, 2 vol. in-8°.

2384. CASTELLANO (P.). Vitæ illustrium medicorum qui toto orbe, ad hæc usque tempora, floruerunt. Antverpiæ, 1618, in-8°. (Relié avec 54.)

2385. ELLIOTSON (John). The harveian oration, delivered before the royal college of physicians London, june 27 1846; with an english version and notes. London, 1846, in-8°.

2386. Éloges et notices sur le baron Larrey, par divers. 1 vol. in-8°.

2387. FÉE (A. L. A.). Vie de Linné, rédigée sur les documents autographes laissés par ce grand homme. Paris, 1832, in-8°.

2388. FLOURENS (P.). Recueil des éloges historiques lus dans les séances publiques de l'Académie des sciences. Paris, 1856-1857, 2 vol. in-12.

2389. GEOFFROY-SAINT-HILAIRE (Isid.). Vie, travaux et doctrine scientifique d'Étienne Geoffroy Saint-Hilaire. Paris-Strasbourg, 1847, in-12.

2390. LAURENT (C.). Histoire de la vie et des ouvrages de P. F. Percy, composée sur les manuscrits originaux. Versailles, 1827, in-8°.

2391. LEROY-DUPRÉ. Larrey, chirurgien en chef de la grande armée. Paris, 1860, in-18 (deux exemplaires).

2392. LOUIS (A.). Éloges lus dans les séances publiques de l'Académie royale de chirurgie, de 1750 à 1792, recueillis et publiés pour la première fois au nom de l'Académie impériale de médecine, avec une introduction, des notes et des éclaircissements par E. F. Dubois d'Amiens. Paris, 1859, in-8°.

2393. PEIRSON. Memoir of Edward A. Holyoke, m. d., prepared in compliance with a vote of the Essex south district medical society, and published at their request. Boston, 1829, in-8°.

2394. PERCY (P. F.). Éloge historique d'Anuce Foes, célèbre médecin et savant helléniste du xvi⁰ siècle. Paris, 1812, in-8°.

2395. PERCY (P. F.). Eloge historique de M. Sabatier. Paris, 1812, in-8°.

2396. RÉVEILLÉ-PARISE. Galerie médicale, 1ʳᵉ et 2ᵉ séries (Notices biographiques). Paris, 1845, in-8°. (Relié avec 327.)

2397. THOMSON (John). An account of the life, lectures and writings of William Cullen. Edinburgh, 1832, in-8°.

2398. TOURDES (J.). Notice sur la vie littéraire de Spallanzani. Paris, 1799, in-8°.

2399. TOURDES (J.). Même ouvrage. 2ᵉ édition. Milan, 1800, in-8°.

d. — LITTÉRATURE, ÉRUDITION ET CRITIQUE MÉDICALES [24].

2400. BRAD (J. L.). Hygiène militaire, ou l'art de guérir aux armées; poème en quatre chants, suivi des loisirs d'un militaire dans la campagne de 1809. Paris, 1815, in-8°.

2401. BURDIN jeune (C.) et DUBOIS (Frédéric) d'Amiens. Histoire académique du magnétisme animal; accompagnée de notes et de remarques critiques sur toutes les observations et expériences faites jusqu'à ce jour. Paris, 1841, in-8°.

2402. DESGENETTES (René). Histoire médicale de l'armée d'Orient. 2ᵉ édition, avec notes. Paris, 1830, in-8°.

2403. DU PLEIX (Scipion). La curiosité naturelle, rédigée en questions selon l'ordre alphabétique. Rouen, 1635, in-24.

2404. FIORAVANTI (Leonardo). De' cappricci medicinali libri quattro. In Venetia, 1582, in-8°.

2405. FIORAVANTI (Leonardo). Del compendio dei secreti rationali libri cinque. In Venetia, 1564, in-24.

2406. FRACASTOR (Girolamo). La sifilide, poema tradotto da Luigi Zaccarelli. Parma, 1829, in-folio.

2407. GARZONI (Thomas). L'hospital des fols incurables; œuvre non moins utile que récréative, et nécessaire à l'acquisition de la vraye sagesse. Tirée de l'italien et mise en notre langue par F. Clarier. Paris, 1620, in-8°.

2408. GEOFFROI (E. L.). Hygiène, ou art de conserver la santé; poème latin traduit en vers français, par Lequenne-Cousin. Paris, 1839, in-8°.

2409. GOBLIN (D. J.). Le médecin sans médecine, ou le charlatanisme dévoilé. Paris, 1830, in-18.

2410. HÉNIN (d') DE CUVILLERS. Le magnétisme animal retrouvé dans l'antiquité. 2ᵉ édition. Paris, 1821, in-8°.

2411. JACQUOT (Félix). Lettres médicales sur l'Italie, comprenant l'histoire médicale du corps d'occupation des États romains. Paris, 1857, in-8°.

2412. JACQUOT (Félix). Mélanges médico-littéraires. Paris, 1854, in-8°.

2413. LEVACHER DE LA FEUTRIE. L'école de Salerne, ou l'art de conserver la santé, en vers latins et français. Au Mont-Cassin, 1779, in-12.

2414. MARROIN (A.). Histoire médicale de la flotte française dans la mer Noire pendant la guerre de Crimée. Paris, 1861, in-8°.

2415. MUNARET. Le médecin des villes et des campagnes; Mœurs et sciences. 2e édition. Paris, 1840, in-12.

2416. PERCY (P. F.). Délassements académiques. Paris, 1812, in-8°.

2417. PETIT (Marc-Antoine). Essai sur la médecine du cœur, auquel on a joint les principaux discours prononcés à l'ouverture des cours d'anatomie, d'opérations et de chirurgie clinique de l'hôtel-Dieu de Lyon; savoir : 1° sur l'influence de la révolution sur la santé publique; 2° sur la manière d'exercer la bienfaisance dans les hôpitaux; 3° sur la douleur; 4° sur les maladies observées à l'hôtel-Dieu de Lyon pendant neuf années; 5° l'éloge de Desault. Lyon, 1806, in-8°.

2418. PRIMEROSE. Traité sur les erreurs vulgaires de la médecine, avec des additions par M. de Rostagny. Lyon, 1689, in-8°.

2419. RHEMNIUS. Rhemnii poema de ponderibus et mensuris. Cum adnotationibus et correctionibus R. Constantini. Lvgdvni, 1566, in-12. (Relié avec 2111.)

2420. RICHERAND (A.). Des erreurs populaires relatives à la médecine. Paris, 1810, in-8°.

2421. ROTH (G. C.). De nominibus vocabulisque quibus medicos eorumque artem adpellarunt veteres Germani, disquisitio philologico-antiquaria. Helmstadii, 1735, petit in-8°.

2422. SERENUS SAMONICUS (Quintus). Q. Sereni medicinale poema, cum adnotationibus et correctionibus R. Constantini. Lvgdvni, 1566, in-12. (Relié avec 2111.)

2423. Syphilis, poème en trois chants, par Barthélemy. Paris, 1848, in-24.

e. — BIBLIOGRAPHIE MÉDICALE [15].

2424. B. I. D. Bibliographie médicale raisonnée, ou essai sur l'exposition des livres les plus utiles à ceux qui étudient la médecine. Paris, 1756, in-18.

2425. Bibliothèque impériale. Catalogue des sciences médicales, publié par ordre de l'Empereur. Paris, 1857, tome 1er, 1re livraison, in-4°.

2426. BROUSSAIS (Casimir). Atlas historique et bibliographique de la médecine. Paris, 1834, in-f°.

2427. Bulletin bibliographique des sciences physiques, naturelles et médicales, publié par J. B. Baillière et fils. Paraît tous les trois mois par cahier de 2 à 3 feuilles in-8° (32 à 48 pages). Paris, 1861, première année.

2428. CARRÈRE (J. R. T.). Catalogue raisonné des ouvrages qui ont été publiés sur les eaux minérales en général et sur celles de France en particulier. Paris, 1785, in-8°.

2429. DAREMBERG (Car.). Glossulæ quatuor magistrorum super chirurgiam Rogerii et Rolandi, nunc primum ad fidem codicis Mazarinei edidit Dr Car. Daremberg. Naples et Paris, 1854, grand in-8°.

2430. DURELLE (Jean). Onomatologie chirurgique, ou explication des mots grecs appartenant à la chirurgie. Lyon, 1644, in-18.

2431. GRONOVIUS (L. Theod.). Bibliotheca regni animalis atque lapidei, seu recensio auctorum et librorum qui de regno animali et lapideo tractant. Lugduni Batavorum, 1760, in-4°.

2432. HALLER (A.). Bibliotheca anatomica, qua scripta ad anatomen et physiologiam facientia a rerum initiis recensentur. Tiguri, 1774, tom. 1 et 2, divisés et reliés en 4 vol. in-4°.

2433. LECLERC (Daniel) et MANGET (J.). Bibliotheca anatomica, sive recens in anatomia inventorum thesaurus locupletissimus. Editio secunda. Genevæ, 1699, 2 vol. in-f°, cum indicibus necessariis, figurisque æneis quamplurimis.

2434. LUDWIG (C. F.). Scriptores nevrologici minores selecti sive opera minora ad anatomiam, physiologiam et pathologiam nervorum spectantia. Lipsiæ, 1791, 4 vol. in-4°, cum tabulis æneis indicibusque. (Voir en tête de chaque volume la table des auteurs.)

2435. MONFALCON (J. B.). Précis de bibliographie médicale, contenant l'indication et la classification des ouvrages les meilleurs, les plus utiles; la description de livres de luxe et des éditions rares, et des tables pour servir à l'histoire de la médecine. Paris, 1827, in-18.

2436. PLOUCQUET (G. G.). Litteratura medica digesta, sive repertorium medicinæ practicæ, chirurgiæ atque rei obstetriciæ, cum supplemento. Tubingæ, 1808, 5 vol. grand in-4°.

2437. SEGUIER (J. F.). Bibliotheca botanica, sive catalogus auctorum et librorum omnium qui de re botanica, de medicamentis ex vegetabilibus paratis, do re rustica, et de horticultura tractant.

2438. VANDERLINDEN (J. Ant.). De scriptis medicis libri duo. Editio altera, auctior et emendatior. Amsterdam, 1651, in-8°.

Q. — PHILOSOPHIE. — RELIGION. — POLITIQUE. — JURISPRUDENCE. ADMINISTRATION. — BELLES-LETTRES [209].

a. — PHILOSOPHIE [5].

2439. BONNEVILLE (N.). De l'esprit des religions. Ouvrage promis et nécessaire à la confédération universelle des amis de la vérité. Paris, 1791, in-8°.

2440. DESCARTES (René). Principia philosophiæ. Editio quarta. Amstelœdami, 1664, in-4° (Daniel Elzevier).

2441. DESCARTES (R.). De homine, figuris, et latinitate donatus a Florentio Schuyl. Lugduni Batavorum, 1664, in-4°, avec figures dans le texte.

2442. GARREAU (P.). Essai sur les principes des sociétés. Paris, 1859, in-18.

2443. RÉMI. De la vie et de la mort. Considérations philosophiques sur la vie de la terre et des êtres qui en dépendent, en particulier de la vie et la mort de l'homme, et de son avenir; comprenant : la géogénie concordant avec l'interprétation du premier chapitre de la Genèse, la géologie, l'histoire naturelle philosophique, la vie humaine particulière et sociale. Paris, 1847, in-8°.

b. — RELIGION [7].

2444. ANTHOINE de Yepes (DOM). Chroniques générales de l'ordre de Saint-Benoist, traduites en français par dom Martin Rethelois. Toul, 1647, 1 vol. in-f°.

2445. APPIANO BUONAFEDE (Le P.). Histoire critique et philosophique du suicide, traduite de l'italien par G. Armellino et L. F. Guérin. Paris, 1841, in-8°.

2446. BOURGADE (L'abbé F.). Soirées de Carthage, ou dialogues entre un prêtre catholique, un muphti et un cadi. 2e édition. Paris, 1852, in-8°.

2447. Le guide du bonheur, ou recueil de pensées, maximes et prières. 3e édition. Paris, 1846, in-8°.

2448. MARSILIO (M. A.). De fonte lustrali, seu de aquæ benedictæ præstantia. Romæ, 1603, petit in-4°.

2449. PÉGUES (L'abbé). Histoire et phénomènes du volcan et des îles volcaniques de Santorin, suivis d'un coup d'œil sur l'état moral et religieux de la Grèce moderne (avec une carte). Paris, 1842, in-8°.

2450. REB (L'abbé L.). Le code moral et religieux de l'officier, du sous-officier et du soldat. Paris, 1852, in-18.

c. — POLITIQUE. — ÉCONOMIE SOCIALE [20].

2451. AMADOR DE LOS RIOS (Don José). Études historiques, politiques et littéraires sur les juifs d'Espagne, traduites pour la première fois en français par J. G. Magnabal. Paris, 1861, grand in-8°.

2452. AUDIGANNE (A.). Les populations ouvrières et les industries de la France. Études comparatives sur le régime et les ressources des différentes industries, sur l'état moral et matériel dans chaque branche du travail, et des institutions qui les concernent. 2e édition. Paris, 1860, 2 vol. in-8°.

2453. CADIOT. Tablettes des révolutions de la France de 1789 à 1848, et études sur leurs secrets, ou conflits des pouvoirs souverains dans les affaires d'État. 4e édition. Paris, 1855, in-18.

2454. COMBES (Anacharsis) et COMBES (Hippolyte). Les paysans français considérés sous le rapport historique, économique, agricole, médical et administratif. Paris (sans date), in-8°.

2455. COMPAGNON (Al.). Les classes laborieuses, leur condition actuelle, leur avenir par la réorganisation du travail. Paris, 1858, in-12.

2456. DEMERSAY (A. L.). Histoire physique, économique et politique du Paraguay et des établissements des jésuites. Ouvrage accompagné d'un atlas, de pièces justificatives et d'une bibliographie. Paris, 1860, tome 1er, grand in-8°, et atlas gr. in-f°.

2457. DES ETANGS (A.). Études sur la mort volontaire; Du suicide politique en France depuis 1789 jusqu'à nos jours. Paris, 1860, in-8°.

2458. ÉLIE DE LA PRIMAUDIE (F.). Le commerce et la navigation de l'Algérie avant la conquête française. Paris, 1861, grand in-8°.

2459. FRÉGIER (H. A.). Des classes dangereuses de la population dans les grandes villes, et des moyens de les rendre meilleures. Paris, 1840, 2 vol. in-8°.

2460. GENTY DE BUSSY. De l'établissement des Français dans la régence d'Alger, et des moyens d'en assurer la prospérité. Paris, 1835, tomes 1 et 2 reliés en 1 vol. grand in-8°.

2461. GENTY DE BUSSY (P.). Même ouvrage. 2e édition. Paris, 1839, 2 vol. in-8°.

2462. LE PLAY (F.). Les ouvriers européens. Étude sur les travaux, la vie domestique et la condition morale des populations ouvrières de l'Europe. Paris, 1855, in-f°.

2463. LINSTANT (S.). De l'émigration européenne dans ses rapports avec la prospérité future des colonies. Paris, 1850, in-8°.

2464. MATHIEU (Henri). La Turquie et ses différents peuples. 2e édition. Paris, 1857, 2 vol. in-12.

2465. MICHEL-CHEVALIER. Cours d'économie politique. 2e édition. Paris, 1858, in-8°.

2466. MINISTÈRE DE LA GUERRE. Tableau de la situation des établissements français dans l'Algérie. Paris, 1839 à 1852, 9 vol. grand in-4° avec cartes.

2467. NAPOLÉON Ier. Correspondance publiée par ordre de l'empereur Napoléon III. Paris, 1858-1859, 6 vol. in-4°.

2468. NAPOLÉON III. Œuvres complètes. Paris, 1854-1856, 4 vol. gr. in-8°.

2469. VOGEL (Ch.). Le Portugal et ses colonies, tableau politique et commercial de la monarchie portugaise dans son état actuel. Paris, 1860, in-8°.

2470. ZELLER (J.). L'année historique, ou revue annuelle des questions et des événements politiques en France, en Europe et dans les principaux États du monde. Paris, 1860-1861, 1re et 2e année, 2 vol. in-12.

d. — JURISPRUDENCE [13].

2471. Arrêté des consuls de la république, concernant les hôpitaux militaires. Du 24 thermidor an VIII (1800). Paris, 1800, in-8°.

2472. BOST (A.) et PERIER (J.). Guide complet du recrutement, code formulaire des fonctionnaires civils et militaires et des chefs de famille. Avec un appendice contenant le texte des lois et les modèles officiels relatifs à toutes les opérations du recrutement. Paris, 1861, in-8°.

2473. CHÉNIER (L. J. G. DE). Manuel des conseils de guerre, ou recueil alphabétique de questions de droit militaire. Paris, 1831, in-8°.

2474. CHÉNIER (L. J. G. DE). Guide des tribunaux militaires, ou législation criminelle de l'armée; contenant, avec des notes et des commentaires explicatifs, le texte entier des lois, décrets, arrêtés, ordonnances, avis du conseil d'État, rendus depuis 1789 jusqu'à ce jour, et la jurisprudence établie par les arrêts de la Cour de cassation. Paris, 1838, 2 vol. in-8°.

2475. Code médical, ou recueil des lois, décrets et règlements sur l'étude, l'enseignement et l'exercice de la médecine civile et militaire en France, publié par A. Amette. Paris, 1853, in-12.

2476. Commentaire sur le code de justice militaire pour l'armée de terre promulgué le 4 août 1857, par V. Foucher. Paris, 1858, 1 vol. grand in-8°.

2477. Compte général de l'administration de la justice criminelle en France pendant les années 1840, 1841, 1842 et 1844. Paris, 1842-1846, 4 vol. in-4°.

2478. DURAT-LASALLE (Louis). Droit et législation des armées de terre et de mer, recueil méthodique complet des lois, décrets, ordonnances, règlements, instructions, etc., actuellement en vigueur. Portraits, gravures, vignettes, etc., etc. Paris, 1842-1857, 10 vol. in-8°.

2479. Les codes français conformes aux textes officiels, avec la conférence des articles entre eux, par C. Bourguignon. Nouvelle édition, entièrement refondue, précédée d'une table chronologique, et suivie d'une table alphabétique, par P. Royer-Collard. Paris, 1846, 1 fort vol. in-8°.

2480. MINISTÈRE DE LA GUERRE. Traité du 31 décembre 1855, pour l'entreprise des transports généraux de la guerre. Paris, 1856, in-4°.

2481. QUILLET (P. N.). État actuel de la législation sur l'administration des troupes. 5° édition. Paris, 1811, tomes 1 et 2 reliés en 1 vol. in-8°.

2482. ROZIER (V.). Législation sanitaire de l'armée de terre. Paris, 1853, 3 vol. in-8°.

2483. TRÉBUCHET (ADOLPHE). Jurisprudence de la médecine, de la chirurgie et de la pharmacie en France, comprenant la médecine légale, la police médicale, la responsabilité des médecins, chirurgiens, pharmaciens, etc.; l'exposé et la discussion des lois, ordonnances, règlements et instructions concernant l'art de guérir, appuyé des jugements des cours et des tribunaux. Paris, 1834, in-8°.

e. — ADMINISTRATION [39].

2484. Administration générale de l'assistance publique à Paris. Compte moral administratif de l'exercice 1856. Paris, 1857, in-4°.

2485. CERFBERR (A. E.). Rapport à M. le ministre de l'Intérieur sur différents hôpitaux, hospices, établissements et sociétés de bienfaisance, et sur la mendicité dans les États de Sardaigne, de Lombardie et de Venise; de Rome, de Parme, de Plaisance et de Modène. Paris, 1840, in-4°.

2486. CERFBERR (A. E.). Rapport à M. le ministre de l'intérieur sur différents hôpitaux, hospices, établissements et sociétés de bienfaisance de l'Italie. Paris, 1840, in-4°.

2487. COSTE. Du service des hôpitaux militaires rappélé aux vrais principes. Paris, 1790, 1 vol. in-8°.

2488. DAIGNAN (G.). Ordre du service des hôpitaux militaires, ou détail des précautions à prendre pour assurer le succès du traitement des malades. Paris, 1785, in-8°.

2489. DESMONCEAUX (L'abbé). De la bienfaisance nationale, sa nécessité et son utilité dans l'administration des hôpitaux militaires et particuliers. Paris, 1789, in-8°.

2490. FONTAINE DE RESBECQ (A.). Guide administratif et scolaire dans les Facultés de médecine, les écoles supérieures de pharmacie et les écoles préparatoires de médecine et de pharmacie, suivi de la chronologie des lois et règlements de 1791 à 1860. Paris, 1860, in-18.

2491. GARREL (A.). Manuel des pensions de l'armée de terre, ou collection générale des lois, règlements, modèles, formules, etc., concernant l'instruction des demandes des militaires. Paris, 1858, petit in-18.

2492. Livret spécial pour les directions à donner aux militaires isolés ayant droit aux convois et voyageant par les chemins de fer, les diligences et les bateaux à vapeur. Paris, 1856, in-4°.

2493. MINISTÉRE DE LA GUERRE. État des distances avec calcul des délais accordés pour les transports ordonnés par toutes voies, dressé pour l'exécution du cahier des charges pour les transports de la guerre à partir du 1er janvier 1856 jusqu'au 31 décembre 1860. Paris, 1856, in-4°.

2494. MINISTÉRE DE LA GUERRE. Manuel des pensions de l'armée de terre. Paris, 1831, in-4°.

2495. MINISTÉRE DE LA GUERRE. Rapport de la haute commission des subsistances militaires sur le meilleur système à adopter pour la fourniture des vivres-pain aux troupes françaises à l'intérieur et en Algérie. Paris, 1851, in-4°.

2496. MINISTÈRE DE LA GUERRE. Comptes rendus au roi sur le recrutement de l'armée. Paris, 1819 à 1851, 31 vol. in-4°.

2497. MINISTÈRE DE LA GUERRE. Compte rendu pour l'année 1859. Paris, 1860, in-4°.

2498. MINISTÈRE DE LA GUERRE. Compte rendu au roi, sur le recrutement de l'armée, pendant l'année 1839. Paris, 1841, in-4°.

2499. MINISTÈRE DE L'INTÉRIEUR. Instruction et programme pour la construction des maisons d'arrêt et de justice. Atlas de plans de prisons cellulaires. Paris, 1841, petit in-f°.

2500. MINISTÈRE DE L'INTÉRIEUR. Rapport au roi sur les hôpitaux, les hospices et les services de bienfaisance. Paris, 1837, in-4° (trois exemplaires).

2501. MOREAU-CHRISTOPHE (L.). Rapport à M. le comte de Montalivet, sur les prisons de l'Angleterre, de l'Écosse, de la Hollande, de la Belgique et de la Suisse. Paris, 1839, in-4° (deux exemplaires).

2502. Opinions exprimées par les conseils généraux des départements dans leur session de 1838, sur la réforme du régime des prisons. Paris, 1838, in-4°.

2503. Ordonnance du roi du 10 mai 1834, sur l'administration et la comptabilité des corps de troupes. Paris, 1835, in-18.

2504. Ordonnance du roi du 10 mai 1844, sur l'administration et la comptabilité des corps de troupes. Paris, 1845, in-18.

2505. Ordonnance du roi concernant les hôpitaux militaires et ceux de charité au compte de Sa Majesté; du 1er janvier 1780. Paris, 1780, in-8°.

2506. Ordonnance du roi portant règlement général concernant les hôpitaux militaires; du 2 mai 1781. Paris, 1781, petit in-f°.

2507. Ordonnance sur l'exercice et les manœuvres de l'infanterie; du 4 mars 1831. — 1re partie. École du soldat et école de peloton. — 2e partie. École de bataillon. Instruction pour les tirailleurs. — 3e partie. Évolutions de ligne. Paris, 1831, 3 vol. in-32.

2508. Ordonnance pour régler le service dans les places et dans les quartiers, du 1er mars 1768, collationnée sur l'édition originale; suivie du décret du 24 décembre 1811, sur les états-majors des places, et d'une table analytique des matières. Paris, 1831, in-32.

2509. Ordonnance du roi sur le service des armées en campagne; du 3 mai 1832. Paris, 1832, in-32.

2510. Ordonnance du roi sur le service intérieur des troupes d'infanterie; du 2 novembre 1833. Paris, 1834, in-32.

2511. Ordonnance du roi du 22 novembre 1845, sur l'exercice et les manœuvres des bataillons de chasseurs d'Orléans. 1re et 2e parties. Paris, 1845, 2 vol. in-18.

2512. Organisation médicale, par divers. Paris, 1830, 1833, 1845, 1847.
4 vol. in-8°.

2513. PUEL (J. A. A. E.). Manuel réglementaire à l'usage des officiers de
santé, des hôpitaux militaires et des corps de troupes. Metz, 1837,
in-8°.

2514. Règlement provisoire sur les manœuvres de l'artillerie. Approuvé
par le ministre de la guerre, le 27 octobre 1847. Avec 14 planches.
Paris, 1848, in-32.

2515. SUBY. Des hôpitaux militaires. Metz, 1789, in-8°.

2516. TENON. Mémoires sur les hôpitaux de Paris. Imprimés par ordre
du roi. Paris, 1788, in-4°, avec figures en taille douce.

2517. WATTEVILLE (DE). Rapport au ministre de l'intérieur sur l'administration des bureaux de bienfaisance et sur la situation du paupé-
risme en France. Paris, 1854, gros in-4°.

2518. WATTEVILLE (DE). Rapport sur l'administration des hôpitaux et des
hospices. Paris, 1851, in-4°.

2519. WATTEVILLE (DE). Rapport sur les tours, les abandons, les infan-
ticides et les morts-nés, de 1826 à 1854. Paris, 1856, in-4°.

2520. VAUCHELLE. Cours d'administration militaire. 2e édition. Paris,
1847, 3 vol. in-8°.

2521. VAUCHELLE. Même ouvrage. 3e édition. Paris, 1854, 3 vol. in-8°.

2522. VERGA (ANDREA). Rendiconto della beneficenza dell' ospitale mag-
giore e degli annessi pii istituti in Milano per li anni solari 1856-1857.
Milano, 1859, in-4°.

**f. — DICTIONNAIRES ET OUVRAGES RELATIFS A L'INSTRUCTION
ÉLÉMENTAIRE [23].**

§ Ier.

Dictionnaires [16].

2523. Dictionnaire universel d'histoire et de géographie, par M. N. Bouillet. 2e édition. Paris, 1842, gros in-8°.

2524. Dictionnaire universel des sciences, des lettres et des arts, par M. N.
Bouillet. Paris, 1854, gros in-8°.

2525. Dictionnaire des arts et manufactures, de l'agriculture, des
mines, etc. Description des procédés de l'industrie française et étrangère, par MM. Alcan, Barral, Desormeaux, Ebelmen, Faure, Grouvelle,
Laboulaye, etc. Dirigé par C. Laboulaye. 2e édition. Paris, 1854,
4 tomes réunis en 2 vol. gr. in-8°, petit texte à 2 colonnes.

2526. — Complément du dictionnaire des arts et manufactures, avec le
concours de plusieurs savants et ingénieurs. Dirigé par C. Laboulaye.
Paris, 1860, livraisons 1 à 6, gr. in-8°, petit texte à 2 colonnes.

2527. Dictionnaire de l'Académie française. 6e édition. Paris, 3 vol. in-4°.

2528. Dictionnaire grec-français composé sur un nouveau plan par
C. Alexandre. 9e édition. Paris, 1844, gros in-8°.

2529. Dictionnaire général anglais-français, nouvellement rédigé d'après Johnson, Wesbster, Richardson, etc., par A. Spiers. Paris, 1858, 1 vol. gr. in-8º.

2530. Dictionnaire général français-anglais, nouvellement rédigé d'après les dictionnaires français de l'Académie, de Laveaux, de Boiste, de Bescherelle, etc., par A. Spiers. Paris, 1859, 1 vol. gr. in-8º.

2531. Dictionnaire abrégé de la fable, pour l'intelligence des poètes, des tableaux et des statues dont les sujets sont tirés de l'histoire poétique, par Chompré. 16e édition. Paris (sans date), in-12.

2532. Dictionnaire de l'armée de terre, ou recherches historiques sur l'art et les usages militaires des anciens et des modernes, par le général Bardin. Terminé sous la direction du général Oudinot de Reggio. Paris, 1851, 4 gros vol. in-8º.

2533. Dictionnaire illustré et encyclopédie universelle, par Dupiney de Vorepierre (B.). Ouvrage qui peut tenir lieu de tous les vocabulaires et de toutes les encyclopédies. Enrichi de 20,000 figures gravées sur cuivre. Paris, 1858, 121 livraisons in-4º, petit texte à 3 colonnes.

2534. Grand dictionnaire français-espagnol et espagnol-français, par V. Salva. Paris, 1858; très-fort vol. gr. in-8º.

2535. Le dictionnaire royal français-anglais et anglais-français, par A. Boyer. Londres, 1729, grand in-4º.

2536. Nouveau dictionnaire de poche français-allemand et allemand-français, par A. Thibaut. 7e édition. Paris-Leipzig, 1838.

2537. Nouveau dictionnaire allemand-français et français-allemand, par Schuster et Régnier. Paris, 1855, 2 vol. in-8º.

2538. Nouveau dictionnaire latin-français, par Alfred de Wailly. 8e édition. Paris, 1839, gr. in-8º.

§ II.

Instruction élémentaire [7].

2539. ARAGO (F.). Astronomie populaire. Paris-Leipzig, 1857, 4 vol. in-8º. (Voy. 1772.)

2540. Bibliothèque historique et militaire, par Liskenne (Ch.) et Sauvan. Paris, 1840-1853, 14 vol. in-8º.

2541. Bibliothèque d'instruction populaire. — Maître Pierre, ou le savant de village, par H. Quenot. Entretiens sur les animaux venimeux et les végétaux nuisibles. Paris, 1836, in-18, avec 4 planches.

2542. POMPÉE (Philibert). Rapport historique sur les écoles primaires de la ville de Paris, depuis leur origine jusqu'à la loi du 28 juin 1833. Paris, 1839, in-8º.

2543. RADU (J.). Instruction élémentaire : religion, lecture, écriture, calcul, grammaire, géographie, histoire. Paris, grand in-8º.

2544. SCOTT (E. L.). Les noms de baptême et les prénoms. — Nomenclature. — Signification. — Tradition. — Légende. — Histoire. — Art de nommer. Paris, 1857, in-18.

2545. VOSSIUS (G. J.). De arte grammatica. — De analogia. — De sermonis constructione. La Haye, 1635, in-4°.

g. — JOURNAUX ET REVUES [9].

2546. Annales du Conservatoire impérial des arts et métiers publiées par les professeurs. Paraissent chaque mois par livraison. M. Ch. Lâboulaye, directeur. Paris, 1860, 4 livraisons in-8°.

2547. Journal de l'Armée. Paris, 1833, 2 vol. in-8° reliés ensemble (cartes et portraits).

2548. Journal militaire officiel, année 1849. Comptabilité de pharmacie. Paris, 1849, in-8°.

2549. Journal militaire officiel. Règlement général sur le service des hôpitaux militaires, du 1er avril 1831. Paris, 1831, in-8°.

2550. Journal militaire officiel. Paris, 1818 à 1860, 83 vol. in-12. — Table générale des matières de 1814 à 1834.

2551. Nouvelle revue encyclopédique publiée par MM. Firmin Didot frères, avec le concours de plusieurs savants et littérateurs français et étrangers, de membres de l'Institut et de l'Université, de magistrats, d'hommes d'État, de philologues, d'orientalistes, d'archéologues, de voyageurs, etc. Paris, 1846-1848, 5 vol. in-8°.

2552. Revue coloniale. Paris, 1843 à 1852, 14 vol. in-8°.

2553. Revue britannique, ou choix d'articles traduits des meilleurs articles périodiques de la Grande-Bretagne sur la littérature, les beaux-arts, les arts industriels, l'agriculture, le commerce, l'économie politique, les finances, la législation, etc., etc. Publiée par Saulnier et Dondey-Dupré, et continuée, en 1840, par le docteur Amédée Pichot. Paris, 1825 à 1861, 216 vol. in-8°.

2554. Revue germanique, publiée par MM. Dollfus et Nefftzer, paraissant tous les mois, de 1858 au 30 novembre 1860, et depuis lors tous les quinze jours. 13 vol. in-8°.

h. — LITTÉRATURE, CRITIQUE, ÉRUDITION [14].

2555. AUBIGNY (E. F. d'). Essai sur la littérature italienne, depuis la chute de l'empire romain jusqu'à nos jours. Paris, 1839, in-8°.

2556. BROWN (THOMAS). Essai sur les erreurs populaires, ou examen de plusieurs opinions reçues comme vraies qui sont fausses ou douteuses; traduit de l'anglais. Paris, 1753, 2 vol. in-12.

2557. BERGER DE XIVREY (JULES). Lettre à M. Hase sur une inscription latine du IIe siècle trouvée à Bourbonne-les-Bains le 6 janvier 1833, et sur l'histoire de cette ville. Paris, 1833, in-8°.

2558. Collection des auteurs latins avec la traduction en français, publiée sous la direction de M. D. Nisard. Paris, 27 vol. in-8° jésus.

2559. DESGENETTES (R.). Études sur le genre de mort des hommes illustres de Plutarque et des empereurs romains. Paris, 1833, in-8°.

2560. GUILLÉ. Essai sur l'instruction des aveugles, ou exposé analytique des procédés employés pour les instruire. Paris, 1817, in-8° avec gravures.

2561. LEMERCIER (Népomucène Louis). L'Atlantiade, ou la théogonie newtonienne, poème en six chants. Paris, 1812, in-8°.

2562. LEMERCIER (N. L.). Moïse, poème en quatre chants. Paris, 1823, in-8°.

2563. QUÉRARD (J. M.) et BOURQUELOT (Félix). La littérature française contemporaine. Paris, 1842-1857, 6 vol. in-8°.

2564. RENÉE (A.). Les nièces de Mazarin ; études de mœurs et de caractères au xviie siècle. 2e édition. Paris, 1857, in-8°.

2565. RÉVEILLÉ-PARISE (J. H.). Lettres de Gui-Patin ; nouvelle édition augmentée de lettres inédites, précédée d'une notice biographique, accompagnée de remarques scientifiques, historiques, philosophiques et littéraires (avec portrait et fac-simile). Paris, 1846, 3 vol. in-8°.

2566. SÉDILLOT (L. A.). Traité des instruments astronomiques des Arabes, composé au xiiie siècle par Aboul-Hassan-Ali de Maroc. Paris, 1834, in-4°.

2567. WEY (Francis). Histoire des révolutions du langage en France. Paris, 1848, in-8°.

2568. WEY (F.). Remarques sur la langue française au xixe siècle, sur le style et la composition littéraire. Paris, 1845, 2 vol. in-8°.

i. — histoire [8].

2569. BOUET-WILLAUMEZ (E.). Batailles de terre et de mer jusques et y compris la bataille de l'Alma. Ouvrage orné de 70 planches ou gravures de batailles, vaisseaux, costumes, etc., etc. Paris, 1855, in-8°.

2570. CHANTREAU. Eléments d'histoire militaire, divisés en éléments historiques et bibliographie militaire. Paris, 1806, in-8°.

2571. CLUVERIUS (Ph.). Italia antiqua, cum indice rerum et locorum. - Sicilia antiqua, ejusque Sardinia et Corsica antiqua. Guelferbyti, 1659, in-4°.

2572. FIEFFÉ (E.). Histoire des troupes étrangères au service de la France, depuis l'origine jusqu'à nos jours, et de tous les régiments levés dans les pays conquis sous la République et l'Empire. Paris, 1854, 2 vol. grand in-8°.

2573. FOURNEL (Henri). Étude sur la conquête de l'Afrique par les Arabes, et recherches sur les tribus berbères qui ont occupé le Magreb central. Paris, 1857, in-4°.

2574. PASCAL (A.). Les bulletins de la Grande Armée, précédés des rapports sur l'armée française depuis Toulon jusqu'à Waterloo. Paris, 1841-1844, 7 vol. in-8°, y compris l'atlas.

2575. PASCAL-DUPRAT. Essai historique sur les races anciennes et modernes de l'Afrique septentrionale. Paris, 1845, in-8°.

2576. SÉDILLOT (L. A.). Histoire des Arabes. Paris, 1854, in-12.

j. — BIOGRAPHIE [6].

2577. ARAGO (F.). Notices biographiques. Paris-Leipzig, 1854, 3 vol. in-8°.

2578. CLOQUET (JULES). Souvenirs sur la vie privée du général Lafayette. Paris, 1836, in-8°.

2579. LACROIX (P.). Histoire politique, anecdotique et populaire de Napoléon III, empereur des Français, et de la dynastie napoléonienne. Paris, 1853, 4 vol. grand in-8°, avec portraits et gravures.

2580. Nouvelle biographie générale, depuis les temps les plus reculés jusqu'à nos jours, avec les renseignements bibliographiques et l'indication des sources à consulter; publié par MM. Firmin Didot frères, sous la direction du docteur Hoefer. Paris, 1857-1861, 36 vol. in-8°.

2581. POMPÉE (PHILIBERT). Études sur la vie et les travaux de J. H. Pestalozzi. Ouvrage couronné par l'Institut de France (Académie des sciences morales et politiques). Paris, 1850, in-12.

2582. PREVOST (P.). Notice de la vie et des écrits de G. L. Lesage de Genève, rédigée d'après ses notes. Genève, 1805, in-8°.

k. — BIBLIOGRAPHIE [3].

2583. Bibliographie de la France. Journal général de l'imprimerie et de la librairie. Paraît tous les samedis par cahiers in-8°, texte sur deux colonnes, et se divise en trois parties : Bibliographie, chronique, feuilleton, courrier de la librairie. Tables détaillées pour chaque partie, publiées annuellement. Paris, 1859-1861.

2584. CONSTANTIN (L. A.). Bibliothéconomie, ou nouveau manuel complet pour l'arrangement, la conservation et l'administration des bibliothèques. Nouvelle édition, revue, augmentée et ornée de figures. Paris, 1841, in-18 (Roret).

2585. QUÉRARD (J. M.). La France littéraire, ou dictionnaire bibliographique des savants, historiens et gens de lettres de la France, ainsi que des littérateurs étrangers qui ont écrit en français. Paris, 1827-1839, 10 vol. in-8°.

l. — MATHÉMATIQUES. — STATISTIQUE [17].

2586. BOUDIN (J. CH. M.). Éléments de statistique et de géographie générales. Paris, 1860, in-12.

2587. CALLET (F.). Tables portatives de logarithmes, contenant les logarithmes des nombres depuis 1 jusqu'à 108,000, les logarithmes des sinus et tangentes, etc. Édition stéréotype, gravée, fondue et imprimée par Firmin Didot. Paris, 1795 (tirage 1857), un fort vol. in-8°.

2588. DELAMBRE. Rapport historique sur les progrès des sciences mathématiques depuis 1789, et sur leur état actuel. Paris, 1810, in-8°.

2589. DESCARTES (René). Principia matheseos universalis, seu introductio ad geometræ methodum Renati Descartes, conscripta ab Er. Bartholiño, Casp. fil. Editio secunda. Amstelœdami, apud Ludov. et Dan. Elzevirios, 1661, in-4°.

2590. La France médicale, statistique générale des médecins, chirurgiens et pharmaciens de tous les départements. Années 1841-1842, 2 vol. in-18.

2591. LAPLACE (de). Ses œuvres. Paris, 1843, 7 vol. in-4°.

2592. LAPLACE (de). Essai philosophique sur les probabilités. 6e édition. Paris, 1840, in-8°.

2593. LAPLAINE. Géométrie simplifiée et appliquée à l'art militaire. Paris, 1855, in-18 (4 exemplaires).

2594. LAPLAINE. Arithmétique simplifiée et appliquée à l'art militaire. Paris, 1855, in-18 (4 exemplaires).

2595. LEGENDRE (A. M.). Éléments de géométrie, avec des notes. 13e édition. Paris, 1838, in-8°.

2596. MARTIN (Victor A. E.) et FOLEY (L. E.). Histoire statistique de la colonisation algérienne au point de vue du peuplement et de l'hygiène. Paris-Alger, 1851, in-8°.

2597. Notices statistiques sur les colonies françaises, imprimées par ordre de M. le vice-amiral de Rosamel. 1re et 2e parties. Paris, 1838, in-8°.

2598. PEYROT. Petite encyclopédie mathématique, ou cours complet de mathématiques. Paris, 1828-1831, 3 vol in-8°.

2599. PICAMILH (Ch. de). Statistique générale des Basses-Pyrénées. Pau, 1858, 2 vol. grand in-8°.

2600. Rapport sur les résultats généraux du dénombrement de la population opéré en 1846 dans la ville de Paris et les autres communes du département de la Seine. Paris, 1847, in-4°.

2601. SIMONET (K.). Traité élémentaire de fortification de campagne, à l'usage des officiers et des sous-officiers qui n'ont pas suivi les cours des écoles militaires (avec planches). Lorient, 1842, in-8°.

2602. Statistique de la France, concernant l'industrie, le territoire et la population, l'agriculture et le commerce, l'administration publique, les établissements d'aliénés, etc. Publiée par le ministre de l'agriculture et du commerce. Paris, 1835-1859, 16 vol. grand in-4°.

m. — GÉOGRAPHIE, CARTES ET PLANS [14].

2603. Aperçu historique, statistique et topographique sur l'État d'Alger, à l'usage de l'armée expéditionnaire d'Afrique, avec plans, vues et costumes. Paris, 1830, in-12, avec 1 atlas in-4°.

2604. BOUDIN (J. Ch.). Carte physique et météorologique du globe terrestre, comprenant la distribution géographique de la température, des orages, des vents, des pluies et des neiges. 3ᵉ édition. Paris, 1855, gr. in-fº.

2605. Collection de cartes sur l'Algérie, 15 cartes et 24 feuilles en 9 étuis grand in-8º, plus 1 carte du Sahara algérien. Paris, 1854-1856.

2606. DAUMAS. Le Sahara algérien, études géographiques, statistiques et historiques sur la région au sud des établissements français en Algérie. Paris, 1845, in-8º.

2607. Description de l'Égypte, ou recueil des observations et des recherches qui ont été faites en Égypte pendant l'expédition de l'armée française. 2ᵉ édition. Paris, 1821, 26 vol. in-8º. L'atlas comprend 10 vol. gr. in-fº, plus 1 vol. dit atlas topographique et 2 vol. de planches dites grand-monde.

2608. Expédition scientifique de la Mésopotamie, exécutée par ordre du gouvernement de 1851 à 1854, par MM. Fulgence Fresnel, Félix Thomas, Jules Oppert. Paris, 1858, livraisons 1, 2, 3, composées de 15 planches et cartes sans texte, in-fº.

2609. Exploration scientifique de l'Algérie pendant les années 1840, 1841, 1842, publiée par ordre du gouvernement et avec le concours d'une commission académique. — Sciences historiques et géographiques. Paris, 1844-1853, 16 vol. gr. in-8º. — Même ouvrage. Sciences médicales, 1847, 2 vol. gr. in-8º.

2610. Exploration scientifique de l'Algérie. Beaux-arts, architecture et sculpture, par A. Ravoisié. Paris, 1846, 1 vol. gr. in-fº relié, plus 26 pl. de texte explicatif et 70 pl. appartenant au 2ᵉ vol. (1850); enfin 5 p. de texte et 49 pl. du 3ᵉ vol. (1851). (L'ouvrage est interrompu.)

2611. GUÉRARD (A.). Géographie départementale historique des Hautes-Pyrénées, à l'usage des écoles primaires. Paris, 1861, in-18.

2612. LAPIE père et fils. Atlas universel de géographie ancienne et moderne, précédé d'un abrégé de géographie physique et historique. Paris, 1851, gr. in-fº.

2613. LECOQ (H.). Éléments de géographie physique et de météorologie, ou résumé des notions acquises sur les grands phénomènes et les grandes lois de la nature ; servant d'introduction à l'étude de la géologie. Paris, 1836, in-8º, avec planches gravées.

2614. MALTE-BRUN. Géographie complète et universelle. Nouvelle édition continuée jusqu'à nos jours d'après les documents scientifiques les plus récents, les derniers voyages et les dernières découvertes, par V.-A. Malte-Brun fils. Paris, 1851, 8 vol. in-4º.

2615. MARTIN DE MOUSSY (V.). Description géographique et statistique de la confédération argentine. Paris, 1860, 2 vol. gr. in-8º.

2616. PASQUALE AGNELLI. Itinerario italiano, ossia descrizione dei viaggi per le strade piu frequentate alle principali citta d'Italia, con carte geografiche. Milano, 1836, in-18.

n. — VOYAGES [20].

2617. ARAGO (F.). Instructions, rapports et notices sur les questions à résoudre pendant les voyages scientifiques. Paris-Leipzig, 1857, in-8°. (Voy. 1772.)

2618. BAJOT. Abrégé historique et chronologique des principaux voyages de découvertes par mer, depuis l'an 2000 avant Jésus-Christ jusqu'au commencement du XIXe siècle. Paris, 1829, in-8°.

2619. DELESSERT (Eugène) du Havre. Souvenirs d'un voyage à Sydney (Nouvelle-Hollande), fait pendant l'année 1845. Paris, 1847, in-18.

2620. EBEL (J. G.). Manuel du voyageur en Suisse. Nouvelle édition, augmentée de l'itinéraire des bords du Rhin, par Schreiber, et de la grande carte par Keller. Paris, 1826, in-12.

2621. EDMOND (Ch.). Voyage dans les mers du Nord à bord de la corvette *la Reine Hortense*. Paris, 1857, in-4°, avec cartes et gravures.

2622. Exploration du territoire de l'Orégon, des Californies et de la mer Vermeille, exécutée pendant les années 1841-1842, par M. Duflot de Mosras, sous les auspices du duc de Dalmatie, président du conseil. Paris, 1844, 2 vol. gr. in-8° et un atlas in-f°.

2623. Exploration scientifique de l'Algérie pendant les années 1840, 1841, 1842, publiée par ordre du Gouvernement et avec le concours d'une commission académique. — Physique générale, par M. G. Aimé ; Paris, 1845-1846, 2 vol. in-4°, et Zoologie, par M. G. P. Deshayes ; Paris, 1848, tome Ier (Mollusques acéphales), texte et atlas, 2 vol. gr. in-4°.

2624. ITIER (Jules). Journal d'un voyage en Chine, en 1843, 1844, 1845 et 1846. Paris, 1848, 2 vol. in-8° reliés ensemble.

2625. JACQUEMONT (Victor). Correspondance de Jacquemont avec sa famille et plusieurs de ses amis pendant son voyage dans l'Inde (1822 à 1832). 4e édition, avec une carte. Paris, 1846, 2 vol. in-12.

2626. JACQUOT (Félix). Expédition du général Cavaignac dans le Sahara algérien en avril et mai 1847. Paris, 1849, in-8°, avec planches et une carte.

2627. LESSON (R. P.). Voyage médical autour du monde, exécuté sur la corvette du roi *la Coquille*, commandée par M. L. J. Duperrey, pendant les années 1822, 1823, 1824 et 1825. Paris, 1829, in-8°.

2628. MORELET (Arth.). Voyage dans l'Amérique centrale, l'île de Cuba et le Yucatan. Paris, 1857, 2 vol. gr. in-8°, avec une carte.

2629. RAFFENEL (Anne). Voyage dans l'Afrique occidentale, comprenant l'exploration du Sénégal depuis Saint-Louis jusqu'à la Falemè, au-delà de Bakel, etc.; exécuté en 1843 et 1844. Paris, 1846, in-8°.

2630. REICHARD. Manuel du voyageur en Allemagne. Paris, 1837, in-18.

2631. VALENTIN (L.). Voyage en Italie fait en l'année 1820. 2e édition, augmentée de nouvelles observations faites dans un second voyage en 1824. Paris, 1826, in-8°.

2632. VERNINAC DE SAINT-MAUR. Voyage du *Luxor* en Égypte, entrepris par ordre du roi pour transporter, de Thèbes à Paris, l'un des obélisques de Sésostris. Ouvrage orné de planches. Paris, 1835, in-8°.

2633. Voyage au pôle sud et dans l'Océanie, sur les corvettes *l'Astrolabe* et *la Zélée*, exécuté pendant les années 1837, 1838, 1839 et 1840, sous le commandement de J. Dumont d'Urville. Paris, 1841 à 1854, 23 vol. grand in-8° et 5 atlas contenant environ 500 planches grand in-f° et 57 cartes hydrographiques.

2634. Voyage en Islande et au Groënland, exécuté pendant les années 1835 et 1836 sur la corvette *la Recherche*, commandée par M. Tréhouart, dans le but de découvrir les traces de *la Lilloise*, publié par ordre du roi, sous la direction de M. Paul Gaimard. Paris, 1838 à 1851, 5 vol. gr. in-8°, 5 livraisons et 2 atlas in-f° reliés ensemble; atlas historique, tomes 1 et 2; atlas zoologique, médical et géographique, 1 vol.

2635. Voyage autour du monde de *la Bonite*, exécuté pendant les années 1836 et 1837 par M. Vaillant, capitaine de vaisseau; publié par ordre du roi. Paris, 1845 à 1852, 14 vol. in-8° grand raisin vélin, et 3 vol. in-f° renfermant 356 planches.

2636. Voyage autour du monde, sur la frégate *la Vénus*, pendant les années 1836-1839, publié sous les auspices du ministre de la marine, par M. Abel Dupetit-Thouars, capitaine de vaisseau. Paris, 1840-1844, 10 vol. grand in-8°, et 4 atlas contenant environ 180 planches grand in-f°, et 19 cartes hydrographiques.

O. — MISCELLANÉES [12].

2637. DESCARTES (R.). Musicæ compendium. Amstelœdami, 1656, in-4° (Relié avec 2241).

2638. Inauguration de la statue de Xavier Bichat à Bourg, le 24 août 1843. Bourg-en-Bresse, 1844, in-f°.

2639. Instruction théorique et pratique sur le tir des armes à feu en usage dans les régiments d'infanterie, rédigée d'après les bases établies par S. A. R. Mgr le duc d'Orléans, lors de la fondation de l'école de tir de Vincennes. Paris, 1845, in-4°, avec planches et modèles.

2640. LAISNÉ (J.). Aide-mémoire portatif à l'usage des officiers du génie. 3e édition. Paris, 1853, in-12.

2641. LE CAMUS de Mézières. Description des eaux de Chantilly et du Hameau. Paris, 1783, in-8°.

2642. L'honneur français, ou tableau des personnages qui, depuis 1789 jusqu'à ce jour, ont contribué, à quelque titre que ce soit, à honorer le nom français. Paris, 1808, 2 vol. in-8°.

2643. MILLOT (J. A.). Médecine perfective, ou code des bonnes mères, 2ᵉ édition. Paris, 1809, 2 vol. in-8°.

2644. Notice sur l'homme-femme connu sous le nom de mademoiselle Savalette de Lange (Henriette-Jenny), publiée par Hérail. Versailles, 1859, in-8°.

2645. PORTA (J. B.). La physionomie humaine de Jean-Baptiste Porta, néapolitain, divisée en 4 livres, et nouvellement traduite du latin en français, par le sieur Rault. 2ᵉ édition. Rouen, 1660, 1 vol. in-12 avec figures dans le texte.

2646. Trésor de numismatique et de glyptique, ou recueil général de médailles, monnaies, pierres gravées, bas-reliefs, etc., tant anciens que modernes, sous la direction de P. Delaroche, Henriquel Dupont et Ch. Lenormant. Paris, 1840, 1 vol. in-f°.

2647. Almanach impérial pour 1860. Paris, 1860, in-8°.

2648. Almanach de la Cour, de la ville et des départements pour 1861. Paris, 1861, in-18.

SUPPLÉMENT [19].

Livres entrés pendant l'impression du Catalogue.

1. BARTHEZ (F.). Guide pratique des malades aux eaux de Vichy, précédé de l'histoire et de la topographie de Vichy et de ses environs. 4ᵉ édition. Paris, 1854, in-12 (relié avec 1270).

2. BÉGIN (L. J.). Analyse des rapports adressés au conseil de santé des armées sur le choléra-morbus épidémique, observé à Paris ainsi que sur d'autres points de la France, dans les hôpitaux militaires et dans plusieurs régiments, suivi d'un mémoire sur l'œsophagotomie. Paris, 1833, in-8°.

3. D*** (J. A.). Des divinités génératrices, ou du culte du Phallus chez les anciens et les modernes. Paris, 1805, in-8°.

4. GRAAF (R. DE). De virorum organis generationi inservientibus, de clysteribus, et de usu siphonis in anatomia. Lugd.-Batav. et Roterod., 1668, petit in-8°.

5. LALLEMAND (LUDGER), PERRIN (MAURICE) et DUROY (J. L. P.). Du rôle de l'alcool et des anesthésiques dans l'organisme. Recherches expérimentales. Paris, 1860, in-8°, avec 10 figures intercalées dans le texte.

6. LARREY (D. J.). Mémoires de chirurgie militaire et campagnes. Paris, 1812, 4 vol. in-8° (3 exemplaires).

7. LE CAT (Cl. N.). Recueil de pièces concernant l'opération de la taille, qui contient la description de plusieurs lithotomes composés; celle d'une tenette à briser la pierre; celle des diverses situations du pierreux dans l'opération de la taille; leurs avantages et leurs inconvénients. Rouen, 1752, in-8°.

8. PARACELSE (P. A. Théophraste). La grande chirurgie, traduite du latin en français, par Cl. Dariot. Lyon, 1589, in-4°.

9. RIOLAN. Encheiridivm anatomicvm et pathologicvm, in qvo ex naturáli constitutione partium, recessus a naturali statu demonstratur. Parisiis, 1648, petit in-12.

10. ROZIER (Victor). Essai d'une bibliographie universelle de la médecine, de la chirurgie et de la pharmacie militaires. Premier fascicule. Paris, 1862, 1 vol. in-8°.

11. ROZIER (Victor). Études parisiennes. Paris, 1855-1860, 3 vol. in-18.

12. SPALLANZANI. Opuscules de physique animale et végétale, traduits de l'italien par Jean Senebier. Pavie, 1787, 2 vol. in-8°.

13. SPALLANZANI. Expériences pour servir à l'histoire de la génération des animaux et des plantes. Avec une ébauche de l'histoire des êtres organisés avant leur fécondation, par Jean Senebier. Pavie, 1787, in-8°.

14. SYLVIUS (J.). Methodus sex librorum Galeni in differentiis et causis morborum et symptomatum, in tabellas sex ordine suo conjecta paulo fusius, ne brevitas obscura lectorem remoretur et fallat. Parisiis, 1561, petit in 8°.

15. TISSOT. Œuvres médicales. — Du régime diététique dans la cure des maladies. — Du sommeil et de la veille. — De l'influence des passions de l'âme. Besançon, 1795, tomes 1, 2 et 3, reliés en 2 vol. in-8°.

16. TISSOT. De la santé des gens de lettres. Lausanne-Paris, 1768, in-8°.

17. TISSOT. L'onanisme, dissertation sur les maladies produites par la masturbation. 4e édition. Lausanne, 1769, in-12.

18. VAUCHELLE. Cours d'administration militaire. 4e édition. Paris, 1861, 3 vol. in-8°.

19. ZANDYCK. Histoire météorologique et médicale de Dunkerque (Nord) de 1850 à 1860. Dunkerque-Paris, 1861, in-8°.

Nota : Les ouvrages portant les nos 3, 4, 7, 9, 12, 13, 14, 16 et 17 ont été donnés par M. le professeur J. Cloquet.

FIN DU CATALOGUE.

TABLE GÉNÉRALE.

Imprimé par Charles Noblet, rue Soufflot, 18.